ro
ro
ro

Über die Verfasser

Siegfried J. Schmidt, geboren 1940 in Jülich, studierte Philosophie, Germanistik, Linguistik, Geschichte und Kunstgeschichte in Freiburg, Göttingen und Münster. Promotion 1966 über den Zusammenhang zwischen Sprache und Denken von Locke bis Wittgenstein. 1965 Assistent am Philosophischen Seminar der TH Karlsruhe, 1968 Habilitation für Philosophie, 1971 Professor für Texttheorie an der Universität Bielefeld, 1973 dort Professor für Theorie der Literatur. Seit 1979 Professor für Germanistik/Allgemeine Literaturwissenschaft an der Universität-GH Siegen, ab 1984 Direktor des Instituts für Empirische Literatur- und Medienforschung (LUMIS) der Universität Siegen. Seit 1997 Professor für Kommunikationstheorie und Medienkultur an der Universität Münster und Direktor des Instituts für Kommunikationswissenschaft.

Wichtigste Veröffentlichungen der letzten Jahre:
(Hrsg.), Der Diskurs des Radikalen Konstruktivismus. Frankfurt/M. 1987; Kognitive Autonomie und soziale Orientierung. Frankfurt/M. 1994; zus. mit B. Spieß: Die Geburt der schönen Bilder. Fernsehwerbung und Medienkultur. Opladen 1994; Medien = Kultur? Bern 1994; zus. mit B. Spieß (Hrsg.): Werbung, Medien und Kultur. Opladen 1995; zus. mit B. Spieß: Die Kommerzialisierung der Kommunikation. Fernsehwerbung und sozialer Wandel 1956–1989. Frankfurt/M. 1996; Die Welten der Medien. Grundlagen und Perspektiven der Medienbeobachtung. Braunschweig/Wiesbaden 1996; Die Zähmung des Blicks. Konstruktivismus – Empirie – Wissenschaft. Frankfurt/M. 1998.

Guido Zurstiege, geboren 1968 in Münster, Studium der Kommunikationswissenschaft, Anglistik und Wirtschaftspolitik an der Westfälischen Wilhelms-Universität in Münster, Promotion 1997 (Mannsbilder. Männlichkeit in der Werbung. Eine Untersuchung zur Darstellung von Männern in der Anzeigenwerbung der 50er, 70er und 90er Jahre. Opladen 1998). Seit 1997 wissenschaftlicher Assistent am Institut für Kommunikationswissenschaft in Münster. Derzeitige Forschungsschwerpunkte liegen im Bereich der kommunikationswissenschaftlichen Werbeforschung.

Siegfried J. Schmidt
Guido Zurstiege

Orientierung

Kommunikations-
wissenschaft

Was sie kann,
      was sie will

rowohlts enzyklopädie
im Rowohlt Taschenbuch Verlag

rowohlts enzyklopädie
Herausgegeben von Burghard König

Originalausgabe
Veröffentlicht im Rowohlt Taschenbuch Verlag
GmbH, Reinbek bei Hamburg, Oktober 2000
Copyright © 2000 by Rowohlt Taschenbuch Verlag
GmbH, Reinbek bei Hamburg
Umschlaggestaltung Beate Becker
Satz Sabon und Syntax PostScript (PageOne)
Gesamtherstellung Clausen & Bosse, Leck
Printed in Germany
ISBN 3 499 55618 9

Die Schreibweise entspricht den Regeln
der neuen Rechtschreibung.

Inhalt

Vorwort

Die Kommunikationswissenschaft beschäftigt sich mit einem der faszinierendsten Phänomene im Leben des Einzelnen wie der Gesellschaft: mit Kommunikation, dem «Stoff», aus dem Lebenswelt, Gesellschaft und Kultur bestehen.

Offenbar sind immer mehr Schulabsolventen, die sich ein interessantes Studienfach mit guten Berufsaussichten suchen, an der Erforschung dieses faszinierenden Phänomens interessiert. Jedenfalls steigen die Studierendenzahlen und die Zahl der Studiengänge im Bereich der Kommunikations- und Medienwissenschaften – und erfreulicherweise steigen auch die Berufsmöglichkeiten im Feld der so genannten Kommunikationsberufe. Zugleich steigen aber auch die Anforderungen an die Absolventen: Nur wer eine theoriegeleitete und praxisorientierte Ausbildung vorweisen kann, hat gute Berufschancen.

Was erwartet Studierende der Kommunikationswissenschaft? Wie ist das Fach entstanden, womit beschäftigt es sich, wie wird es sich weiterentwickeln? Die vorliegende Einführung versucht, auf diese Fragen deutliche Antworten zu geben, wobei zugleich die kommunikationswissenschaftlichen Denk- und Redeweisen deutlich werden sollen. Diese Antworten bestehen nicht aus bloßen Berichten und Aufzählungen. Vielmehr haben wir uns bemüht, das Problemfeld Kommunikationswissenschaft zu systematisieren, sodass die Leser in diesem Feld angeleitet navigieren und sich informieren können. Wir haben uns auch nicht gescheut, schwierige Grundlagenprobleme anzusprechen, damit Interessenten der Kommunikationswissenschaft einen realistischen Eindruck davon bekommen, was sie im Studium erwartet und wo die Stärken und Schwächen des Fachs Kommunikationswissenschaft liegen.

Wie alle Bände der Serie «Orientierung» bietet auch der vorliegende Band einen Service-Teil, in dem neben weiterführenden Literaturhinweisen wissenswerte Anschriften zu finden sind.

Zum festen Bestand von Vorworten gehören Danksagungen. Auch wir folgen gern dieser Tradition und danken Marianne Ravenstein, Armin Scholl, Christoph Jacke und Sebastian Jünger, die geduldig mit uns die Fassungen dieses Buches diskutiert und wichtige Verbesserungen bewirkt haben.

Münster im Februar 2000

Siegfried J. Schmidt   *Guido Zurstiege*

1. Kommunikationswissenschaft oder die Beobachtung von Faszination

1.1 Kommunikation: der «Stoff», aus dem Gesellschaften bestehen

Viele Begriffe sind vorgeschlagen worden, um unsere gegenwärtige Gesellschaft prägnant zu kennzeichnen. Ein Vorschlag, der immer wieder vorgebracht wird und der viel für sich hat, lautet «Medien- und Kommunikationsgesellschaft». Auch wenn diese Bezeichnung sicher nicht alle Merkmale der gegenwärtigen Gesellschaft auf den Punkt bringt, hat sie doch den Vorteil, eine der wichtigsten historischen wie aktuellen Bedingungen unserer Gesellschaft zu nennen: die bedeutsame Rolle, die Medien und Kommunikation für die gesellschaftliche Evolution wie für die individuelle Entwicklung jedes einzelnen Menschen gespielt haben und spielen.

Diese Rolle liegt darin begründet, dass Medien (Presse, Film, Fernsehen usw.) über eine folgenreiche Eigenschaft verfügen: Sie verknüpfen den Gebrauch von Kommunikationsinstrumenten (wie natürlichen Sprachen) mit technischen und sozialen Voraussetzungen und Einrichtungen, die erforderlich sind, um bestimmte Medienangebote wie Bücher oder Filme herstellen und verbreiten zu können. In diesem Verknüpfungszusammenhang ist jedes Element so eng mit den anderen verbunden, dass man Medien genau genommen nur als systemische Wirkungszusammenhänge oder als soziale Systeme modellieren kann. Darum bedeutet die Erfindung und gesellschaftliche Durchsetzung eines neuen Mediums nicht bloß, dass ein neuer Typ von Medienangebot (Bücher, Fotos, Filme usw.) verfügbar ist, sondern dass die Gesellschaft insgesamt eine wesentliche Erweiterung ihrer Handlungs- und Kommunikationsmöglichkeiten erfahren hat, die sich auf das Denken, Handeln und Kommunizieren jedes Einzelnen auswirkt.

Seit dem Buchdruck wiederholt sich bei jedem neuen Medium ein ähnliches Szenario: Die neue Medientechnik wird im Rahmen sozialer Einrichtungen organisiert, denn Technik braucht Geld, Verwaltung, rechtliche Absicherung und soziale Regelung. Das aber bedeutet: Jedes neue Mediensystem muss sich am Markt orientieren, seine Medienangebote als Waren am Markt anbieten und alles daransetzen, dass diese Angebote von Mediennutzern gemäß den Bedingungen des Markts wie des Mediensystems angenommen und als Kommunikationsangebote genutzt werden.

Versuchen wir, uns zu Beginn unserer Überlegungen über Themen, Verfahren und Ziele der Kommunikationswissenschaft diese Zusammenhänge an einem Medium zu verdeutlichen, das gegen alle Konkurrenz bis heute eine wichtige Rolle spielt und das einem beim Thema Kommunikation nicht gerade als Erstes einfällt: die *Fotografie*.

Die Erfindung der Fotografie in den 20er Jahren des 19. Jahrhunderts (1826 erstellte der Franzose Nicéphore Niepce das erste Foto) fällt in eine Zeit grundlegender Umwälzungen der Wahrnehmung und der Lebenswelt der Menschen. Die Erfindung der Eisenbahn und des Telegraphen beschleunigte die Fortbewegung in Raum und Zeit sowie die Weitergabe von Informationen in zuvor unbekanntem Maß, indem beide von den natürlichen körperlichen Fähigkeiten des Menschen abgelöst wurden. Einen weiteren Ablösungsprozess markiert die Erfindung der Fotografie. Mit ihr wurde es möglich, ohne subjektive Vermittlung eines Zeichners oder Malers mit rein technischen Apparaten und Verfahren sowie losgelöst von natürlichen Erfahrungszusammenhängen «die Wirklichkeit selbst» präzise abzubilden, zu speichern und beliebig zu reproduzieren. Diese Möglichkeit wurde sehr bald in den verschiedensten Bereichen aufgegriffen, und zwar in Wissenschaft, Kunst und Kriminologie ebenso wie im Bereich der Porträtfotografie, der Urlaubsfotografie, der illustrierten Zeitungen und Zeitschriften, der Ansichtspostkarten, der erotischen und pornographischen Fotos usw. Die Fotografie wurde rasch zu einem wirtschaftlich bedeutsamen Massenmedium, das von jedem und für die verschiedensten Zwecke genutzt werden konnte.

Die Faszination, die das Foto auf die Menschen des 19. Jahrhunderts ausübte, war bedingt durch die detailgenaue Wiedergabe des Abgebildeten. Da das mechanische Verfahren im Gegensatz zur menschlichen Wahrnehmung alle Details in allen Bereichen des Bildes gleichermaßen scharf abbildete, entdeckten die Betrachter plötzlich auf den Fotos Dinge, die sie (so) noch nie gesehen hatten, zumal die Betrachtung der Fotos von dem Fluss der Wahrnehmung in bestimmten Situationen abgelöst, also «abstrakt» und frei von äußeren Störfaktoren möglich war und beliebig oft wiederholt werden konnte. So, wie man sich selbst, Landschaften oder Gegenstände auf dem Foto betrachten konnte, konnte man sie nie in der natürlichen Wahrnehmung sehen und erleben. Die Kopie überrundete das Original, das Foto wurde zum Test der Wirklichkeitsgewissheit.

Ebendiese technische Abbildung wurde und wird bis heute als getreues Spiegelbild der Wirklichkeit gesehen, die man nun in beliebige Stücke, Szenen oder Ausschnitte zerlegen und getrost nach Hause tragen und damit besitzen konnte. Der französische Kunstkritiker Jules Janin, der als einer der Ersten über die neue Erfindung schrieb, begeisterte sich für die Fotografie mit folgenden überschwänglichen Worten:

> «Jetzt kann man den Türmen von Notre-Dame befehlen: ‹Werdet Bild!›, und die Türme gehorchen. So wie sie Daguerre [einem der Erfinder der Fotografie] gehorcht haben, der sie eines schönen Tages zur Gänze mit sich fortgetragen hat. Von den großartigen Fundamentsteinen, auf denen sie gründen, bis hin zu den zarten und leichten Spitzen, die sie in die Lüfte strecken und die noch niemand gesehen hat, außer Daguerre und der Sonne.»[1]

Die fotografische, nicht die technisch unvermittelte Wahrnehmung wurde in der Folgezeit zur Norm; denn das Foto, so der neue Glaube, lügt nicht. Das Foto wurde als Erweiterung, Verbesserung und Präzisierung des menschlichen Wahrnehmungsvermögens gefeiert, als technisches Organ der Wirklichkeitsbemächtigung, was auch das zu sehen erlaubte, was «kein Auge je geschaut hat». Das Foto, gewissermaßen der Inbegriff des Realismus, galt als Dokument, das einen massenhaften Zugriff auf «die Wirklichkeit» zu erlauben schien, da der vom Fotografen gewählte Blickwinkel und

---

1 Zitiert nach Wolfgang Kemp (Hrsg.), Theorie der Fotografie, Bd. 1, 1829–1912. München: Schirmer-Mosel 1980:47.

die Auswahl des Abzubildenden ebenso großzügig übersehen wurden wie die fehlende Farbigkeit.

Zugleich kam die neue Technik dem Bedürfnis der Menschen des beginnenden Industrie- und Verkehrszeitalters zur Verlangsamung des Lebenstempos, zur Bewahrung von Vertrautem und zum Festhalten bis hin zur Musealisierung entgegen. Die Fotografie löste das Dargestellte aus der Zeit und dem Fluss der Ereignisse heraus, machte auch das Flüchtigste dauerhaft und hob wie in einem magischen Akt die Differenz zwischen Gegenwart und Vergangenheit auf. Das Foto verräumlichte die Zeit und widerstand ihrer Tyrannei der Vergänglichkeit auf Kosten der Leblosigkeit und Miniaturisierung des Dargestellten: Im Foto wurde und wird das Dargestellte zur Mumie – und trotzdem können wir uns bis heute seinem Zauber nicht entziehen.

Für die bürgerliche Gesellschaft des 19. Jahrhunderts diente die Fotografie in erster Linie dem Bedürfnis nach dem Besitz von Porträts und der Sehnsucht nach romantischen Landschaften und Gegenständen, nach Bestätigung ihrer Lebensauffassungen, nach Exotik und Erotik. Erst spät wurde die Fotografie auch zum Instrument der Gesellschaftskritik.

In der Pressefotografie, die ab 1880 aufkam, erhielt die Fotografie, die durch die Erfindung des Rollfilms und der Kleinkamera zu einer frei verfügbaren Technologie entwickelt worden war, eine neue Bedeutsamkeit, die die berühmte Fotografin und Fototheoretikerin Gisèle Freund wie folgt beschrieben hat:

«Die Einführung des Fotos in die Presse ist ein Phänomen von außerordentlicher Bedeutung. Das Bild veränderte die Sehweisen der Massen. [...] Die Gesichter von Personen des öffentlichen Lebens werden ihm [dem Zeitungsleser] vertraut. Mit der Erweiterung des Blickfelds wird die Welt kleiner. Das geschriebene Wort ist abstrakt, doch das Bild ist die konkrete Widerspiegelung der Welt.»[2]

Mit der industriellen Massenproduktion von Fotografien veränderte sich die Lebenswelt jedes Einzelnen; denn nun gehörten nicht

2   G. Freund, Photographie und Gesellschaft. Reinbek: Rowohlt 1989 (aus dem Französischen von Dietrich Leube. Frz. Originalausgabe 1974).

nur Texte, sondern auch Bilder zur alltäglichen Erfahrung, konnte alles gleichsam doppelt codiert werden: als Text (Beschreibung) und als Bild (Darstellung), und beide Möglichkeiten konnten auf die unterschiedlichste Art und Weise miteinander kombiniert werden. Das *Zeitalter der Visualität* begann, in dem das fotografische Bild zum Konkurrenten des Worts und damit zu einem eigenständigen, massenhaft verwendbaren Kommunikationsinstrument wurde.

Mit der Möglichkeit, rasche Bewegungsabläufe zu fotografieren, also künstlich auf Dauer still zu stellen, konnten auch Abläufe in der Industriearbeit und beim Militär analysiert und routinisiert werden, indem man die Abstimmung zwischen Auge und Hand, die für die Fließbandarbeit ebenso bedeutsam war wie für die Bedienung neuer Gewehre, verbesserte. Kurz gesagt: Das Sehen wurde nicht nur auf die Darstellungsformen des Fotos hin diszipliniert, sondern zugleich auch industrialisiert, wobei die Industrialisierung der Fototechnik, die im Prinzip jedem die Nutzung dieser Technik erlaubte, eine wichtige Rolle gespielt hat.

Auch die Einführung der Fotografie wurde wie die aller Medien von euphorischen und warnenden Stimmen begleitet. Befürworter sahen im Foto die Natur selbst am Werk, die sich wie mit ihrem eigenen Griffel exakt und verlässlich in das fotografische Bild einschreibt. Mit dem Foto, so die Befürworter, konnte nun endlich jeder seine Bilder herstellen und andere Bilder erwerben oder auswerten, um seine Weltkenntnisse, seine Kultur- und Kunsterfahrungen ins Grenzenlose zu erweitern (= Demokratisierungsargument). Die Besorgnisträger dagegen fürchteten eine Informationsüberlastung durch unkontrollierbare Bilderflut, eine massenhafte Verbreitung schlechten Geschmacks, eine Zerstörung der Einmaligkeit und Besonderheit von Kunstwerken und Naturschönheiten (= Kulturverfalls-Szenario), kurz die Heraufkunft einer Kulturindustrie, die mit ihren allein auf den Markt orientierten Produkten das Bewusstsein der Menschen industrialisiert – man sieht, die Diskussion hat sich bis zum Fernsehen und Internet nicht wesentlich geändert.

Wie schon das Beispiel dieses einen Mediums zeigt, beschäftigt sich die Kommunikationswissenschaft, die – wie deutlich geworden sein dürfte – immer auch Medienwissenschaft ist, mit einer

Fülle faszinierender Entwicklungen und Konstellationen, die gewissermaßen den inneren Mechanismus gesellschaftlicher wie individueller Entwicklungen ausmachen. Diese Behauptung soll im Folgenden noch ein Stück weiter illustriert werden, um die Neugier der Leserinnen und Leser auf ein Studium der Kommunikationswissenschaft anzuregen.

Wenn wir im Folgenden Medienentwicklungen mit sozialen Veränderungen sowie mit Veränderungen des Wahrnehmens, Denkens und Fühlens (= kognitiven Entwicklungen) in Zusammenhang bringen, so wird damit nicht behauptet, dass die Medien allein ursächlich und unmittelbar für die anderen Entwicklungen verantwortlich sind. Wohl aber sind wir der Ansicht, dass keine der anderen Entwicklungen ohne die Verfügbarkeit der jeweils relevanten Medien möglich gewesen wäre.

Bei unserer Kurztour durch die Mediengeschichte – mehr folgt in Kapitel 9 – geht es selbstverständlich nicht um Vollständigkeit. Wir versuchen vielmehr, einige Highlights herauszustellen, um den Weg unserer Gesellschaft in Richtung Medien- und Kommunikationsgesellschaft zu illustrieren und zugleich zu verdeutlichen, wie spannend die Beschäftigung mit Medien- und Kommunikationsgeschichte sein kann.

• Mit der Erfindung der *Schrift* (um 3000 v. Chr.) wird zum ersten Mal in der Geschichte der Menschheit Kommunikation von der körperlichen Anwesenheit der Kommunikationspartner in einer Gesprächssituation gelöst. Mittels Schrift kann man auch mit Abwesenden unabhängig von Zeit und Raum kommunizieren. Schrift bevorzugt den Gesichtssinn, den abstraktesten aller Sinne, vor allen anderen Sinnen: Die Vorherrschaft des Auges beginnt. Mittels Schrift wird es möglich, Wissen und Gedächtnis vom Körper der Menschen zu trennen. Wissen erscheint damit zum ersten Mal als eine eigenständige Größe, zu der im Prinzip jeder Zugang erhalten, die jeder für seine eigenen Zwecke nutzen kann. Schrift erlaubt eine beliebige Verzögerung und Wiederholung des Lesens. Dadurch wird es möglich, Texte zu analysieren, kritisch zu beurteilen und zu kommentieren, womit sich die Möglichkeit logisch-analytischen Denkens und Arbeitens eröffnet.

• Im sozialen Bereich wird die gezielte Verwendung von Schrift zur Grundlage großer geordneter Gemeinwesen; denn sie erlaubt die Entstehung einer auf Bürokratie gestützten dauerhaften Verwaltung, eine einheitliche Rechtsprechung, das Abschließen einklagbarer Verträge, eine durch Aufzeichnungen geregelte Wirtschaft usw., kurz: Mit der Schrift beginnt die Möglichkeit von Staatenbildung auf der Grundlage von Verwaltung, Justiz und Militär.

Ohne Schrift sind keine Buchreligionen vorstellbar, die sich auch über große Entfernungen ausbreiten können. Alle bekannten Hochreligionen sind Buchreligionen auf der Grundlage heiliger Schriften, bei denen jeder Buchstabe als unangreifbar und unverrückbar gilt.

• In der Manuskriptkultur war die Schreib- und Lesekultur auf wenige Kundige beschränkt, war der Bestand an Manuskripten klein, da ihre Herstellung zeitaufwendig und teuer war. Mit dem *Buchdruck* (ab 1440) änderte sich die Situation dramatisch. Jeder hatte nun im Prinzip Zugang zu Büchern und damit zu Kunst und Literatur, zu Wissen und Unterhaltung.

Der Buchdruck führte zu einer ganzen Folge von Normierungen. Unter seinem Einfluss wurde an die Stelle der vielen verschiedenen deutschen Dialekte eine deutsche Hochsprache gesetzt, nicht zuletzt um den Kundenkreis auszuweiten, da diese Hochsprache von allen verstanden wurde. Der Buchdruck führte dazu, dass für die in vielen handschriftlichen Versionen kursierenden liturgischen und philosophischen Texte eine einheitliche und verbindliche Fassung festgelegt wurde. Nicht zufällig konzentrierte sich der Erfinder des Buchdrucks, Johannes Gutenberg (eigentlich Gensfleisch zur Laden genannt), auf den Druck der Bibel, die Mitte des 15. Jahrhunderts erschien. Erst jetzt wurden auch die Schriften der antiken Philosophen in philologisch aufbereiteten Werkfassungen herausgegeben. Pointiert gesagt: Platon und Aristoteles in ihren heute bekannten Werken sind Geschöpfe der «schwarzen Kunst», wie der Buchdruck genannt wurde.

Kirchen und Staaten nutzten die Möglichkeiten des Buchdrucks, um alle für sie wichtigen Texte in einer auf Punkt und Komma einheitlichen, auf Zeilenlänge, Zeilenabstand und Satzspiegel identisch gleichen Form zu veröffentlichen. Erst jetzt gab es einheitliche Messformulare für die Liturgie, einheitliche Gebetbücher, Ratgeber für Haus und Garten, Rätsel- und Fabelbücher. Das Buch als erstes Massenmedienangebot sorgte dafür, dass Organisationen und Institutionen aus Staat, Kirche, Wissenschaft, Wirtschaft usw. mit ihren Zielgruppen mittelbar in Beziehung treten und die Menschen über sich und ihre Umwelt informieren konnten.

Ohne Buchdruck ist keine Verbreitung der Reformation, des nationalstaatlichen Bewusstseins, des Finanzkapitalismus und der Demokratie denkbar. Mit den durch den Buchdruck eröffneten Möglichkeiten wandelte sich das Kommunizieren im Nahbereich zur Kommunikation im öffentlichen Bereich. Publikum, öffentliche Meinung und überregionale Kultur sind ohne Buchdruck nicht zu denken. Damit aber beginnt eine bis heute fortdauernde Entwicklung, nämlich die Selbstorganisation gesellschaftlicher Kommunikation, die nicht mehr von außen gesteuert werden kann, sondern sich ihre eigenen Ordnungen schafft.

Martin Luther nannte die «Truckerey» das höchste und äußerste Geschenk, durch das Gott die Sache des Evangeliums weiterleite. Der Philosoph Georg Christoph Lichtenberg schrieb, mehr als das Gold habe das Blei im Setzkasten die Welt verändert. Und der französische Schriftsteller Victor Hugo bestätigte Gutenberg 400 Jahre nach dessen Erfindung, dass die Erfindung der Buchdruckerkunst das größte Ereignis der Weltgeschichte gewesen sei.

• Schon das Foto hatte die Frage aufgeworfen, ob es sich wirklich auf «die Realität» bezieht und sie objektiv wiedergibt. Diese Frage erhielt eine ganz andere Dimension durch den *Film* (seit 1895), der das Bild in Bewegung versetzte und die Darstellung sichtbarer Ereignisse später auch noch um die akustische Dimension ergänzte. Die Audio-Visualität des Films, der kollektiv mit anderen (als Gemeinschaftserlebnis) im «Bauch des Kinos» erlebt wurde, schuf das Gefühl unmittelbaren Dabeiseins. Vor den Augen und Ohren der Zuschauer lief das unerhörte Geschehen ab. Diese Fiktion des kollektiven Dabeiseins nutzten sowohl der Hollywood-Film als auch die Nazi-Filme, die bestimmte Gesellschafts- und

Menschenbilder verbreiteten und als Deutungsmuster für das Leben der Menschen anboten – wenn auch mit sehr unterschiedlichen Ideologien und Methoden.

• Erweckten schon die Foto- und Filmkamera die Illusion des unbestechlichen Berichterstatters, der zeigte, was wirklich war, so wurde diese Illusion durch den *Hörfunk* (seit 1918) noch einmal verstärkt. Der Live-Bericht und das Interview vor dem Mikrophon duldeten keinen Zweifel. Wissen und Unterhaltung, Bildung und Kultur wurden in rascher Folge rund um die Uhr zugänglich, ohne große Kosten und ohne soziale Barrieren: Wer nicht ins Konzert gehen konnte, lauschte der Übertragung des Konzerts eben zu Hause.

Das Hörfunkprogramm gliederte den Tagesablauf wie später das Fernsehen. Regelmäßige Zeitdurchsagen normierten zum ersten Mal die Zeitmessung in ganz Deutschland. Aber der Hörfunk präsentierte auch zum ersten Mal das Weltwissen als ein beliebig portionierbares Puzzle, aus dem sich die Hörer ihre Wirklichkeit zusammenstellen konnten. Die schon bald einsetzende Kommerzialisierung des Hörfunks durch die Funkwerbung leitete die Kommerzialisierung der Kommunikation ein, die dann vom Fernsehen weitergetrieben wurde.

Über den staatlich kontrollierten und billig verbreiteten Hörfunk (Stichwort: Volksempfänger für alle Deutschen) wandte sich Adolf Hitler an «sein Volk», um es ideologisch auf eine gemeinsame Linie einzuschwören. Zwar hätte auch schon das Fernsehen für diesen Zweck nutzbar gemacht werden können; aber Hitlers Medienberater wussten sehr gut, dass sein Einfluss auf die Massen durch den Hörfunk besser gewährleistet war, als wenn ihn jeder in Nahaufnahme hätte schreien und gestikulieren sehen können.

• Das Fernsehen (seit 1931) steigerte den Eindruck authentischen Dabeiseins noch einmal durch die Verbindung von Kamera und Mikrophon einerseits, durch die Aktualität der Berichterstattung andererseits. Gegen den Anspruch der audio-visuellen Live-Berichterstattung schien kein sinnvoller Einspruch mehr möglich zu sein. Rasch stieg das Fernsehen zum Leitmedium in der Gesellschaft auf, da es die Fiktion «der Öffentlichkeit» erweckte: Alle hatten gesehen bzw. konnten gesehen haben, was im Fernsehen als Medienwirklichkeit gezeigt wurde, und alle konnten sich darüber unterhalten. Auf die Fernsehangebote konzentrierte sich daher auch ein zunehmender Anteil der privaten Kommunikation, die ihrerseits ausschnitthaft wieder im Fernsehen vorgeführt wurde. Wer in der Gesellschaft etwas gelten, die öffentliche Meinung beeinflussen oder durch Prominenz Geld verdienen wollte, musste im Fernsehen auftreten, ob Politiker, Künstler, Entertainer oder Sportler.

Das Fernsehen wurde rasch zu einem beliebten Werbemedium und immer mehr abhängig von den Werbeeinnahmen, bis dann die Einführung des dualen Rundfunksystems mit der Zulassung privater Fernsehanbieter 1984 die endgültige Kommerzialisierung des Fernsehens einleitete. Heute bildet das Programm oft nur noch den Rahmen für die Werbeinseln, die das Programm finanzieren.

• Mit jedem neuen Medium seit der Schrift sind Raum und Zeit weiter geschrumpft, ist die Kommunikation beschleunigt und online-fähiger geworden. Diese mediengeschichtliche Entwicklung kulminiert im *Internet*, das der Vision globaler Kommunikation zum ersten Mal eine Machbarkeitsbescheinigung ausgestellt hat. Das Internet, vorläufiger Endpunkt der 1941 begonnenen Entwicklung softwaregesteuerter Computer, verheißt neue Formen der Demokratie, in denen jeder Bürger an den Beratungs- und Entscheidungsprozessen teilnehmen kann (sog. partizipatorische Demokratie); es bietet neue Möglichkeiten der Vergesellschaftung an (sog. Telesozialität), bei der man ohne Verpflichtungen und jederzeit widerrufbar mit anonymen Kommunikationsteilnehmern Kontakte pflegt, sich austauscht, zusammen spielt usw.

Das Internet hat über E-Mail zu einer Beschleunigung und Vermehrung von Kommunikation geführt, die viele schon als so genannte E-Mail-Stress beklagen. Es macht ungeheure Datenbanken und Informationsangebote frei zugänglich und erlaubt die Abwicklung der verschiedensten Geschäfte (E-Commerce) vom Banking bis zur Buchbestellung.

Aber das Internet wirft auch neue Probleme auf. Wer kontrolliert, ob rassistische oder pornographische Inhalte ins Netz gestellt werden und dort von jedermann abrufbar sind? Wie werden im Internet angebotene Leistungen abgerechnet? Wie werden Privatheit und Besitz gegen E-Mail-Fälscher und Kreditkartenbetrüger geschützt? Schon dieser skizzenhafte Überblick über den engen Zusammenhang zwischen Medien- und Kommunikationsentwicklungen auf der einen Seite, kognitiven und sozialen Entwicklungen auf der anderen Seite dürfte veranschaulicht haben, auf welches faszinierende Terrain sich jeder begibt, der sich intensiver mit Medien und Kommunikation beschäftigen oder gar Kommunikationswissenschaft studieren will. Im Medien- und Kommunikationsbereich bündeln sich wie in einem Brennglas die höchst sensiblen Veränderungen unseres privaten wie des öffentlichen Lebens. Darum ist es kein Zufall, dass Absolventen der Kommunikationswissenschaft schon seit Jahren gute Berufschancen haben und Medien- und Kommunikationsberufe als *die* Zukunftsberufe schlechthin gelten.

Aber nicht nur im Hinblick auf «das Große und Ganze» historischer Entwicklungen, auch im Blick auf unsere ganz alltäglichen Sorgen und Nöte im Umgang mit Medien und Kommunikation zeigt sich die Bedeutung und Attraktivität dieser Thematik, wie die folgenden Überlegungen zeigen sollen.

1.2 Unsere alltäglichen Probleme mit der Kommunikation

Was Kommunikation ist, das glauben wir alle zu wissen, weil wir sie täglich praktizieren. Wir unterhalten uns mit der Familie am Frühstückstisch, plauschen mit Kollegen am Arbeitsplatz, fragen nach dem Weg oder der Uhrzeit, manchmal reden wir sogar mit uns selbst. Und was bei solchen Handlungsweisen geschieht, scheint sonnenklar: Wir tauschen Gedanken und Meinungen aus, wir versorgen andere mit Informationen oder lassen uns selbst informieren, wir teilen uns mit, genießen die Gemeinschaft mit anderen oder ärgern uns über deren Geschwätz.

Wenn es so einfach wäre, hätte wohl niemand ein Problem mit der Kommunikation – und es gäbe sicher auch keine Kommunikationswissenschaft. Offenbar machen wir aber in der Kommunikation mit anderen oft schlechte Erfahrungen – und die Liste dieser schlechten Erfahrungen ist leider lang.

• Sobald Konflikte auftreten, sei es in der Partnerschaft, in der Familie, im Beruf, in der Politik oder in der Wirtschaft, beginnen die Kommunikationsprobleme. Die Partner werfen sich gegenseitig

Missverstehen, Verständnisunwilligkeit, Dummheit oder gar Bösartigkeit vor und ziehen sich oft beleidigt in einen Schmollwinkel zurück.

• Die Generationen haben – seit darüber berichtet wird – offenbar schon immer Kommunikationsprobleme miteinander gehabt (Stichworte: Meine Eltern verstehen mich einfach nicht! Diese heutige Jugend verstehe, wer will!).

• Die Dichter klagen – glaubt man babylonischen Inschriften – schon seit Jahrtausenden darüber, dass sie einfach nicht angemessen zum Ausdruck bringen können, was sie im tiefsten Inneren denken und fühlen.

• Die Übersetzung von Verträgen und anderen wichtigen Dokumenten führt immer wieder zu Auseinandersetzungen über die Angemessenheit oder Richtigkeit des übertragenen Wortlauts.

• Laien verstehen meist nicht mehr, wovon Experten sprechen. Aber auch die Wissenschaftler verschiedener Fachrichtungen können die jeweiligen fachinternen Diskussionen kaum noch nachvollziehen.

• Problematische Metaphern machen die Runde. So ist von «Informationsflut» die Rede, die uns überschwemmt; es wird von «globaler Kommunikation» gesprochen, die vom Internet ermöglicht wird.

• Die Werbung macht sich schon seit Anfang an Sorgen, ob ihre Werbemaßnahmen die gewünschte Wirkung erzielen bzw. wie man Wirkungsmöglichkeiten verbessern kann. Und vor demselben Problem steht die politische Propaganda.

• Der chilenische Biologe Humberto R. Maturana hat einmal skeptisch und illusionslos angemerkt, dass man niemand jemals rational von einer Auffassung überzeugen kann, die nicht bereits zu seinen Grundauffassungen gehört (vgl. Maturana 1982:80). Schlechte Karten also für die Kommunikation?

Wo liegen die Gründe für dieses oft erfahrene und so oft folgenreiche Misslingen von Kommunikation, obwohl wir doch alle Deutsch sprechen, gutwillig und aufnahmebereit sowie hinreichend gebildet sind? Ein Grund wird aus den gegebenen Beispielen sehr deutlich: Jede *Differenz* erschwert Kommunikation und Verstehen, sei es nun eine Differenz im Alter, im Geschlecht, in der Bildung, in den politischen, religiösen oder anderen Überzeugungen, der wissenschaftlichen Spezialisierung, der Machtposition innerhalb von Hierarchien u.ä.m.

Im Alltag versucht jeder, mit der Erfahrung des Misslingens von Kommunikation irgendwie fertig zu werden, indem er sich Deutungs- bzw. Verteidigungsstrategien zurechtlegt – oder einfach zur Tagesordnung übergeht. Dabei wird die Schuld in der Regel bei den anderen gesucht, die unsere vermeintlich so klare Rede aus Dummheit, Bösartigkeit oder Unaufmerksamkeit nicht verstanden haben – damit muss man sich eben abfinden, und solche Kommunikationspartner meidet man in Zukunft möglichst. Leider gibt es aber viele Menschen, die mit Kommunikationsproblemen weniger pragmatisch umgehen können. So haben schon Mitte der 60er Jahre ein österreichischer und zwei amerikanische Psychiater nachgewiesen, dass viele Geisteskrankheiten die Folge ständig misslingender Kommunikation sind, der sich die Betroffenen nicht entziehen können (Watzlawick, Beavin & Jackson 1967). Die Autoren haben diesen Zusammenhang aber nicht nur nachgewiesen, sondern zugleich auch Therapien entwickelt, wie man durch eine grundlegende Veränderung von Kommunikation die Betroffenen aus ihrer Krankheit herausführen kann.

Bisher – und wir vermuten, dass viele Leser dies auch bemerkt haben – ist von einem ganz bestimmten Typ von Kommunikation gesprochen worden, der im Fach «Face-to-face-Kommunikation» bzw. «interaktive Kommunikation» heißt, weil hier Aktanten handeln, die sich in derselben Situation befinden. Im Unterschied zu diesem Typ von Kommunikation spricht man von «Massenkommunikation», wenn Aktanten[3] massenhaft verbreitete Medienangebote wie Zeitungen, Rundfunkprogramme, Filme usw. nutzen.[4]

---

3 Wir benutzen diesen ungewöhnlichen Begriff, da alle bis heute geläufigen Bezeichnungen für handelnde Menschen wie Individuum, Subjekt oder Akteur im Laufe der Geschichte viele missverständliche Bedeutungen bekommen haben.

4 Wir sprechen im Folgenden von «Medien» zunächst in einem umgangssprachlichen Sinn und meinen damit sog. Verbreitungsmedien wie Zeitungen und Bücher, Hörfunk und Fernsehen, Filme, Video, Internet usw. Eine genaue Definition dieses zentralen Begriffs der Kommunikationswissenschaft folgt in Kapitel 6.8.

Viele Fachvertreter haben die Frage gestellt, ob es sich bei dieser Art von Mediennutzung überhaupt um Kommunikation handelt, weil ein wichtiges Element interaktiver Kommunikation hier fehlt, nämlich der «Austausch», die Rückmeldung, der Wechsel der Sprecher- und Hörerrolle. Wir kommen auf dieses Problem in Kapitel 6.9 noch ausführlich zurück. An dieser Stelle wollen wir zunächst nur auf dieses Problem aufmerksam machen, das umso wichtiger ist, als sich die Kommunikationswissenschaft in Forschung und Lehre bis heute fast ausschließlich auf Massenkommunikation konzentriert und die Erforschung der Face-to-face-Kommunikation fast völlig der Sprachwissenschaft, der Sprachphilosophie oder der Psychologie überlassen hat.

1.3 Kommunikationswissenschaft als Ursachenforschung von Kommunikationsproblemen?

Versucht man, die Gründe für das Gelingen wie für das Misslingen von Kommunikation herauszufinden, um gewissermaßen die Mechanismen der Kommunikation zu ergründen und auf diesem Weg zu Verbesserungsvorschlägen zu gelangen, dann muss Kommunikation zum Gegenstand systematischer Beobachtungen und Analysen gemacht werden. Das aber heißt auch, es muss über Kommunikation intensiv und systematisch kommuniziert werden. So ist *Kommunikationswissenschaft* entstanden, und so erweist sie immer von neuem ihre Notwendigkeit und Sinnhaftigkeit. Aber die Vertreter dieser Wissenschaft machen sehr rasch eine doppelte Erfahrung: Auch wissenschaftliche Kommunikation über Kommunikation misslingt häufig, und sosehr sie sich auch bemühen, sie kommen aus der Kommunikation nicht hinaus; denn sie müssen ja den Gegenstand ihrer Beobachtungen und Analysen, ebendie Kommunikation, benutzen, um über diesen Gegenstand zu kommunizieren, also, wie man sagt, Meta-Kommunikation zu betreiben. Aber auch Meta-Kommunikation bleibt Kommunikation.

Aber was *ist* nun Kommunikationswissenschaft? Wie bei jeder Wissenschaft ist die Antwort auf diese Frage nicht einfach; denn es gibt unterschiedliche Schulen und Richtungen, sich widerstreitende Interessen und Traditionen. Einfacher ist eine Antwort auf die

Frage: Was *tun* Kommunikationswissenschaftler? Sie lautet: Sie beobachten Menschen beim Kommunizieren und versuchen, ihre Beobachtungen begrifflich so weit zu systematisieren, dass Kommunizieren hinsichtlich seiner Gründe und Voraussetzungen, seiner Formen und Verfahren sowie seiner Folgen und Konsequenzen beschreibbar, verstehbar, erklärbar und – bestenfalls – voraussagbar wird. – Dass dies auf unterschiedlichste Weisen möglich ist, kann nicht verwundern in einer Welt, die geradezu versessen ist auf Verschiedenheit und Veränderung.

1.4 Kommunikationswissenschaft auf der Suche nach ihrem Selbstverständnis

Wie alle anderen Wissenschaften befindet sich auch die Kommunikationswissenschaft in einem ständigen Wandel. Das zeigen einerseits die wechselnden Fachbezeichnungen, das belegen andererseits die Forschungsbereiche, die sich das Fach im Laufe seiner *Geschichte* ausgesucht hat.
• Das Fach entstand zu Beginn des 20. Jahrhunderts unter dem Namen «Zeitungskunde» an der Universität Leipzig (1916). Institutsgründungen an der Universität Münster (1919) und anderen Hochschulen folgten, wobei sich als Benennung allmählich «Zeitungswissenschaft» durchsetzte. Nach dem Zweiten Weltkrieg dominierte die Bezeichnung «Publizistik», die in der Folgezeit entweder mit anderen Namen verbunden wurde (etwa «Publizistik- und Kommunikationswissenschaft») oder durch andere Bezeichnungen ersetzt wurde (etwa durch «Journalistik», «Kommunikationswissenschaft», «Medienwissenschaft» oder «Medien- und Kommunikationswissenschaft»; siehe Anhang, Studiengänge/Institute). Hinzu kommt, dass das Fach an den Universitäten in unterschiedlichen Fakultäten oder Fachbereichen angesiedelt ist. Darüber hinaus werden auch an künstlerischen Hochschulen, an Fachhochschulen und Berufsakademien spezialisierte Studiengänge angeboten (zum Beispiel Medien- und Kommunikationswirtschaft, Medienplanung, Wissenschaftsjournalismus). Der Fachverband trägt den Namen «Deutsche Gesellschaft für Publizistik- und Kommunikationswissenschaft» (DGPuK) und verbindet damit Tradition

und Wandel des Fachs. Als Mitteilungsorgan der DGPuK erscheint dreimal jährlich die Zeitschrift *Aviso*. Wichtige Fachzeitschriften sind u. a. *Publizistik, Rundfunk und Fernsehen* (ab 2000 unter dem neuen Titel *Medium & Kommunikationswissenschaft*) oder *Media Perspektiven*.

• Während sich das Interesse der Zeitungskundler bzw. Zeitungswissenschaftler eindeutig auf die Presse (vornehmlich die Zeitung) richtete, war und ist die weitere Entwicklung des Fachs durch «Entgrenzung» gekennzeichnet. Diese Entgrenzung betrifft einerseits die Zahl der zu berücksichtigenden Medien, andererseits die Zahl der Themenbereiche. So wurden neben der Presse Film und Hörfunk, Fernsehen und Video sowie die so genannten Neuen Medien von CD-ROM bis zum Internet zu Forschungsbereichen des Fachs; und das Themenspektrum umfasste alle Aspekte von Medien und Kommunikation von der Medientechnologie über die Medienökonomie bis zum Medienrecht, von der Medienpädagogik und Medienästhetik bis zur Medienethik, von der Mediengeschichte bis zur Medienphilosophie. Diese Entwicklung ist immer von gegensätzlichen kritischen Stimmen begleitet gewesen. Die einen warnten vor einer unkontrollierten Ausweitung des Fachs, das sich für alles und nichts zuständig erkläre und damit seine Identität verliere; die anderen mahnten Interesse für immer neue Medien und Themen an, damit das Fach seine Aktualität bewahren könne.

Seit einigen Jahren ist die Auseinandersetzung über das Selbstverständnis des Fachs wieder einmal heftig entbrannt. Die ZEIT ebenso wie das Mitteilungsblatt der DGPuK *Aviso* beschäftigten sich in einer Serie von Artikeln mit diesem Thema, und die DGPuK hat sogar einen so genannten Selbstverständnisausschuss eingerichtet, der die Identität und die Integrität des Fachs klären soll. So heißt es in einem Papier der DGPuK «Die Mediengesellschaft und ihre Wissenschaft» selbstbewusst:

«An der Schwelle zum nächsten Jahrtausend, in einer Gesellschaft, die zu Recht Mediengesellschaft genannt wird, will das Fach, das sich vielerorts schlicht ‹Kommunikationswissenschaft› nennt, seine Identität, seine Ressourcen, Aufgaben- und Ausbildungsfragen sowie seine Stellung in der Gesellschaft akzentuierter nach außen darstellen. [...] Als die wissenschaftliche Fachgesellschaft geht die *Deutsche Gesellschaft für Publizistik- und Kommunikationswissenschaft (DGPuK)* davon aus, dass es sich trotz verschiedener Fachbezeichnungen und unterschiedlicher organisatorischer Einbindung um *ein* Fach handelt, das an den unterschiedlichen Standorten etwas unterschiedlich ausgeprägt ist, sich aber mit ähnlichen Problemen und Gegenständen beschäftigt. Sie strebt im Rahmen der Identitäts- und Profildiskussion eine *einheitliche Fachbezeichnung* an. Inhaltlich und wissenschaftspolitisch bedeutet dies gleichzeitig das Ziel einer *Integration* verschiedener methodischer und/oder theoretischer Ausrichtungen.» (1999:1f.)

Nach Auffassung der DGPuK versteht sich das Fach heute als eine theoretisch und empirisch arbeitende *Sozialwissenschaft* mit interdisziplinären Bezügen. Im Zentrum steht dabei die «indirekte, durch Massenmedien vermittelte, öffentliche Kommunikation» und die «damit verbundenen Produktions-, Verarbeitungs- und Rezeptionsprozesse» (a.a.O.).

Soweit die sozusagen offizielle Stellungnahme des Fachverbandes, die eher eine Wunschvorstellung entwirft als die aktuelle Fachsituation und Fachproblematik beschreibt. Schon ein kurzer Blick auf die unterschiedlichen Forschungsbereiche, die sich mit Medien und Kommunikationsprozessen beschäftigen, zeigt ein anderes Bild. Die klassische Publizistik- und Kommunikationsforschung hat Konkurrenz durch eine geisteswissenschaftlich ausgerichtete Medienwissenschaft bekommen, die noch keineswegs in den Rahmen der herkömmlichen Disziplin eingeordnet ist. Da die Namen für diese konkurrierenden Forschungsbereiche völlig unterschiedlich sind und in verwirrender Weise gebraucht werden, wollen wir an dieser Stelle nicht die Bezeichnungen der verschiedenen Forschungsrichtungen aufzählen, sondern das Forschungsfeld nach den jeweiligen Problem- oder Themenbereichen gliedern.

• Kommunikationsforschungen können sich mit einzelnen Medien (Presse, Rundfunk, Film usw.) oder mit dem Mediensystem einer Gesellschaft insgesamt beschäftigen. Sie können disziplinspezifische Fragen auf die verschiedenen Medien anwenden (Medienrecht, Medienökonomie usw.). Kommunikationsforschung lässt sich differenzieren nach Handlungsbereichen und Handlungsrollen in Mediensystemen.[5] Entsprechend gibt es produzentenorientierte Forschungen wie die Kommunikator- oder Redaktionsforschung in der Journalismusforschung, rezipientenorientierte Forschungen wie die Medienwirkungsforschung oder verarbeiterorientierte Forschungen wie die Medienkritik.

- Kommunikationsforschung unterscheidet sich nach Art und Grad der Orientierung an Nutzern. Dabei spielen einmal die Alters-, Geschlechts- und Schichtspezifik der Nutzer(gruppen) eine Rolle, zum anderen Ziele, Einstellungen und Absichten von Mediennutzern.

- Kommunikationsforschung unterscheidet sich nach der zeitlichen Festlegung ihres Problembereichs. Entsprechend kann zwischen Mediengeschichtsschreibung und aktuellen Medienuntersuchungen (etwa der Rolle bestimmter Medien in Wahlkämpfen) unterschieden werden (diachrone versus synchrone Medienforschung).

- Kommunikationsforschungen lassen sich einteilen nach den Basis- bzw. Hintergrundtheorien, in deren Rahmen sie operieren. Nach diesem Einteilungsgesichtspunkt können wir gegenwärtig eine Konkurrenz von philologisch, publizistikwissenschaftlich, sozialwissenschaftlich, konstruktivistisch, technikphilosophisch und systemtheoretisch ausgerichteter Kommunikations- und Medienforschung (samt allen erdenklichen Mischformen) beobachten.

- Kommunikationsforschungen unterscheiden sich schließlich auch danach, ob sie in kultur- oder gesellschaftskritischer, affirmativer oder rein deskriptiver Absicht angelegt werden.[6]

Diese Unterscheidung rastert sicher nur grob, aber sie verweist doch auf Tendenzen, die über die deskriptiv-analytische Beschäftigung mit Medien(angeboten) weit hinausgehen. Alle Kommunikations- und Medienforschungen aber stehen vor denselben *grundlegenden Problemen*:

- Kommunikationswissenschaftler kommunizieren über Kommunikation. Sie setzen also voraus, was sie untersuchen wollen, und sie benutzen bei der Untersuchung, was sie untersuchen, näm-

---

5 Zur Begrifflichkeit vgl. Schmidt (1994).
6 Als Beispiele kann man etwa Postman, McLuhan oder Luhmann nennen.

lich Kommunikation. Das führt dazu, dass in der Kommunikationstheorie vieles als bekannt vorausgesetzt wird, was sich bei näherem Hinsehen keineswegs als bekannt herausstellt – etwa was eigentlich «Kommunikation» ist.

- Kommunikation ist ein ausgesprochen flüchtiger Prozess, der sich bereits unwiederbringlich verändert hat, wenn man mit seinen Beobachtungen fertig geworden ist. Darum kommen Kommunikationswissenschaftler, wie Klaus Merten (1990) festgestellt hat, immer zu spät, wenn sie beginnen, sich mit Kommunikation zu befassen.

- Kommunikation ist – wie alle gesellschaftlichen Phänomene – ein komplexer Prozess, dessen Bestandteile miteinander verwoben sind und sich gegenseitig bedingen. Wenn man sich auf einzelne Bestandteile konzentriert (da man nie alles zugleich untersuchen kann), kann man also nie sicher sein, ob man diese systemischen Zusammenhänge dabei hinreichend berücksichtigt. Darüber hinaus ist klar, dass eine bloße Addition der Beschreibung der Bestandteile nie ein angemessenes Bild des gesamten Kommunikationsprozesses ergeben kann.

- Schließlich ist Kommunikation ein selbstbezüglicher (reflexiver) Prozess, der in Schleifen immer wieder auf sich selbst Bezug nimmt: Kommunikation setzt Kommunikation voraus und vollzieht sich als Anschlusskommunikation. Darum gibt es keinen verlässlichen Einstiegspunkt in seine Analyse, was sich etwa daran zeigt, dass Voraussetzungen und Folgen von Kommunikation (wie etwa das Verstehen) zusammenfallen können.

- Kommunikationswissenschaftler können nur dann akzeptierte Forschungsergebnisse erwarten, wenn es ihnen gelingt, ihre Grundbegriffe so präzise wie möglich zu klären, also etwa Begriffe wie ‹Kommunikation›, ‹Medium›, ‹Rezipient›, ‹Medienwirkung›. Dabei stehen sie aber vor einem schwierigen Problem, das oben bereits angesprochen worden ist. Jeder von uns, ob Laie oder Wissenschaftler, ist in einer Mediengesellschaft aufgewachsen und verfügt über reichhaltige Erfahrungen mit den verschiedensten Aspekten von Medien und Kommunikation. Warum, so könnte man daher fragen, brauchen wir dann noch Medien- und Kommunikations*wissenschaft*, wo wir doch bereits wissen, was wir wissen wollen (sollen)?

Mit der letzten Frage sind wir an einem Punkt angekommen, der in der Geschichte und Gegenwart der Kommunikationswissenschaft eine entscheidende Rolle gespielt hat. Kommunikationswissenschaft ist immer stark beeinflusst worden von *Metaphern und Modellen der Kommunikation*, die unvermeidlich aber oft auch irreführend sind (siehe Kapitel 3). Wir alle machen immer wieder die Erfahrung, dass wir zwar zu wissen glauben, was Medien sind und wie Kommunikation funktioniert, dass wir aber trotzdem immer wieder in der Kommunikation scheitern, Medien offenbar doch falsch einschätzen.

Auf diese Weise wird dann doch einsichtig, dass wir eine andere Art und Weise des Erfahrungmachens mit Medien und Kommunikation brauchen, als sie im Alltag gewonnen werden kann. Und zwar eine Art und Weise, die nicht nur Mediengebrauch und Kommunikation beobachtet, sondern die auch beobachtet, *wie* sie beobachtet, die also ihre Beobachtungen und Beschreibungen bestimmten Anforderungen unterwirft, die im Alltag nicht üblich sind, eben *wissenschaftlichen* Anforderungen.

Diese scheinbar einfachen Überlegungen müssen Kommunikationswissenschaftler zu besonderer Besonnenheit in drei Hinsichten mahnen: (1) Gerade weil jeder mit Kommunikation vertraut und ständig in sie verwickelt ist, darf nichts an Kommunikationsprozessen von vornherein für natürlich oder selbstverständlich genommen werden. Ganz allgemein gesagt besteht Theoriebildung in Bezug auf Kommunikation geradezu im Hinterfragen von scheinbaren Selbstverständlichkeiten in so genannten Alltagstheorien. (2) Die wissenschaftliche Kommunikation über Kommunikation muss sich um besondere Disziplin im theoretischen und methodischen Bereich bemühen, um die Rede über ihren Gegenstand nicht mit dem Gegenstand zu verwechseln. (3) Die Theorien und Modelle von Kommunikation, die Kommunikationswissenschaftler entwickeln, sind nie gesellschaftlich neutral. Das zeigen in schrecklicher Weise die Diktaturen dieses Jahrhunderts, die den Medien eine starke und direkte Wirkung zugeschrieben und deshalb daran geglaubt haben, mit Propaganda jede Lüge als Wahrheit durchsetzen zu können. Jeder Kommunikationswissenschaftler muss daher den Test machen, die von ihm entwickelte Kommunikationstheorie auch und gerade auf sich selbst anzuwenden und sie nicht nur für «die anderen» zu entwerfen.

Den beiden äußerst wichtigen Aspekten, die wir mit den letzten Überlegungen angesprochen haben, widmen sich die beiden nächsten Kapitel. Kapitel 2 kennzeichnet die Besonderheit von Kommunikations*wissenschaft* als Problemlösungszusammenhang, und Kapitel 3 setzt sich mit der Rolle von Metaphern und Modellen der Kommunikation auseinander.

2. Kommunikationswissenschaft als Problemlösungszusammenhang

2.1 Probleme für Wissenschaftler

Sucht man in Bibliotheken nach *dem* Handbuch der Kommunikationswissenschaft, das den Wissensstand des Fachs präsentiert, dann wird man zwar – wie unser Literaturverzeichnis belegt – viele Referenzwerke, Einführungen und Überblicksartikel finden, aber kein verbindliches Standardwerk.

Angesichts dieses Befundes gibt es offensichtlich nur zwei Möglichkeiten, Studieninteressenten eine erfolgreiche Orientierung im Bereich Kommunikationswissenschaft anzubieten: (a) eine genaue Darstellung der verschiedenen Theorien, Methoden und Ergebnisse, die bis heute im Fach erarbeitet worden sind; (b) eine systematische Übersicht über Probleme im Zusammenhang mit Medien und Kommunikation, die im Rahmen von Theorien und Methoden entstehen und wissenschaftlich gelöst werden sollten. Die erste Möglichkeit würde eine umfangreiche handbuchartige Darstellung erfordern, die Interessenten ohne genaue Fachkenntnis sicher abschrecken und nicht für das Studium dieses Fachs motivieren würde. Die zweite Möglichkeit erlaubt es, auch ohne Anspruch auf Vollständigkeit den systematischen Problemzusammenhang zu verdeutlichen, der das Fach «im Innersten zusammenhält», und die Wichtigkeit der Probleme für den Einzelnen wie für die Gesellschaft darzulegen.

Wir haben uns in diesem Orientierungsband für den zweiten Weg entschieden, und das auch noch aus einem zweiten Grund. Eine am Problemlösungszusammenhang orientierte Darstellung setzt voraus, dass man sich nicht einfach auf Theorien und Forschungsergebnisse verlassen und sie unter der Hand wie sicheres Wissen betrachten kann, sondern dass man deutlich schildern muss, welche Probleme man auf welche Weise lösen will und wie man die Auswahl der gewählten Probleme und Problemlösungen begründet.

Damit stoßen wir auf einige wichtige Punkte, die gern übersehen werden und die zum wissenschaftlichen Nachdenken über wissenschaftliches Handeln, also zur *Wissenschaftstheorie* gehören. Sowenig wie es «die» Kommunikation gibt, gibt es «die» Kommunikationstheorie. Vielmehr bestehen unterschiedliche Möglichkeiten, Kommunikation in der Kommunikation wissenschaftlich zu beobachten, zu beschreiben und zu erklären. Bei der Entwicklung von Kommunikationstheorien gibt es – wie in Kapitel 1.4 bereits angedeutet – unterschiedliche Zielsetzungen sowie unterschiedliche Beurteilungs- und Bewertungsmaßstäbe.

Die meisten Wissenschaftstheoretiker stimmen heute in der Annahme überein, wissenschaftliches Handeln als soziales *Problemlösungshandeln* zu sehen, wobei an die wissenschaftliche Art des Problemlösens besondere Anforderungen gestellt werden. Wissenschaftliches Problemlösen soll mit einer expliziten und begründeten Problemstellung beginnen, wobei im Rückgriff auf das bereits verfügbare Wissen (die im Fach anerkannten Theorien) die Besonderheit des zu lösenden Problems erkennbar werden muss. Dann muss genau festgelegt werden, welcher Weg der Problemlösung (also welche Methode) gewählt und wie der Weg im Einzelnen beschritten werden soll (sog. Operationalisierung). Die gewonnenen Ergebnisse müssen dann in einen (wiederum theoriegeleiteten) sinnvollen Zusammenhang gebracht und plausibel dargestellt werden.

Wenn Wissenschaftler Lösungen für Probleme suchen, dann müssen sie sich darüber klar sein, dass Probleme nicht an und für sich bestehen, sondern dass es Probleme nur für Wissenschaftler geben kann. Hinzu kommt, dass es Probleme nur gibt im Hinblick auf bereits verfügbares Wissen, das Probleme aufwirft. Da sich Wissensbestände im Laufe der Zeit ändern, gibt es auch geänderte Problemlagen und geänderte Problemlösungen. Darum hat jede wissenschaftliche Disziplin ihre eigene Geschichte, die als Problem- und Problemlösungsgeschichte geschrieben werden kann (siehe dazu Kapitel 4 und 5). Mit anderen Worten: Problemstellungen und Problemlösungen sind geschichtlich gebunden, sie sind kulturell und gesellschaftlich bestimmt (oder wie man sagt: *kontingent*); denn immer hätten auch andere Fragen gestellt und andere Antworten gegeben werden können. Wenn man also – wofür viele gewichtige Gründe sprechen – wissenschaftliches Handeln als Problemlösungshandeln konkreter Aktanten ansieht, dann verliert Wissenschaft den Nimbus, den sie sich seit Jahrhunderten aufgebaut hat, nämlich den Anspruch, *objektiv wahres* Wissen zu erzeugen und zu verwalten. Vielmehr wird deutlich, dass es (auch) in der Wissenschaft um die historisch bedingte Beantwortung von historisch bedingten Fragen geht. Für diese Antworten erhebt die Wissenschaft einen Wahrheitsanspruch; aber dieser Anspruch kann sich nicht auf Ewigkeit und Zeitunabhängigkeit berufen, sondern nur auf den jeweils gültigen Wissensstand einer Gesellschaft – auch wissenschaftliche Wahrheiten haben also ein «Verfallsdatum», wie zahlreiche Beispiele aus der Medizin, aber auch aus der Physik oder der Astronomie zeigen (man denke nur an Theorien über die Entstehung des Universums oder über die Ursachen bestimmter Krankheiten).

Damit wird Wissenschaft keineswegs entwertet. Wohl aber werden ihre im Laufe der Zeit entstandenen überzogenen Ansprüche korrigiert. Wissenschaften erzeugen aufgrund ihrer besonderen (eben: theorie- und methodengeleiteten) Problemlösungsweisen ein besonderes Wissen, das in dieser Form von keiner anderen gesellschaftlichen Instanz erzeugt wird. Aber auch dieses Wissen muss den Test der gesellschaftlichen Brauchbarkeit bestehen – ein bloßes Gütesiegel «Wahrheit» reicht nicht (mehr) aus.

Mit diesen Überlegungen sind wir ein gutes Stück weitergekommen bei der Beantwortung der Frage, was eigentlich eine «Kommunikationstheorie» sein kann bzw. sein sollte. Bei der Antwort gehen wir aus von der Arbeitsweise von Kommunikationstheoretikern. Diese beobachten unter genau festgelegten Beobachterperspektiven, wie Kommunikationen ablaufen. Sie beobachten Aktanten beim Kommunizieren, anders ausgedrückt, sie beobachten andere bei deren Aktivitäten. Sie untersuchen die Voraussetzungen, Mechanismen, Strategien und Folgen von Kommunikationsprozessen und versuchen, ihre jeweiligen Ergebnisse in einem plausiblen Modell bzw. in einer Theorie von/für Kommunikation zu systematisieren. Die Plausibilität einer solchen Theorie wird dabei an drei Maßstäben gemessen: an der *Anschließbarkeit* der Theorie an als gesichert geltendes fachliches Wissen; an der inneren Stimmigkeit oder *Kohärenz* der Theorie sowie ihrem *Problemlösungserfolg*.

Kommunikation ist – nach allen Verständnisweisen, die bisher entwickelt worden sind – von äußerster Wichtigkeit für das Leben des Einzelnen wie für das Bestehen und Funktionieren von Gesellschaften. Deshalb kann es nach unserem Verständnis von Kommunikation und Kommunikationstheorie nicht nur darum gehen, plausible und anschließbare Modelle oder Theorien zu entwickeln. Vielmehr müssen solche Theorien auch – wie in Kapitel 1.3 bereits angesprochen – *verantwortungsbewusst* entwickelt und angewendet werden.

Das Kommunikationskonzept, das wir hier vertreten werden, geht im Sinne dieser Forderung nach Verantwortungsbewusstsein nicht von der Autorität des Autors oder des Medienangebots aus, sondern von der prinzipiellen Gleichstellung aller Kommunikationsteilnehmer und von deren kognitiver Autonomie (siehe dazu Kapitel 6.2). Nach unserer Auffassung kommt es auf die Kommunikationsteilnehmer an, was sie – unter ihren jeweiligen Handlungsbedingungen – mit einem Text, einer Hörfunk- oder Fernsehsendung machen, welche Bedeutung sie diesen zuweisen und wie sie solche Medienangebote für ihre Lebenszusammenhänge nutzen. Insofern vertreten wir, wenn man so will, bewusst ein demokratisches Modell von Kommunikation – mit allen Vorteilen und Schwierigkeiten, die ein solches Modell mit sich bringt, wie die Kapitel 6 bis 8 zeigen werden.

2.2 Methoden als Instrumente wissenschaftlichen Problemlösens

Wird Wissenschaft als Problemlösungszusammenhang verstanden, dann kommt den Verfahren des Problemlösens, also den *Methoden*, eine grundlegende Bedeutsamkeit zu.

Die Griechen verstanden unter ‹Methode› den Nachgang im Verfolgen eines Ziels im geregelten Verfahren, und diese Wortbedeutung hat sich bis heute kaum geändert. Methoden geben an, welche Schritte nacheinander durchlaufen werden müssen, um ein Problem zu lösen, das heißt, sie *operationalisieren* die Problemlösung und machen sie nachvollziehbar und wiederholbar. So bestimmt der Soziologe Jürgen Friedrichs in seinem viel gelesenen

Buch *Methoden empirischer Sozialforschung* ‹Methode› als ein spezielles System von Regeln, das unser Handeln beim Erlangen neuer Erkenntnisse organisiert. ‹Methode› kennzeichnet also einen Prozess, der auf ein bestimmtes Ziel ausgerichtet ist bzw. ein System von Regeln umfasst, das diesen Prozess festlegt (vgl. Friedrichs 1990:14). Methoden verfolgen das Ziel, eine Entscheidung zwischen wahr und falsch im Bezug auf entsprechende Entscheidungskriterien durchzuführen. Sie zwingen uns dazu, eine Beobachtungsebene zweiter Ordnung einzunehmen, das heißt, uns dabei zu beobachten, wie wir ein Problem lösen und wie wir diese Lösung rechtfertigen, um die Ergebnisse beim gegenwärtigen Stand des Wissens als «wahr» bezeichnen zu können.

Methoden schreiben mithin vor, in welchen Schritten man vorgehen muss, um ein bestimmtes Ziel zu erreichen. Sie führen uns also in einer geregelten Folge von Schritten dazu, *Fakten* herzustellen (lat. *factum* = Hergestelltes, Gemachtes), die wir für wirklich halten. So befragen zum Beispiel Kommunikationswissenschaftler eine ausgewählte Zahl von Leuten, was sie von der Politik der gegenwärtigen Bundesregierung halten, indem sie – nach dem gegenwärtigen Stand des Wissens über erfolgreiche Befragungen (siehe Kapitel 2.3) – eine geregelte Reihe von Fragen stellen und die Antworten nach einem bestimmten Verfahren auswerten. Was sie dabei herausbekommen, sind nicht etwa, wie oft behauptet wird, *Daten* (lat. *datum* = Gegebenes) im Sinne objektiver Wirklichkeit, sondern eben methodisch erzeugte Fakten, die ohne die Anwendung der jeweiligen Methoden nicht produziert worden wären.

Zwischen Problemen, Methoden und Theorien, mit deren Hilfe bestimmte Wissensbestände systematisch geordnet und ausgedrückt werden, besteht ein enger Zusammenhang. Theorien leiten dazu an, wie man Probleme formulieren kann, die entstehen, weil bisher erzeugtes Wissen und Erfahrungen angesichts neu auftretender Erfahrungen nicht mehr zur Problemlösung ausreichen. Methoden, die ihrerseits in Theorien entwickelt werden, müssen mit den Theorien, in deren Rahmen sie angewandt werden, verträglich (kompatibel) sein, um erfolgreich Probleme lösen zu können; das heißt, Methoden sind nicht etwa theorieneutral. Zum Beispiel dürfen die Kommunikationskonzepte, die eine Kommunikationstheorie entwirft, nicht im Gegensatz stehen zu den Verfahren, die zur

Problemlösung verwendet werden. So wird etwa eine Kommunikationstheorie, die Kommunikation als Austausch von Informationen betrachtet, Methoden bevorzugen, die den Informationsgehalt von Medienangeboten untersuchen (z. B. inhaltsanalytische Methoden, siehe Kapitel 2.3), und nicht etwa Methoden, die Informationen als Bewusstseinsoperationen von Mediennutzern untersuchen.

Wie alle Wissenschaftler beschäftigen sich auch Kommunikationswissenschaftler – wie oben ausgeführt – mit Problemen, die im Umgang mit Gegenständen auftreten, wobei solche Probleme im Vordergrund stehen, die lösbar sind. Ob ein Problem lösbar ist oder nicht, entscheidet sich daran, ob eine geeignete Methode zur Problemlösung zur Verfügung steht bzw. entwickelt werden kann. Dabei gilt aus Erfahrung, dass jede Problemlösung über kurz oder lang wieder neue theoretische und methodische Probleme aufwirft. Theorien, Methoden, Wissen und Erfahrungen entwickeln sich in gegenseitiger Abhängigkeit ständig weiter, weil jede Problemlösung Dinge so zu sehen und zu erfahren erlaubt, wie dies vorher nicht möglich war. Alles Wissen und Erkennen, so kann gesagt werden, bezieht sich auf Wissen und Erfahrung. Oder in den Worten des Philosophen Alfred K. Treml formuliert: «Erfahrung mißt sich an Erfahrung, Bedeutung an Bedeutung, Erkenntnis an Erkenntnis, Theorie an Theorie und Praxis an Praxis» (1997:99).

2.3 Wichtige Methoden der Kommunikationswissenschaft: Verfahren und Probleme

Es ist bemerkenswert, so beobachtet der Psychologe Jürgen Kriz, «wie verblüffend die Mechanismen, die wir bei Zwangspatienten zur Angstabwehr als typische Symptome deuten, jenen Prinzipien entsprechen, die in der abendländischen Wissenschaft als ‹Tugenden› einer sauberen Methodik propagiert werden, nämlich:
– möglichst weitgehende Ausschaltung von Unvorhersehbarem und Unkontrollierbarem,
– Reduktion von Einflußvariablen,
– möglichst weitgehende Prognose der Ergebnisse von Handlungen,

– maximale Kontrolle dessen, was passieren kann,

– das Verbergen der eigenen Motive und Emotionen hinter einer ‹richtigen› Methodik,

– Beschränkung der Erfahrungen auf jenen Bereich, der durch ‹zulässige› Fragen und Vorgehensweisen vorab definiert ist» (1997 : 66 f).

Sind also Wissenschaftler allesamt professionelle Zwangsneurotiker? Und sind Kommunikationswissenschaftler dies in besonderem Maß, weil sie ja immer nur über Kommunikation kommunizieren können, während sie fortwährend darum bemüht sind, Distanz zum Gegenstand ihres Erkenntnisinteresses zu wahren? Wie Neurotiker weichen auch Wissenschaftler vom Alltagsverhalten ab, arbeiten nicht «normal», sondern auf eine ganz besondere Art und Weise, nämlich theorie- und methodengeleitet.

Wir alle lesen täglich Texte und fertigen unsere «privaten» Inhaltsanalysen an; wir beobachten Geschehnisse und strukturieren diese Beobachtungen; wir unterhalten uns mit anderen Menschen mit dem Ziel, etwas über ihre Motive herauszubekommen. Wissenschaftliche Praxen schließen bewusst an solche lebensweltlichen Praxen an, unterscheiden sich jedoch von diesen durch eine wesentlich stärkere Disziplinierung des Verfahrens. Wir wollen dies im Folgenden anhand der drei in der Kommunikationswissenschaft häufig angewandten Methoden der Inhaltsanalyse, der Befragung und der Beobachtung verdeutlichen.

Inhaltsanalyse

Unter dem Begriff ‹Inhaltsanalyse› werden verschiedene wissenschaftliche Verfahren der Textanalyse subsumiert, die sich zum Teil erheblich voneinander unterscheiden. Allgemein formuliert sind «Texte» der Gegenstand von Inhaltsanalysen, und zwar Texte jeder Art, so etwa Zeitungsmeldungen, Zeitschriftenartikel, Interviewaufzeichnungen oder Bildbeschreibungen. Zunehmend setzt sich mit der Unterscheidung zwischen *verbalen* und *visuellen* Texten in der Forschung ein weit gefasster Textbegriff durch. So lassen sich etwa auch bewegte und nicht bewegte Bilder als Texte lesen und inhaltsanalytisch untersuchen. Thematisch können die verschiedensten Themen inhaltsanalytisch bearbeitet werden: so etwa das Männerbild in der Werbung ebenso wie die Struktur der Wirtschaftsberichterstattung in der Tagespresse oder die Werbefotografie in nationalen Wahlkämpfen.

Grundsätzlich scheint eine Unterscheidung zwischen hermeneutisch-interpretierenden und empirisch-erklärenden Inhaltsanalysen sinnvoll zu sein. Der klassische «Hermeneut» (griech. Dolmetscher, Übersetzer, Ausleger) ist der Götterbote Hermes, der den Menschen die Botschaften der Götter verkündete und sie ihnen in verständlicher Form auslegte. Die Hermeneutik als wissenschaftliches Verfahren der Auslegung von Texten geht auf den Theologen Friedrich Schleiermacher (1768–1834) zurück, der die Kunst der Auslegung als handwerkliches und erlernbares Können beschrieb. Für die Theologen, die der Bibel einen vierfachen Schriftsinn zuschrieben, war klar, dass Texte nicht einfach gelesen werden können, sondern der fachkundigen *Auslegung* bedürfen, um richtig *verstanden* werden zu können. Wie kommt nun dieses richtige *Verstehen* zustande? Auf diese Frage antwortet die Hermeneutik mit dem Modell der *Zirkelstruktur des Verstehens*: Eine einzelne Textpassage ist nur im Zusammenhang des ganzen Textes, ein einzelner Text ist nur auf der Grundlage eines Ganzen, etwa auf der Grundlage eines Systems von Texten, zu verstehen. Das Verstehen dieses Ganzen resultiert aber wiederum aus dem Verstehen von Einzelnem.

Zusätzlich zu diesem hermeneutisch-interpretierenden Zugang wurde ungefähr seit Mitte der 20er Jahre des 20. Jahrhunderts die empirisch-erklärende Inhaltsanalyse entwickelt. Die ersten quantitativ orientierten Inhaltsanalysen sind in den 20er Jahren im Bereich der Journalismusforschung durchgeführt worden. Während des Zweiten Weltkriegs richtete sich das Forschungsinteresse vor allem auf die Analyse von Nachrichten und Propaganda. Die Forschung beschränkte sich dabei in Anlehnung an die inzwischen berühmte Definition des Soziologen Bernard Berelson auf die Beschreibung des offenkundigen, des so genannten *manifesten* Inhalts von Texten: «Content Analysis is a research technique for the objective, systematic and quantitative description of the manifest content of communication» (1952:18). Ausgehend von Berelsons Definition sind die folgenden Merkmale charakterisierend für die Inhaltsanalyse: *Objektivität*, *Systematik* und die *Quantifizierung* des *manifesten* Inhalts.

Die *Objektivität* der Inhaltsanalyse bedeutet, dass das von einem Wissenschaftler entwickelte Instrument zu reproduzierbaren Ergebnissen führt, auf die auch andere Wissenschaftler kommen müssen, wenn sie die Untersuchung mit dem gleichen inhaltsanalytischen Instrument wiederholen. Objektivität bedeutet also nicht notwendigerweise «Wahrheit», sondern *intersubjektive Nachvollziehbarkeit*, die durch eine sorgfältige Definition der untersuchungsleitenden Begriffe sowie durch die explizite und nachvollziehbare Operationalisierung der Fragestellung gewährleistet werden soll. Allgemein stellt die Wiederholbarkeit[1] einer Untersuchung ein wichtiges wissenschaftliches Qualitätsmerkmal dar. Hier liegt ein wesentlicher Vorteil der Inhaltsanalyse gegenüber anderen Methoden wie der Befragung oder der Beobachtung, weil sich ihre Untersuchungsgegenstände (Texte, Bilder, Filme usw.) relativ bequem archivieren lassen und daher auch für etwaige Wiederholungsuntersuchungen vorliegen.

Entscheidend für die *Systematik* inhaltsanalytischer Verfahren ist, dass der Forscher ausgehend von der Grundgesamtheit aller Texte, auf die sich seine Fragestellung bezieht, genau angeben kann, nach welchen Kriterien er sein Untersuchungsmaterial ausgewählt und analysiert hat. Die Auswahl des Untersuchungsmaterials hängt mit Fragen der Stichprobenbildung zusammen. Hier muss explizit angegeben werden, ob die untersuchten Texte repräsentativ für alle Texte sind, auf die sich die Fragestellung des Forschers bezieht. Wird Repräsentativität angestrebt – was nicht in allen Untersuchungen zwingend der Fall sein muss –, bieten sich verschiedene (Zufalls-)Auswahlverfahren an, um sicherzustellen, dass die Stichprobe ein verlässliches Bild der Grundgesamtheit abgibt. Die Frage nach den Analysekriterien hängt mit der Bildung eindeutiger Untersuchungskategorien (siehe Kasten) zusammen, die sich im Wesentlichen auf drei unterschiedliche Beschreibungsebenen beziehen können:

• Auf der *syntaktischen* Ebene wird das quantitative Vorkommen von Buchstaben, Wörtern, Bildern usw. ermittelt.

---

1 Die Wiederholbarkeit sichert die Stabilität des gewonnenen Wissens, die als Zeichen für dessen Objektivität gedeutet wird.

- Auf der *semantischen* Ebene wird das Verhältnis von Zeichen und ihren Bedeutungen untersucht.
- Auf der *pragmatischen* Ebene werden der Gebrauch und die Funktion von bestimmten Zeichen analysiert.

«Als **Grundgesamtheit (Population)** bezeichnen wir alle potenziell untersuchbaren Einheiten oder ‹Elemente›, die ein gemeinsames Merkmal (oder eine gemeinsame Merkmalskombination) aufweisen. So sprechen wir beispielsweise von der Grundgesamtheit der Bewohner einer bestimmten Stadt, der Leser einer bestimmten Zeitung, der linkshändigen Schüler, der dreisilbigen Substantive, der zu einem bestimmten Zeitpunkt auf einem Bahnhof anwesenden Personen [...]. Wie die Beispiele zeigen, beziehen sich Grundgesamtheiten nicht immer auf Personen. Grundgesamtheiten können ferner einen *begrenzten* oder einen theoretisch *unbegrenzten* Umfang aufweisen.

Eine **Stichprobe** stellt eine Teilmenge aller Untersuchungseinheiten dar, die die untersuchungsrelevanten Eigenschaften der Grundgesamtheit möglichst genau abbilden soll. Eine Stichprobe ist somit ein ‹Miniaturbild› der Grundgesamtheit. Je besser die Stichprobe die Grundgesamtheit repräsentiert, umso präziser sind die inferenzstatistischen Aussagen über die Grundgesamtheit.» (Bortz 1993:84)

Untersuchungskategorien sind das Herzstück einer jeden empirischen Untersuchung. In ihnen wird festgelegt, anhand welcher klar definierten Kriterien das Untersuchungsmaterial (also Texte, aber auch die zu beobachtenden Situationen, die zu befragenden Personen) gemäß der Forschungsfrage analysiert werden soll. Technisch gesprochen sind die Kategorien einer Untersuchung «Klassen eines übergeordneten und damit abstrahierenden Klassifikationsschemas, das demgemäß unter verschiedenen Gesichtspunkten entwickelt werden kann. Selbst wenn man nur eine reine Beschreibung des Textes (eine *Textanalyse*) [aber eben auch: eine Beobachtung oder eine Befragung; d. V.] vornehmen will, erfordert die Bildung der Kategorien ein zielgerichtetes und selektives Vorgehen. [...] Kriterien für die Festlegung von Kategorien [...] sind:

1. Das Kategorienschema soll theoretisch abgeleitet sein, d. h. es soll mit den Zielen der Untersuchung korrespondieren.

2. Das Kategorienschema soll vollständig sein, d. h. es soll die Erfassung aller möglichen Inhalte gestatten.

3. Die Kategorien sollen wechselseitig exklusiv angelegt sein.

4. Die Kategorien sollen voneinander unabhängig sein.

5. Die Kategorien sollen einem einheitlichen Klassifikationsprinzip genügen.

6. Die Kategorien sollen eindeutig definiert sein.» (Merten 1995:147f)

Jeder dieser Ebenen können spezifische Analyseverfahren zugeordnet werden (vgl. Merten 1995:119–279). Solange sich die Untersuchung auf die Erhebung syntaktischer Kategorien beschränkt, gelingt die Beschreibung von Texten noch ohne nennenswerte Probleme. Spätestens aber bei der Beurteilung von «Bedeutungen» eines Textes können sich erhebliche Probleme bei der Zuordnung zu den Untersuchungskategorien ergeben. «Bedeutungen» sind eben keine manifesten *Inhalte* von Texten, die sich mühelos aus diesen herausholen lassen.

Berelsons Forderung nach der *Quantifizierung des manifesten Inhalts* bedeutet, dass die Häufigkeiten abgrenzbarer Textelemente mit Hilfe eines eindeutig definierten Kategoriensystems erfasst werden. Gerade an dieser Forderung Berelsons wurde in der Methodendiskussion immer wieder Kritik geübt. Während Berelson die Auffassung vertrat, Inhaltsanalysen könnten nur dann als wissenschaftlich bezeichnet werden, wenn sie quantifizierende Aussagen erlauben, wurde von anderer Seite betont, dass auch qualitative Inhaltsanalysen durchaus zu wissenschaftlich gehaltvollen Ergebnissen gelangen können (vgl. Flick 1998 oder Mayring 1997).

Der qualitative Ansatz legt mehr Gewicht auf die Rekonstruktion des Kontextes, in dem der untersuchte Text steht, sowie auf die stärkere Berücksichtigung latenter Sinnstrukturen und bedeutsamer Einzelfälle. Der wohl wichtigste Unterschied zwischen qualitativen und quantitativen Methoden liegt darin, dass letztere in aller Regel Hypothesen prüfen, während erstere Hypothesen erzeugen (generieren). Bereits bei der Konstruktion des Untersuchungsinstruments schlägt sich dieser Unterschied nieder. Während man bei quantitativen Untersuchungen meistens so vorgeht, dass die Untersuchungskategorien theoriegeleitet entwickelt und dann auf den Untersuchungsgegenstand angewandt werden (*deduktives* Vorgehen), verfährt man im Rahmen qualitativer Untersuchungen so, dass die Kategorien in einer explorativen Phase der Untersuchung anhand des zu untersuchenden Materials entwickelt werden (*induktives* Vorgehen). Bei bestimmten Fragestellungen bietet sich eine solche explorative Arbeitsweise an, etwa immer dann, wenn mit einer Fragestellung wissenschaftliches Neuland betreten wird, wenn also noch nicht genug theoretisches Wissen vorliegt, das die Formulierung von Hypothesen und Untersuchungskategorien in begründeter Weise erlaubt. Aus diesem Grund stellen in der aktuellen Forschung quantitative und qualitative Methoden keine entgegengesetzten, sondern sich ergänzende Forschungsstrategien dar.

Befragung

Befragungen sind diejenigen sozialwissenschaftlichen Verfahren, die dem alltäglichen Gespräch am nächsten kommen. Wie im Gespräch äußert sich der Befragte unmittelbar zu einem Thema oder beantwortet Fragen. Und wie beim Gespräch kann der befragende Wissenschaftler nur darauf vertrauen, dass sein Gegenüber wahrheitsgemäß antwortet – in seinen Kopf kann niemand hineinschauen, um die Übereinstimmung von Gedachtem / Gemeintem und Gesagtem objektiv zu prüfen. Methoden der Befragung wenden Kommunikationswissenschaftler in den verschiedensten Themenbereichen an. So lassen sich die Konsumgewohnheiten bestimmter Werbezielgruppen mit Methoden der Befragung ebenso erforschen wie Prozesse der subjektiven Sinngebung während der Fernsehrezeption oder die Frage, welche Partei am nächsten Sonntag die Bundestagswahl gewinnen würde, stünde dann eine Wahl an.

Nach der Inhaltsanalyse ist die Befragung eine der am häufigsten angewandten Methoden der Kommunikationswissenschaft (vgl.

Scholl 1993). Die Befragung ist – im Unterschied zum Alltagsge-
spräch – eine vom Forscher bewusst und planvoll herbeigeführte
Gesprächssituation, die durch eine grundlegende Asymmetrie
gekennzeichnet ist. Die Rollen des Fragenden und die des Antwor-
tenden sind in der Regel deutlich voneinander unterschieden und
werden im Verlauf der Befragung nur selten gewechselt. Wie die
Inhaltsanalyse zeichnet sich auch die Befragung durch das systematische Vorgehen des Forschers aus; allerdings gibt es zum Teil
erhebliche Unterschiede, wie bei einer Befragung im Einzelnen vor-
gegangen werden sollte.

Verschiedene Formen der Befragung lassen sich in Anlehnung an
die Systematik des Soziologen Siegfried Lamnek (1995 : 37) zum
Beispiel unterscheiden nach:

- der *Absicht des Interviews* (ermittelnd oder vermittelnd),
- dem *Grad der Standardisierung* (strikte Abfolge von Fragen
und Antworten, die Antworten bedingen die Abfolge der Fragen),
- der *Zusammensetzung des zu befragenden* Personenkreises
(eine einzelne Person oder eine Gruppe von Personen),
- der *Form der Kommunikation* (mündlich oder schriftlich),
- dem *Stil der Kommunikation* (hart, weich, neutral),
- der Art der *Antwortmöglichkeiten* (freie Antwortmöglichkeiten, vorgegebene Antwortmöglichkeiten),
- bei mündlichen Befragungen nach dem *Kommunikationsmedium* (telefonisch oder persönlich face-to-face),
- bei schriftlichen Befragungen nach den *Versandmedien* (posta-
lisch, per Internet oder in einer Zeitungsbeilage).

Es gibt viele Möglichkeiten, eine Frage zu formulieren oder verschiedene Fragen in einem Fragebogen zu gruppieren. Es macht
einen erheblichen Unterschied, ob man im Rahmen eines Interviews
erst nach der Lieblingsfarbe und dann nach dem Einkommen oder
erst nach dem Einkommen und dann nach der Lieblingsfarbe gefragt wird. Denn die Frage nach dem Einkommen zählt zu den so
genannten «sensiblen Fragen», auf die nicht wenige Befragte mit
Verärgerung reagieren. Solche Fragen werden daher gern am Ende
einer Befragung gestellt, um die Beantwortung der anderen neutra-
leren Fragen nicht zu gefährden. Es macht einen erheblichen Unterschied, ob man gefragt wird, «Halten Sie Kohl oder Schröder für
den besseren Bundeskanzler?» oder: «Wen hielten Sie für einen gu-

ten Bundeskanzler?»; es macht einen Unterschied, ob man per Post einen Fragebogen erhält oder ob man persönlich zu Hause aufgesucht wird usw. Oftmals ist eine «Übersetzung» der interessierenden Fragestellung notwendig, weil nicht davon auszugehen ist, dass die Befragten in gleichem Maß wie der Forscher über ein spezifisches Fachvokabular verfügen. Bei langen Befragungen kann es darüber hinaus aufseiten der Befragten zu Ermüdungserscheinungen kommen, was die Antwortfähigkeit und -bereitschaft des Befragten erheblich einschränken kann. Es ist schon an diesen wenigen Beispielen zu erkennen, dass die Befragung eine hochgradig voraussetzungsreiche Methode ist und dass man sich über eine Fülle möglicher kommunikativ erzeugter Einflüsse bewusst werden muss, bevor man seiner kommunikationswissenschaftlichen Fragestellung nachgehen kann.

So begegnen wir zum Beispiel *systematischen* Antwortverzerrungen immer dann, wenn wir es mit Prozessen der sozialen Erwünschtheit zu tun haben.[2] Dies ist nur eine von vielen möglichen Fehlerquellen bei der Befragung, die etwa darauf zurückzuführen ist, dass manche Fragen moralisch oder emotional besetzt sind.

Befragungsmethoden sind ausgesprochen vielseitig anwendbar. Im Vergleich zu den meisten Beobachtungsmethoden lassen sie sich darüber hinaus mit einem erheblich geringeren personellen und finanziellen Aufwand durchführen und sind dennoch geeignet, *repräsentative* Ergebnisse hervorzubringen. Beobachtungsmethoden sind gerade deswegen, bei aller gebotenen Sorgfalt, so wertvoll für die kommunikationswissenschaftliche Forschung.

Beobachtung

Die Methode der Beobachtung liefert Aufschlüsse sowohl über das Verhalten als auch über Aussagen von Personen. Über den subjektiv gemeinten Sinn, die Interpretation eines Verhaltens / einer Handlung durch den Beobachteten sagt diese Methode allerdings

---

2 «Soziale Erwünschtheit» bezeichnet den Umstand, dass Befragte nicht nach ihrer eigenen Überzeugung antworten, sondern sich bei ihren Antworten nach den vermeintlichen Erwartungen des Interviewers richten.

wenig aus. Aus diesem Grund werden viele Beobachtungen von einer zusätzlichen Befragung begleitet, damit das beobachtete Verhalten interpretiert und eingeordnet werden kann.

Natürlich können nur in solchen gesellschaftlichen Bereichen Beobachtungen angestellt werden, zu denen ein Wissenschaftler Zugang erhält; und selbst dann besteht immer noch die Gefahr, dass die in einer bestimmten Situation beobachteten Menschen sich aufgrund der Anwesenheit eines Beobachters anders verhalten als sonst. Wie die Befragung ist damit auch die Beobachtung eine *reaktive* Methode; das heißt, dass sich der Gegenstand der Untersuchung im Moment der Untersuchung bzw. aufgrund der Untersuchung verändert, also auf die Beobachtung reagiert.

Die praktische Anwendung einer Beobachtung wird *ethisch* durch die Art des zu beobachtenden Verhaltens (Was *darf* ich als Wissenschaftler beobachten?), *räumlich* durch die Reichweite der menschlichen Sinnesorgane (Was *kann* ich als Wissenschaftler beobachten?) und *zeitlich* durch die Dauer der zu beobachtenden Ereignisse begrenzt (*Wie lange* kann ich als Wissenschaftler beobachten?). Technische Lösungen, wie etwa die Beobachtung mittels Videoaufzeichnung, können zwar eine beträchtliche Ausweitung des beobachtbaren Bereichs ermöglichen, bleiben jedoch auch auf das in einer räumlich und zeitlich festgelegten Situation mit den Sinnesorganen Wahrnehmbare beschränkt.

Die Methode der Beobachtung wird immer dann angewendet, wenn damit zu rechnen ist, dass befragte Personen ihr eigenes Verhalten nicht angemessen beschreiben können. In der Journalismusforschung stellt sich zum Beispiel dieses Problem, wenn die komplexen Zusammenhänge und Arbeitsabläufe in journalistischen Redaktionen untersucht werden sollen. Diese Zusammenhänge sind so beziehungsreich, die Handlungen der einzelnen Personen so stark ineinander verwoben und durch tägliche Routinen verdeckt, dass eine Befragung allein sicherlich keine zutreffende Beschreibung redaktioneller Abläufe gewährleisten könnte. Als einer der Ersten hat daher der Kommunikationswissenschaftler Manfred Rühl in seiner Arbeit «Die Zeitungsredaktion als organisiertes soziales System» (1969) mit Hilfe einer Kombination verschiedener Beobachtungs- und Befragungstechniken journalistische Arbeitsabläufe beschrieben und damit in theoretischer wie methodischer

Hinsicht einen bis heute grundlegenden Beitrag zur Redaktionsforschung geleistet. Ein wichtiges Anwendungsfeld der Beobachtung liegt darüber hinaus im Bereich der Medienpädagogik, wenn es darum geht, das Mediennutzungsverhalten von Kindern zu untersuchen.

Bestimmte Verhaltensformen im Bereich der Mediennutzung laufen auch bei Erwachsenen unbewusst ab und lassen sich nur schwer artikulieren. Will man etwa in Erfahrung bringen, wie häufig Fernsehzuschauer an einem durchschnittlichen Fernsehabend zwischen den Programmen hin- und herwechseln, wird man diese Frage eher mittels einer Beobachtung zu klären versuchen als mit Hilfe einer Befragung. Im Bereich der kommerziellen Rezipientenforschung wird zum Beispiel mittels des so genannten C-Box-Verfahrens das genaue Verhalten von Zuschauern beobachtet. Dazu wird im Wohnzimmer der beobachteten Personen eine Videokamera installiert, die mit dem Fernseher und einem Videorecorder verbunden ist. Diese Variante der Beobachtung ist zwar im Vergleich zu herkömmlichen Verfahren der Rezipientenforschung sehr teuer, ermöglicht aber im Prinzip die Beobachtung aller Formen des Rezipientenverhaltens. Man kann so nicht nur feststellen, welche Programme gesehen wurden, sondern auch, welche Nebenbeschäftigungen dabei ausgeführt wurden, wie aufmerksam der Zuschauer eine Sendung verfolgt hat, wann er den Raum verlassen hat usw. (vgl. Ottler 1998 : 94).

Experiment

Das Experiment ist streng genommen keine eigene Methode, sondern eine spezifische Form der Methodenanwendung. Allgemein versteht man unter einem wissenschaftlichen Experiment die systematische Variation einer Versuchsanordnung mit dem Ziel, die daraus resultierenden Effekte mit Blick auf eine konkrete Forschungshypothese zu untersuchen. Man könnte also vereinfachend sagen, Experimente sind hypothesengeleitete Beobachtungen unter *stark kontrollierten* Bedingungen. Üblicherweise wird zwischen Labor- und Feldexperimenten unterschieden: Während erstere dadurch gekennzeichnet sind, dass der Forscher die Bedingungen einer Situation *genau so* variiert, wie es seine Forschungshypothese erfordert, werden in Feldexperimenten lediglich so viele Bedingungen variiert, wie es die Situation *im Feld* außerhalb des Labors erlaubt (vgl. Friedrichs 1990 : 339).

Nicht zuletzt aufgrund der traditionell festen Verankerung innerhalb der Naturwissenschaften gilt das Experiment als eine der exaktesten Untersuchungsformen der wissenschaftlichen Forschung. Während Experimente außerhalb der Naturwissenschaften vor allem in der Psychologie und in der Sozialpsychologie Anwendung finden, wird in den geistes- und sozialwissenschaftlichen Disziplinen jedoch nur selten experimentell geforscht. Kritiker sehen darin einen Beleg dafür, dass Experimente zwar sehr exakte und in diesem Sinn *zuverlässige* Untersuchungsverfahren seien, dass allerdings die Künstlichkeit der Experimentalsituation die uneingeschränkte (Allgemein-)*Gültigkeit* der Untersuchungsergebnisse stark gefährde.

Die Zuverlässigkeit (Reliabilität) und die Gültigkeit (Validität) einer Untersuchung gelten allgemein als die beiden wichtigsten Gütekriterien der empirischen Sozialforschung. Je wahrscheinlicher es ist, dass verschiedene Forscher mit dem gleichen Untersuchungsinstrument zu vergleichbaren Ergebnissen kommen, desto *zuverlässiger* ist das Instrument. Die *Gültigkeit* einer Untersuchung hingegen beschreibt das Maß, in dem ein Erhebungsinstrument auch tatsächlich valide Aussagen über jenen Ausschnitt der sozialen Realität zulässt, auf den sich das Forschungsinteresse richtet. Oft werden die Zuverlässigkeit und die Gültigkeit einer Untersuchung als widerstreitende, gleichzeitig nicht optimal erreichbare Ziele angesehen. Dieser Konflikt tritt in der experimentellen Forschung besonders deutlich zutage. Dies ist sicherlich einer der Gründe dafür, warum Experimente in der heutigen Kommunikationswissenschaft eher selten durchgeführt werden.

In der Kommunikationswissenschaft ist die Tradition der experimentellen Forschung untrennbar verbunden mit den Arbeiten des amerikanischen Sozialpsychologen Carl Iver Hovland (1912–1961). Dieser hatte in streng kontrollierten Experimenten die Wirkung *persuasiver* (überzeugender, überredender) Kommunikation untersucht und gilt seitdem in der Kommunikationswissenschaft als einer der Väter dieser Forschungstradition. Auch heute noch finden experimentelle Untersuchungsdesigns vor allem in der empirischen Werbewirkungsforschung Anwendung (siehe dazu Kapitel 4.2).

Die am häufigsten angewandte Form des Experiments ist die «Vorher-Nachher-Messung» mit einer Experimental- und einer Kontrollgruppe. Schematisch lässt sich dieses Untersuchungsdesign wie folgt darstellen:

Tabelle 1 : Vorher-Nachher-Messung mit einer Experimental- und einer Kontrollgruppe

Zeit Untersuchungs- gruppe	t_1	t_2	t_3
Experimental- gruppe	Messung der ab- hängigen Varia- blen	Einwirkung der unabhängigen Variablen	Messung der ab- hängigen Varia- blen
Kontrollgruppe	Messung der ab- hängigen Varia- blen		Messung der ab- hängigen Varia- blen

Nehmen wir zum besseren Verständnis an, eine Forschergruppe wolle den Zusammenhang zwischen der Gewaltbereitschaft Jugendlicher (abhängige, beeinflusste Variable) und der Rezeption von Gewaltdarstellungen im Fernsehen (unabhängige, beeinflussende Variable) untersuchen. Die Forscher bilden mit Hilfe eines Zufallsverfahrens eine Experimental- und eine Kontrollgruppe, die sich hinsichtlich der wesentlichen soziodemographischen Merkmale ihrer Mitglieder (Alter, Geschlecht, Schulbildung etc.) gleichen. In einem nächsten Schritt wird bei beiden Gruppen zum Zeitpunkt t_1 die Gewaltbereitschaft gemessen (Vorher-Messung). Dabei kann die Art und Weise dieser Messung je nach der theoretischen Begründung dessen, was unter «Gewaltbereitschaft» zu verstehen ist, stark variieren. In der Versuchsphase t_2 werden der Experimentalgruppe gewalthaltige Fernsehprogramme gezeigt, während die Kontrollgruppe Fernsehprogramme ohne gewalthaltige Darstellungen zu sehen bekommt. Wie auch schon beim Begriff der ‹Gewaltbereitschaft› kann auch hier die Bandbreite dessen, was unter «Fernsehgewalt» zu verstehen ist, je nach theoretischer Herleitung stark variieren. In der Versuchsphase t_3 wird bei beiden Untersuchungsgruppen erneut die Gewaltbereitschaft gemessen (Nachher-Messung). Weil in dieser letzten Untersuchungsphase die Gefahr relativ groß ist, dass die Versuchsteilnehmer die Absichten der Forschergruppe durchschaut haben und sich entsprechend *reaktiv* verhalten, stehen die Forscher hier vor dem nicht unerheblichen Problem, eine mit den Befunden aus t_1 vergleichbare Messung vorzunehmen, bei der jedoch mögliche Lerneffekte der Versuchsteilnehmer so weit wie möglich ausgeschlossen werden. Ist dies gelungen, lassen sich sowohl durch den Vergleich zwischen der Vorher- und der Nachher-Messung als auch durch den Vergleich zwischen der Experimental- und der Kontrollgruppe Rückschlüsse auf den Zusammenhang zwischen der unabhängigen Variablen (hier die Rezeption von Gewaltdarstellungen im Fernsehen) und der abhängigen Variablen (hier die Gewaltbereitschaft Jugendlicher) ziehen.

Wir fassen zusammen: Der Beschäftigung mit Methoden kommt deshalb in der Kommunikationswissenschaft wie in allen anderen Wissenschaften eine so große Bedeutung zu, weil wissenschaftliches Handeln *theorie- und methodengeleitetes* Handeln ist. Mit Hilfe von Methoden werden bereits vorhandenes Wissen und begriffliche Praxis in nachvollziehbare konkrete Forschungsoperationen umgesetzt. Methoden machen aus Wissen Handeln in Form von zielgerichteten Problemlösungsversuchen. Wenn wir wissenschaftliche Erkenntnisse erlangen wollen, müssen wir etwas tun, wir müssen messen, experimentieren, beobachten oder kommunizieren. Methoden formulieren Regeln zur Stabilisierung von Erfahrungen und folgen forschungspraktischen Zielen. In der praktischen Forschungsarbeit besteht jedoch die Herausforderung oftmals gerade darin, in kreativer Weise von diesem vorgegebenen Regelwerk abzuweichen. Denn jedes Forschungsproblem bedarf einer eigenen kreativen Lösung; es gibt keine Methoden an sich, sondern nur Methoden im Hinblick auf das Erreichen eines bestimmten Ziels (vgl. Schmidt 1998 : 147 f). Die Ergebnisse der Anwendung von Methoden können nicht von diesen abgelöst werden, sie sind die *Fakten*, die durch ein bestimmtes methodengeleitetes Handeln erzeugt werden.

3. Die Verführung durch Selbstverständlichkeiten: Metaphern und Modelle der Kommunikation

3.1 Metaphern und Modelle sind unvermeidlich

Bereits im Alltag gibt es eine Fülle von Metaphern und Modellen, die unsere Vorstellungen von Kommunikation entscheidend prägen. Wir vertrauen auf diese Metaphern und Modelle – oftmals blindlings –, wir müssen sogar auf sie vertrauen, damit Kommunikation überhaupt zustande kommt und reibungslos ablaufen kann. Immer, wenn wir miteinander kommunizieren, sind Metaphern und Modelle der Kommunikation daher als mehr oder weniger bewusste Orientierung durch scheinbare Selbstverständlichkeiten am Werk.

Metaphern und Modelle sind nicht identisch mit dem, wofür sie stehen. Vielmehr heben sie pointiert das hervor, was an dem betreffenden Phänomen für wichtig gehalten wird. Sprechen wir vom Familienvater als Haupt der Familie oder vom König als erstem Diener des Staates, so kommt darin eine ganz bestimmte Auffassung von Familie oder Monarchie zum Ausdruck. Das Modell eines Autodesigners ist nicht das Auto, sondern es bringt zum Ausdruck, worin die Besonderheiten des neuen Wagentyps bestehen. Modelle helfen uns zu verstehen, was das Modellierte verschweigt. Sie sagen uns zwar nicht, was das Modellierte tatsächlich *ist*, dafür aber, wie es für uns *funktioniert*, worin seine Besonderheit liegt und wie wir es *erleben*. Metaphern und Modelle sind (meist unbemerkte) Instrumente, mit denen wir Erfahrungen machen und Überzeugungen ausdrücken. Da alltägliche Metaphern und Modelle der Kommunikation in diesem Sinn auch für Wissenschaftler *unvermeidlich* sind, beginnen wir dieses Kapitel mit einer kurzen Darstellung einiger wichtiger alltagstheoretischer Vorstellungen von Kommunikation, wobei wir uns auf Überlegungen von Klaus Krippendorff (1994) stützen.

3.2 Alltagstheoretische Kommunikationsmodelle

Die Schaffung von Monumenten

Eines der geschichtlich frühesten Kommunikationsmodelle beruht auf der Annahme, mit Kommunikation würden «Monumente» geschaffen. Bereits die Grabinschriften der ägyptischen Pharaonen, so Krippendorff, beschrieben erinnerungswürdige Ereignisse oder religiöse Anweisungen; sie waren ständig gegenwärtig, demonstrierten den Machtanspruch eines Herrschers und sicherten diesem Machtanspruch Dauerhaftigkeit. Wir müssen gar nicht so weit in der Geschichte zurückgehen, um dieser Vorstellung von Kommunikation erneut zu begegnen. Wie gerne sprechen wir davon, jemand habe etwas «festgestellt», wie vertraut ist uns der Ausspruch «ein Mann, ein Wort», wollten wir nicht alle schon einmal etwas «schwarz auf weiß haben», haben wir nicht alle schon einmal mit unserer Unterschrift oder einem Händedruck einen Vertrag «endgültig» besiegelt? Mit vielen weiteren Beispielen ließe sich zeigen, dass die Vorstellung, mit Kommunikation könne man Monumente des Glaubens, der Überzeugung und des Machtanspruchs schaffen, trotz ihres «hohen Alters» auch in heutiger Zeit noch durchaus geläufig ist.

Am Rande sei hier notiert, dass man dieser Metapher auch in neueren kommunikations- und medienwissenschaftlichen Ansätzen begegnet, die sich mit der Frage befassen, wie bestimmte Medien Überzeugungen und Machtansprüchen unabhängig von räumlichen und zeitlichen «Distanzen» Geltung verleihen. Ein für diese Forschungstradition wichtiger Vertreter ist der kanadische Wirtschaftshistoriker Harold Adams Innis, der als einer der Vordenker der «Toronto School of Communication» gilt. Innis hat die These aufgestellt, dass jede Medientechnik über einen so genannten ‹bias›, eine technisch eingeprägte Neigung entweder zugunsten der Raum- oder der Zeitdimension verfügt. Schwere Medien, so Innis, sind Medien, die aufgrund ihrer Struktur zwar dem zeitlichen Verfall trotzen, dafür aber nur schwer zu transportieren sind. Man denke etwa an Tontafeln oder an Inschriften auf Gebäuden oder Felsen. Gesellschaften, die sich auf solche Medientechniken stützen, so folgert Innis, sind klein, aber zeitlich stabil. Leichte Medien wie etwa der Papyrus sind dagegen zwar einfach zu transportieren, dafür aber schneller verderblich. Gesellschaften, die sich auf solche Medientechnologien stützen, können sich zwar über große Distanzen ausdehnen, weil ihre Gesetze selbst in die entlegensten Provinzen getragen werden können, aber sie sind weniger stabil. Neuere Beiträge zu dieser Tradition stammen etwa von dem amerikanischen Kommunikationswissenschaftler Joshua Meyrowitz oder dem kanadischen Medienphilosophen Marshall McLuhan (1911–1980), der zu den prominentesten, wenn auch umstrittensten Vertretern der «Toronto School of Communication» zählt und der seine Arbeiten respektvoll als «Fußnoten» zu den Arbeiten von Harold Adams Innis bezeichnet hat.

Abbildung 1 : Keilschrift währt am längsten

Lebensdauer verschiedener Speichermedien	
Ton- und Videobänder	10 bis 20 Jahre
Zeitungspapier	10 bis 30 Jahre
CD, Optical Disc	30 bis 100 Jahre
Farbfilme	30 bis 100 Jahre
saures Papier	20 bis 200 Jahre
alterungsbeständiges Papier	über 500 Jahre
Silberhalogenid-Film auf Polyestermaterial	über 1000 Jahre
Pergament	über 1000 Jahre
Keilschrift in Tontafeln	weit über 4000 Jahre

(Quelle: Die ZEIT, Nr. 47, 18. 11. 99)

Die Container-Metapher

Auch Kommunikationswissenschaftler können es offensichtlich nicht immer vermeiden, ihre Vorstellungen von Kommunikation auf der Grundlage alltagstheoretischer Modelle zu formulieren.

Kommunikation wird im Rahmen des alltagstheoretischen Modells als linear verlaufender Prozess konzipiert, bei dem jemand eine Botschaft (eine Bedeutung) in einem dafür vorgesehenen Container deponiert und diesen auf die Reise schickt, bis er schließlich sein Ziel erreicht, wo die Botschaft dann entnommen (besser: übernommen) wird. Uns begegnet dieses Modell in der alltäglichen wie in der wissenschaftlichen Diskussion mit hoher Wahrscheinlichkeit immer dort, wo von «Messages», von «Aussagen», «Informationen» oder von «Inhalten» die Rede ist, wo also Kommunikation auf den Austausch abgrenzbarer Einheiten reduziert wird und das Kommunikationsproblem folglich auf ein Transportproblem verkürzt wird.

Die Container-Metapher impliziert, dass Bedeutungen, Sinn und Gedanken in Medienangeboten verpackt und aus diesen genauso wieder «entpackt» werden können. Was jemand denkt, hat diesem Verständnis von Kommunikation zufolge eine direkte materielle Entsprechung. Missverständnisse sind dabei zunächst einmal ausgeschlossen; es sei denn, der Empfänger einer *Botschaft* entpackt deren *Inhalt* aufgrund mangelnder Intelligenz oder böswilliger Absichten falsch, oder dem Sender sind beim Verpacken der Botschaft Fehler unterlaufen.

Mit Recht könnte man einwenden, dass die Container-Metapher ein relativ triviales Kommunikationsmodell entwirft und dass den meisten Menschen wohl bewusst ist, welch absurde Vorstellungen über kommunikative Prozesse dabei herauskommen. Leider sind die Konsequenzen dieses Modells für die Forschung aber alles andere als trivial. In der empirischen Forschung wird viel Arbeit und Mühe aufgewendet, von den «Inhalten» eines Textes auf dessen Wirkungen, Entstehungszusammenhang oder die Absichten seines Autors zu schließen, so als gäbe es einen linearen und kausalen Zusammenhang zwischen Inhalt und Wirkung eines Medienangebots.

Kommunikation als Teilhabe

Der Begriff ‹Kommunikation› ist bekanntlich eine Entlehnung aus dem Lateinischen *communicatio* und verweist auf Bedeutungszusammenhänge des *Teilens* und *Mit-Teilens*. Kommunikation, so legt diese Metapher nahe, ist ein Mechanismus, um Gemeinschaft und Verständigung herzustellen – Kommunikation ist *Teilhabe*.

Auch wenn es immer wieder vorkommt, dass wir uns trotz intensiver Kommunikation gerade nicht verstehen, und auch wenn wir alle die Erfahrung gemacht haben, dass es viele Formen des gegenseitigen Verstehens gibt, die eben keiner intensiven Kommunikation bedürfen, benennt diese Metapher sicherlich eine der wichtigsten impliziten Annahmen über das Funktionieren von Kommunikation: Wir sprechen scheinbar die gleiche Sprache, verfügen allem Anschein nach über ein vergleichbares Vokabular, wir sind, wie es scheint, in vergleichbarer Weise sozialisiert und wissen, was sich in welcher Situation gehört und was nicht – all das rechtfertigt immer wieder von neuem die Annahme, dass Kommunikation Gemeinschaft erzeugt und voraussetzt.

Bei genauerer Betrachtung lässt sich die Annahme von einem *gemeinsamen* Zeichenvorrat jedoch nicht halten. Bedeuten alle Wörter einer bestimmten Sprache für *jeden* Muttersprachler wirklich das Gleiche? Können wir wirklich davon ausgehen, dass wir *denselben* Satz gehört, *denselben* Text gelesen, *dieselbe* Fernsehsendung gesehen haben wie ein anderer? Teilen wir wirklich *dasselbe* Wissen, nachdem wir von jemandem informiert worden sind? Sicherlich nicht. Wir haben bereits an anderer Stelle gesehen, wie viel Mühe man sich in der empirischen Forschung (oftmals vergebens) macht, um mit Hilfe möglichst genauer Begriffsdefinitionen Begriffe, Kategorien und Indikatoren so weit festzulegen, dass sie von verschiedenen Personen in vergleichbarer Weise ausgelegt und angewendet werden. Würden wir alle tatsächlich die gleiche Sprache sprechen, könnten sich Wissenschaftler gewiss eine Menge Arbeit ersparen.

Kommunikation als Auseinandersetzung

Weil man auch noch in dem brennendsten Streit darauf bestehen kann, dem anderen *mitzuteilen*, wie verletzt man ist, und weil man sich auch in der heftigsten Auseinandersetzung noch aus dem Repertoire eines (scheinbar) gemeinsamen Zeichenvorrats bedienen kann, ist es kein Widerspruch, wenn es neben der Metapher von Kommunikation als Teilhabe auch eine Reihe weiterer Metaphern gibt, die gemeinsame Kommunikation eher als Konflikt und weniger als die Aktualisierung von *Gemeinschaft* beschreiben. Jeder hat wahrscheinlich schon einmal die Erfahrung gemacht, in einer Diskussion der «Unterlegene» gewesen zu sein, eine «unhaltbare» Position vertreten zu haben oder die verbalen «Attacken» eines «Kontrahenten» während eines «Rededuells» «abgeschmettert» zu haben. Es gibt zahlreiche umgangssprachliche Formulierungen und Redewendungen, die implizieren: Kommunikation ist Auseinandersetzung, Streit, zuweilen sogar Krieg. Diese Metapher hat eine lange Tradition, deren Wurzeln, wie Klaus Krippendorff feststellt, bereits in der antiken Redekunst (der Rhetorik) liegen.

In der aktuellen Diskussion werden den neuen Informations- und Kommunikationstechniken (wie etwa dem Internet) besonders große Potenziale zur «kommunikativen Kriegführung» zugeschrieben. Immerhin widmet das Online-Magazin Telepolis[1] unter dem Titel «Infowar» diesem Thema eine ganze Rubrik. Diese Diskussion liefert in reichhaltiger Fülle Belege für die anhaltende Bedeutsamkeit dieser Metapher in unserer Kommunikation über Kommunikation. Die Angst vor einem «Infowar», so kann man hier in Erfahrung bringen, beflügelt in den USA das Schreckensbild eines «elektronischen Pearl Harbor» (vgl. Rötzer 1998b). Der indonesische Friedensnobelpreisträger José Ramos Horta, so wird berichtet, warnte vor geplanten «Angriffen» einer internationalen Gruppe von Hackern für den Fall, dass Osttimor nicht die Unabhängigkeit erhalten sollte (vgl. Rötzer 1999). Per Zufall wurde entdeckt, dass der amerikanische Geheimdienst National Security Agency (NSA) heimlich Zugriffscodes in Windows-Betriebssysteme eingebaut hat. Diese Codes wurden in jede aktuelle Windows-Version integriert, und es wird nun befürchtet, dass bei der NSA eine neue Gruppe von «Informationskriegern» (Campbell 1999) damit beschäftigt ist, diese Technik zum Zwecke der geheimdienstlichen Arbeit gegen jedermann einzusetzen. Der Krieg gegen Jugoslawien sei nach Angaben des amerikanischen Verteidigungsministeriums der erste «Cyberkrieg», den die USA geführt haben (vgl. Bendrath 1999), «mit zehn Hackern», so berichtete unlängst die renommierte Wochenzeitung DIE ZEIT unter der Überschrift «Krieg im Computer», «kann man die USA in die Knie zwingen»

1   http://www.heise.de/tp/

(vgl. Drösser & Krempl 2000) usw. Freilich handelt es sich bei sprachlichen «Auseinandersetzungen» und bewaffneten Konflikten, so betont Krippendorff, um zwei unterschiedliche Arten menschlichen Handelns. Trotzdem zeigen diese wenigen Beispiele bereits, dass dieser Unterschied offensichtlich an Trennschärfe verliert.

3.3 Wissenschaftliche Kommunikationsmodelle

Alltagstheoretische Kommunikationsmodelle sind vergleichsweise einfach, dabei aber hochgradig voraussetzungsvoll. Man könnte sagen, sie sind gerade deswegen so leistungsfähig, *weil* ihre Annahmen im Hintergrund verborgen bleiben. Ob Menschen wirklich Gedanken miteinander austauschen können, ob die Bedeutungen kommunikativer Monumente tatsächlich an jedem Ort und zu jeder Zeit gleich verstanden werden, ob sich tatsächlich mit Argumenten ein Krieg führen lässt, all dies sind Fragen, die zwar in der Kommunikationswissenschaft mit einer Vielzahl weiterführender Forschungsfragen verbunden sind, im Rahmen der Alltagspraxis aber nicht hinterfragt werden.

Auch in der Wissenschaft sind Modelle und Metaphern unvermeidlich, wobei Modelle bewusst eingesetzt werden, während Metaphern oft unbemerkt verwendet werden. Im Folgenden konzentrieren wir uns auf die Darstellung wissenschaftlicher Kommunikationsmodelle.

Die meisten wissenschaftlichen Kommunikationsmodelle sind (graphische) Abbildungen des Kommunikationsprozesses, in denen einzelne Prozesselemente und deren Aufbau (Strukturmodelle), der Verlauf des Prozesses selbst (Flussmodelle), die «Aufgaben» und «Leistungen» der einzelnen Prozesselemente (Funktionsmodelle) oder die Prozessabschnitte und Bestimmungsmerkmale (Klassifikationsmodelle, Forschungs- und Planungsschemata) dargestellt werden.

Wissenschaftliche Modelle reflektieren oftmals bestimmte theoretische Perspektiven; Modellbildung selbst kann aber niemals ein Ersatz für die theoretische Argumentation und die empirische Prüfung sein. Modelle integrieren eine Vielzahl von Einzelaspekten in einen Gesamtzusammenhang – man nennt dies die *Organisations-funktion* von Modellen. Als *heuristisches* (also erkenntnisförderndes) *Werkzeug* sind Modelle oftmals vorläufige Annahmen zum Zweck des besseren Verständnisses eines Sachverhalts, indem man mit ihrer Hilfe die Verhältnisse in einem erst wenig bekannten Bereich in Analogie zu den Verhältnissen in einem wohl bekannten Bereich beschreibt. Auf diese Weise ermöglichen Modelle neue, verallgemeinerbare Einsichten. Manche Modelle ermöglichen Vorhersagen, sie erfüllen also eine *Prognosefunktion*. Ferner erfüllen manche Modelle eine so genannte *Messfunktion*, indem sie Variablen und Beziehungen festlegen und so den Weg für eine spätere Operationalisierung und quantitative Messung ebnen. Man kann sich diese unterschiedlichen Ebenen als aufeinander aufbauend vorstellen. Ordnung ist eine Voraussetzung für die Möglichkeit, zu verallgemeinerbaren Einsichten zu gelangen, was wiederum eine Voraussetzung für Prognose ist.

Die Lasswell-Formel

Gerade mit Blick auf die organisatorische und die heuristische Funktion lassen sich die Konsequenzen von Modellen für unsere Problemwahrnehmung verdeutlichen. Wie alltagstheoretische Modelle ermöglichen es auch wissenschaftliche Modelle, Wissen zu systematisieren und Erfahrungen zu machen, und das heißt in wissenschaftlichen Zusammenhängen: Probleme wahrzunehmen. Insofern haben Modelle in der Wissenschaft forschungsleitenden Charakter, was sich in der Kommunikationswissenschaft exemplarisch an der Karriere der so genannten Lasswell-Formel belegen lässt.

Der Politologe Harold D. Lasswell (1948:37) formulierte seine inzwischen berühmt gewordene Frage «Who Says What In Which Channel To Whom With What Effect?» in der Einleitung eines Aufsatzes, in dem er sich mit der so genannten strukturell-funktionalen Analyse von Kommunikationsprozessen befasste. Lasswell sah in der Abfolge der fünf Fragen ein einfaches und bequemes Ordnungsprinzip zur Beschreibung dieser Prozesse. Gleichzeitig wies er darauf hin, dass mit jeder der fünf Fragen ein eigener Forschungsbereich angesprochen sei, weshalb noch heute viele kommunikationswissenschaftliche Einführungen und Handbücher ihre Darstellung anhand des Frageschemas von Lasswell gliedern.

Tabelle 2 : Lasswell-Formel

Who	Wer	Kommunikator-forschung
Says What	Sagt was	Aussagenforschung
In Which Channel	Auf welchem Wege	Medienforschung
To Whom	Zu wem	Rezipientenforschung
With What Effect?[2]	Mit welcher Wirkung?	Wirkungsforschung

Die *Kommunikatorforschung* befasst sich etwa mit biographischen Arbeiten über Journalisten oder Redakteure, mit publizistischen Persönlichkeiten, wie dies der Zeitungswissenschaftler Emil Dovifat (1890–1969) angeregt hat, aber auch mit der Analyse von Arbeitsroutinen und Arbeitsabläufen in Redaktionen und Medienbetrieben.

Die *Aussagenforschung* untersucht – in der Regel mit Hilfe von Inhaltsanalysen – systematisch formale und inhaltliche Merkmale von Medienangeboten.

Die *Medienforschung* beschäftigte sich in den Anfängen der Zeitungskunde und der Zeitungswissenschaft mit der historisch-deskriptiven Betrachtung einzelner Medien. Ziel solcher Untersuchungen war es, die «Anatomie» publizistischer Einrichtungen (Prakke 1965:286) beschreibend abzubilden. Eine so verstandene traditionelle *Medienforschung* deckt also nur einen kleinen Teil dessen ab, was wir in Kapitel 1.3 zusammenfassend als *Kommunikations-* und *Medienforschung(en)* bezeichnet haben.

Die *Rezipienten- und Publikumsforschung* beschäftigt sich traditionellerweise mit der soziodemographischen Zusammensetzung

---

2 Erstaunlicherweise hat Lasswell vergessen, die Frage Why? zu stellen. Wir kommen auf die Gründe für Kommunikation in Kapitel 4.2 zu sprechen.

verschiedener Publika massenmedial verbreiteter Medienangebote (siehe dazu Kapitel 6.9).

Die *Wirkungsforschung* ist bis heute eine starke Triebfeder der Kommunikationswissenschaft, nicht zuletzt deswegen, weil auch viele Interessenten – von Werbefachleuten bis hin zu Politikern – außerhalb der Kommunikationswissenschaft wissen wollen, wie man Menschen am besten mit Medienangeboten beeinflussen kann. «Wirkungen» werden traditionellerweise als Wissens-, Einstellungs- und Verhaltensveränderungen von Menschen definiert, die auf die Rezeption spezifischer Medienangebote zurückgeführt werden können. Allerdings stellt diese traditionelle Perspektive auf Medienwirkungen nur eine grobe Sichtweise auf Medienwirkungszusammenhänge dar (siehe dazu Kapitel 4.2 bis 4.4).

Sieht man einmal von ihren Vorfahren in der antiken Rhetorik ab, stellt die Lasswell-Formel wohl eines der ältesten Wortmodelle dar, das zur Beschreibung kommunikativer Prozesse entwickelt worden ist (vgl. dazu etwa Prakke 1965 und Merten 1974). Ihren Erfolg verdankt sie in einem gewissen Maß sicherlich der hohen wissenschaftlichen Reputation ihres Erfinders Harold D. Lasswell. Entscheidender ist aber vermutlich die Tatsache, dass sie eine einfache und einleuchtende Systematisierung kommunikativer Prozesse erlaubte, die sich stark an die Reporter-Regeln der frühen amerikanischen Journalistenausbildung anlehnte und deshalb besonders einleuchtend war.

Gegen das Modell Lasswells wird immer wieder eingewendet, es zeuge von einer mechanistischen Sichtweise auf das dynamische Geschehen kommunikativer Prozesse, und es sei in seiner Beschränkung auf nur fünf Elemente schlicht zu *einfach*, um kommunikative Prozesse vollständig erklären zu können. Sosehr sich diese Kritik in der Kommunikationswissenschaft auch durchgesetzt hat, so muss man ihr doch fairerweise entgegenhalten, dass Lasswell selbst bereits in dem gleichen Aufsatz, dem er seine Formel voranstellte, betont hat, dass man über die fünf Elemente (also: wer, was, wem, über welchen Kanal, mit welcher Wirkung) den Kommunikationsprozess *als Ganzes* nicht vergessen dürfe.

In der Nachfolge Lasswells haben viele Autoren versucht, unter Einbeziehung neuer Elemente und neuer Formulierungen das ursprüngliche Modell zu verbessern. Einer dieser Versuche, der ebenso einfach wie erhellend ist und zeigt, wie man Modelle durchaus in konstruktiver Weise erweitern und verbessern kann, stammt von Klaus Merten (1974). Er setzt an der Kritik an, dass das klassifikatorische Modell Lasswells zu einfach dimensioniert sei und eine Vielzahl möglicher Relationen nicht berücksichtige. Merten schlägt vor, von der eindimensionalen Lasswell-Formel zu einer zweidimensionalen Lasswell-Matrix überzugehen, indem er die Lasswell-Formel auf sich selbst anwendet.

Tabelle 3: Lasswell-Matrix

Ursache Wirkung	Who	Says What	In Which Channel	To Whom	With What Effect
Who	–				
Says What		–			
In Which Channel			–		
To Whom				–	
With What Effect					–

Quelle: Merten (1974:155)

In dieser «Lasswell-Matrix» stehen in den Spalten die einwirkenden Faktoren und in den Zeilen die Faktoren, auf die eingewirkt wird. Weil es hier um die Wechselwirkungen zwischen den einzelnen Faktoren geht und *Wirkungen* daher in jedem einzelnen Feld auftreten, wird in diesem Modell die letzte Spalte und die letzte Zeile nicht gesondert berücksichtigt. Wirkungen lassen sich an allen Stellen des Kommunikationsprozesses beobachten und bilden daher keine einzeln ausmachbare Position dieses Prozesses. Die beiden dickeren Linien symbolisieren diesen Zusammenhang. Man erhält auf diese Weise insgesamt zwölf Zellen, von denen jede eine logisch mögliche Wirkungskonstellation *zweier* Faktoren repräsentiert.

Mit dieser Operation gewinnt man aus der ursprünglich eindimensionalen Lasswell-Formel ein wesentlich differenzierteres Modell, bei dem allerdings immer noch eine Vielzahl möglicher Faktoren unberücksichtigt bleibt. So sind natürlich auch Kombinationen aus mehr als nur zwei Komponenten denkbar. Das Modell *scheitert* also gewissermaßen nur auf einem höheren Niveau als die ursprüngliche Lasswell-Formel. Darüber hinaus spielt die Situation, in der ein Kommunikationsprozess abläuft, sicherlich eine große Rolle, wird aber ebenso wenig berücksichtigt wie die Frage, wie oft *(how often?)* jemand etwas sagt bzw. rezipiert oder welche Rolle der gesellschaftliche und kulturelle Kontext für Kommunikationsprozesse spielt.

Trotz dieser durchaus angebrachten Kritik stellt die Aufstockung des Lasswell-Modells durch Merten eine produktive Erweiterung und Verbesserung des ursprünglichen Modells dar; denn wir haben nun nach der reflexiven Transformation ein grundsätzlich anderes Modell, das uns hilft, eine ganz andere und zur Beschreibung kommunikativer Prozesse fruchtbarere Perspektive einzunehmen. Wir wollen diese Form der Modellerweiterung *progressive Transformation* nennen. Eine andere Strategie zur Erweiterung von Modellen, die zumindest ebenso prominent ist, ließe sich als *additive Transformation* bezeichnen. Bei Modellen, die über zu wenig Komponenten verfügen, also zu strukturarm sind, verfährt man gern so, dass man einfach weitere Komponenten hinzufügt. Für Modelle, mit denen wir den Kommunikationsprozess beschreiben und gegebenenfalls erklären wollen, schwingt dabei die implizite Annahme mit, man müsse nur möglichst vollständig die einzelnen Komponenten identifizieren, denen im Rahmen von Kommunikationsprozessen eine wichtige Rolle zukommt, und diese Komponenten *additiv* in einem Modell miteinander verknüpfen. Diese Art der Modell-Transformation geht also *implizit* davon aus, dass das zu beschreibende Phänomen durch endlich viele Komponenten und endlich viele Relationen zwischen diesen Komponenten gekennzeichnet ist und dass der Fortschritt in der Modellbildung im Aufspüren und dann im Modellieren dieser Komponenten und Relationen besteht. Allerdings bleiben bei dieser Form der Modelltransformation zumindest die folgenden Fragen problematisch:

• Kann man Kommunikation tatsächlich über eine endliche Anzahl von Komponenten und Relationen beschreiben?

• Ab wann ist ein Modell komplex genug, sodass es nicht mehr additiv erweitert werden muss, weil man alle wesentlichen Komponenten und Relationen gefunden und modelliert hat?

• Und ab wann ist ein Modell zu komplex, weil man unwesentliche Komponenten und Relationen in das Modell additiv einbaut?

Das informationstechnische Modell von Shannon und Weaver

Ein weiteres vergleichsweise strukturarmes Modell ist das informationstechnische Kommunikationsmodell der beiden amerikanischen Mathematiker Claude E. Shannon und Warren Weaver (1949). In der Diskussion über Kommunikation und Medien häufig verwandte Begriffe wie ‹Sender› und ‹Empfänger›, ‹Code› und ‹Zeichen›, ‹Information› und ‹Redundanz›, ‹verschlüsseln› und ‹entschlüsseln› verweisen auch heute noch auf dieses Modell.

Die *Informationsquelle* (information source), so lässt sich Shannons und Weavers Modell zusammenfassen, wählt eine *Botschaft* (message) aus, die aus geschriebenen oder gesprochenen Zeichen bestehen kann. Der *Sender* (transmitter) verwandelt diese Botschaft in ein *Signal*, das über einen Kommunikationskanal an einen *Empfänger* (receiver) geleitet wird, durch den die Botschaft entschlüsselt und an den Bestimmungsort weitergeleitet wird. Für gewöhnlich treten während der Übermittlung von Botschaften Störungen auf, die sich etwa als Knacken in der Telefonleitung äußern. Durch diese externen *Störquellen* (noise source) werden die ursprünglichen Signale so verzerrt, dass sie nur unvollständig empfangen werden können.

Die Konzeption dieses Modells orientiert sich im Wesentlichen an technischen Problemen der Signalübertragung. Klassische Beispiele für diese Art von Kommunikationsmöglichkeiten sind das Telefon, die Telegraphie oder das Radio. Im Fall des Telefons etwa werden sprachliche Botschaften in elektrische Impulse verwandelt und über einen Draht (Kanal) an einen Empfänger weitergeleitet, der gewissermaßen wie ein umgekehrter Sender funktioniert.

Es ist hilfreich zu wissen, dass Claude E. Shannon Mitte der 40er Jahre, also während er dieses Modell entwickelte, in den Bell Telephone Laboratories arbeitete. Der Informationsbegriff, der dem Modell Shannons und Weavers zugrunde liegt, ist daher vor allem technischer Natur und diente zur Lösung technischer Probleme der Signalübertragung.

Information hat bei Shannon und Weaver nichts mit Bedeutung zu tun, sondern bezieht sich auf physikalisch eindeutig bestimmbare Signalmengen, die durch einen Kanal von einem Sender zu einem Empfänger übertragen werden. Wenn man sich vergegenwärtigt, wie sich Menschen tatsächlich verständigen und welche Rolle Bedeutungszuweisungen, Interpretationen oder Situationsdefinitionen zukommt, dann sieht man, wie wenig geeignet dieses Modell für die Analyse sozialer Kommunikationsprozesse ist.

Viele Wissenschaftler haben bei der Verwendung des Shannon-Weaver-Modells den gleichen Fehler gemacht, den wir schon im Zusammenhang mit der Container-Metapher (s. o.) kennen gelernt haben: Man übertrug das Modell, das zur Beschreibung physikalisch messbarer Abläufe konzipiert wurde, auf die Ebene der Bedeutungen. Hier macht sich eindeutig das Erbe der Container-Metapher bemerkbar. Die Kritik gegenüber den informationstechnisch fundierten Kommunikationsmodellen wendet sich genau genommen nicht gegen diese Modelle selbst, sondern gegen ihre Übertragung auf Zusammenhänge, in denen sie keine Erklärungskraft besitzen, weil sie nicht für deren Beschreibung entworfen worden sind.

Maletzkes Feldschema der Massenkommunikation

Ein Modell, das zumindest ansatzweise rückbezügliche und interaktive Mechanismen in Kommunikationsprozessen berücksichtigt, ist das sozialpsychologisch orientierte Feldschema der Massenkommunikation von Gerhard Maletzke. Neben der bereits angesprochenen Lasswell-Formel ist Maletzkes Modell wohl eines der bekanntesten und meistzitierten Kommunikationsmodelle.

Wie bereits die kurzen Ausführungen des Kapitels 1.3 gezeigt haben, waren es stets die in einer Gesellschaft verfügbaren Medien, die kommunikationswissenschaftliche Fragestellungen in entscheidender Weise mitbestimmt haben. Die Kommunikationswissenschaft war seit ihren Anfängen in der Zeitungskunde und der Zeitungswissenschaft notwendigerweise stark medienorientiert, und dies spiegelt sich eben darin wider, dass die meisten Kommunikationsmodelle Prozesse massenmedialer Kommunikation beschreiben.

In Maletzkes Feldschema der Massenkommunikation werden vier Positionen im publizistischen Prozess unterschieden, nämlich der *Kommunikator*, die *Aussage*, das *Medium* und der *Rezipient*. Jede dieser Positionen verweist auf die anderen und wird von diesen selbst beeinflusst. Was dieses Modell auch heute noch wertvoll macht, ist die Systematik, in der Maletzke sein Modell Schritt für Schritt entwickelt hat. Wir können hier aus Platzgründen nicht alle der insgesamt sieben Entwicklungsschritte des Modells wiedergeben, sondern müssen uns darauf beschränken, das Endprodukt vorzustellen.

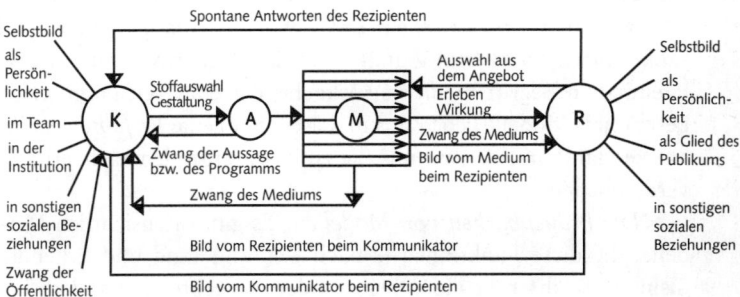

Abbildung 2 : Maletzkes Feldschema der Massenkommunikation
Quelle: Maletzke (1978 : 37 ff)

Wir haben es hier offensichtlich mit einem an Elementen und Relationen reichen Modell zu tun. Freilich lässt auch ein solches Modell noch Erweiterungen zu. Kommunikation bleibt auch bei Maletzke ein direkter und einseitig verlaufender Prozess, der zwar interaktive Momente enthält, diese jedoch nicht zwingend voraussetzt.

Wir wollen an dieser Stelle zusammenfassend auf drei wesentliche Punkte hinweisen, die bei der Einschätzung von Modellen zu berücksichtigen sind:

65

- *Die Veränderbarkeit von Modellen:* Modelle sind nichts ein für alle Mal Gegebenes, sondern zeitbedingte Konstrukte für bestimmte Zwecke; sie sind veränderlich, man kann sie erweitern und ausbauen. Zu einem Zeitpunkt t liegt jeweils eine bestimmte Anzahl von Modellen vor, mit deren Hilfe ein Erkenntnisgegenstand E beschrieben werden kann. Die Veränderbarkeit von Modellen zeigt, dass bestimmte Modelle die Erklärungsmöglichkeiten einer bestimmten Zeit, einer bestimmten Disziplin und eines bestimmten Forschers widerspiegeln. Wir wollen allgemein zwischen zwei Formen der Modellerweiterung unterscheiden: (a) die *progressive* Transformation und (b) die *additive* Transformation.

- *Die Instrumentalität von Modellen:* Modelle erfüllen ganz bestimmte Funktionen. Eben weil Modelle instrumentellen Charakter haben, wollen wir nicht sagen, dass sie ein Modell *von* X sind, sondern ein Modell *für* X. Modelle beschreiben, wie wir X (in unserem Fall: Kommunikation) sehen, und das geht so lange gut, wie es funktioniert. Es ist kein Zufall, dass der Begriff Modell auf den lateinischen Begriff *modus* zurückgeht, der eine Verfahrensweise beschreibt. Modelle geben uns in diesem Sinn eine *Verfahrensweise* an die Hand, mit der wir uns die zu beschreibenden Sachverhalte verdeutlichen.

- *Die Brauchbarkeit von Modellen:* Es gibt offensichtlich Modelle, die diese Funktionen je nach Kenntnisstand und Erkenntnisinteresse ihrer Erfinder besser oder schlechter als andere erfüllen. Das bedeutet, dass wir Modelle nach ihrer Brauchbarkeit bzw. Problemlösungsleistung beurteilen und nicht nach ihrer Wahrheit.

4. Schwerpunkte der bisherigen Kommunikationswissenschaft in Forschung und Lehre

4.1 Überblick über kommunikationswissenschaftliche Forschungsbereiche

Wie bereits erwähnt, orientieren sich viele kommunikationswissenschaftliche Einführungen und Handbücher systematisch am Frageraster der Lasswell-Formel. Wohlgemerkt: Diese Systematisierung bezieht sich auf kommunikationswissenschaftliche *Forschungstraditionen* und nicht auf Kommunikationsprozesse selbst. Das heißt, wir markieren mit der Zuordnung eines Forschungszweigs zu einer der fünf Fragen Lasswells lediglich den Einstiegspunkt der Analyse, die von dort aus notwendigerweise in die anderen Untersuchungsebenen hineingreifen muss. So haben wir etwa im Zusammenhang mit Klaus Mertens «Lasswell-Matrix» gesehen, dass die Frage nach den Wirkungen von Kommunikation in jedem einzelnen Fragebereich auftritt und dass sich jeder Fragebereich seinerseits mit jedem anderen in Beziehung setzen lässt (siehe Tabelle 3).

Wir wollen uns in diesem Sinn der Systematik Lasswells bedienen, um kommunikationsbezogene Forschungen zu systematisieren. Als zusätzliche Feindifferenzierung führen wir dabei die in den Sozialwissenschaften gängige Unterscheidung zwischen Makro-, Meso- und Mikro-Ebene ein. Damit ist gemeint, dass sich kommunikationswissenschaftliche Fragestellungen auf Beobachtungsgegenstände unterschiedlicher Allgemeinheit und Komplexität beziehen können. Wir können den *Fokus* unserer Beobachtungen aufziehen und umfasssende Prozesse in den Blick nehmen, wir können aber auch den Fokus auf mittlere oder kleinere Analyseeinheiten konzentrieren. Legt man dieses Raster zugrunde, dann ergeben sich die in Tabelle 4 dargestellten Systematisierungsmöglichkeiten, anhand deren wir im Folgenden einen Überblick über einige ausgewählte kommunikationswissenschaftliche Forschungsfelder geben wollen.

Tabelle 4: Systematisierung kommunikationswissenschaftlicher Fragestellungen

Fokus / Einstiegspunkt	Makro	Meso	Mikro
Wer?	Funktions-systeme	Medieninstitu-tionen	Aktanten
Was?	Symbolisch ge-neralisierte Kom-munikationsme-dien	Themen	Aussagen
Kanal?	Mediensysteme	Distributionsein-richtungen	Kommunikati-onsinstrumente
Wem?	Publikum	Zielgruppen	Rezipienten
Effekt?	Funktionen	Leistungen	Wirkungen

Wer? Funktionssysteme – Medieninstitutionen – Aktanten

Die Dynamik der Informationsgesellschaft, so wurde in der kommunikationswissenschaftlichen Diskussion der letzten Jahre immer wieder betont, erwächst aus dem unauflösbaren Widerspruch zwischen der zunehmenden funktionalen Differenzierung moderner Gesellschaften (siehe Kasten) einerseits und der funktionalen Abgeschlossenheit ihrer Teilsysteme andererseits. Dieser Widerspruch führt zu einem gesteigerten Integrationsbedarf, der in modernen Gesellschaften, so lautet die nicht unumstrittene These, durch Massen-Medien-Kommunikation (im Sinne von Kap. 6.9) eingelöst wird. Die Informationsgesellschaft sei insofern eine Mediengesellschaft, weil die einzelnen Funktionssysteme – also etwa das Wirtschaftssystem, das Rechtssystem oder das Wissenschaftssystem – über massenmedial produzierte und verbreitete Informationsangebote aneinander gekoppelt werden.

Funktionale Differenzierung

Dieses Argument geht zurück auf eine von Historikern und Soziologen entwickelte Theorie der funktionalen Differenzierung. Nach dieser Theorie haben sich seit dem 18. Jahrhundert die westlichen europäischen Gesellschaften grundlegend gewandelt. Aus hierarchisch geordneten, von Adel und Kirche bestimmten Ständestaaten wurden moderne Industriegesellschaften, in denen die gesellschaftlich wichtigsten Aufgaben von eigenständigen gesellschaftlichen Funktionssystemen wahrgenommen wurden: Die Wirtschaft produzierte und vermarktete Güter und Dienstleistungen, das Erziehungssystem Bildung, das Wissenschaftssystem Wissen, das Rechtssystem gerechte Konfliktlösungen usw. Jedes dieser Teilsysteme entwickelte seine eigenen Kommunikationsformen, Wertvorstellungen, Handlungs- und Organisationsmuster und wurde in der Konzentration auf seine gesellschaftliche Aufgabe funktional geschlossen. Gleichwohl interagierten alle Teilsysteme miteinander, aber jeweils gemäß ihren eigenen Zielen und Werten; so brauchte das Erziehungssystem den Staat, aber nicht um Politik zu machen, sondern um Erziehung zum staatlich gesicherten Recht und zur Pflicht aller Kinder zu machen; die Wissenschaft brauchte die Wirtschaft, nicht um Gewinne zu erwirtschaften, sondern um die immer teurer werdende Produktion von Wissen zu finanzieren usw.

Dieser Umwälzungsprozess wurde wesentlich bestimmt von der Durchsetzung des Finanzkapitalismus, der alle Güter und Leistungen in die abstrakte Größe Geld umrechnete und damit vergleichbar machte, sowie vom Aufstieg des Wirtschaftssystems zum Leitsystem moderner Industriegesellschaften.

Literaturhinweis: Luhmann, Niklas: Soziale Systeme. Grundriß einer allgemeinen Theorie. Frankfurt am Main: Suhrkamp, 7. Auflage 1998.

Die «Kommunikation der Gesellschaft» in Gestalt der Kommunikation in den gesellschaftlichen Funktionssystemen ins Visier zu nehmen, konfrontiert jeden Forscher unweigerlich mit großen Zuordnungsproblemen und belastet die Argumentation mit einem kaum noch zu erfüllenden Anspruch auf Geltung. Wenn es nun dem Wissenschaftssystem nicht mehr möglich ist, *alle* gesellschaftlichen Einzelperspektiven zu bündeln und so der Gesellschaft einen Spiegel vorzuhalten, welchem gesellschaftlichen Funktionssystem sollte man dann diese Rolle heute zuschreiben? Etwa dem Massenmediensystem oder dem Journalismussystem? Aber warum diesem und nicht etwa dem Erziehungssystem, dem Rechtssystem oder dem Kunstsystem? Wenn es um solche und ähnliche Fragen geht, überzeugen heute eher Thesen von der «Unbeobachtbarkeit der Gesellschaft» (Peter Fuchs) oder von der «neuen Unübersichtlichkeit» (Jürgen Habermas). Darüber hinaus ist zu beobachten, dass sich die Argumentation zusehends von der Makroebene der Beobachtung auf die Mesoebene verschiebt. Dies bedeutet, dass der Geltungsanspruch der Beobachtungen von vornherein eingeschränkt wird, indem als Einstiegspunkt nicht mehr *die* Gesellschaft, sondern jeweils einzelne gesellschaftliche Funktionssysteme dienen. Für die kommunikationswissenschaftliche Forschung relevant sind hier zunächst einmal Untersuchungen, die sich mit den gesellschaftlichen Funktionssystemen der *öffentlichen Meinung* (z. B. Luhmann 1999), der *Öffentlichkeit* (Hug 1997), der *Publizistik* (Marcinkowski 1993), des *Journalismus* (Blöbaum 1994; Scholl & Weischenberg 1998), der *Literatur* (Schmidt 1989), der *Public Relations* (Ronneberger & Rühl 1992), der *Werbung* (Schmidt & Spieß 1994; Zurstiege 1998) sowie allgemein mit dem System der *Massenmedien* (Luhmann 1996; Schmidt 1994) befassen. In einem grundlegenderen Sinn lassen sich aber auch das Wirtschaftssystem, das Rechtssystem oder das Wissenschaftssystem im Rahmen kommunikationswissenschaftlicher Fragestellungen untersuchen, und zwar immer dann, wenn davon ausgegangen wird, dass alle gesellschaftlichen Funktionssysteme ihre Identität und damit ihre Differenz zu anderen gesellschaftlichen Funktionssystemen *kommunikativ* selbst erzeugen. Kommunikation ist «der Stoff», aus dem soziale Systeme bestehen.

Diese Form der Betrachtung gesellschaftlicher Funktionssysteme fußt im Wesentlichen auf dem systemtheoretischen Kalkül des Soziologen Niklas Luhmann (1927–1998). Gesellschaftliche Funktionssysteme, so Luhmann, erreichen ihre funktionale Schließung mit Hilfe eines zweiwertigen Beobachtungsschemas, einer so genannten *Leitdifferenz*, die festlegt, welche Kommunikationen in einem System akzeptiert werden und daher anschlussfähig sind und welche nicht. So sichern etwa im Wirtschaftssystem Zahlungen im Gegensatz zu Nicht-Zahlungen, im Wissenschaftssystem wahre im Gegensatz zu unwahren Aussagen die Anschlussfähigkeit von Kommunikationen. In funktional differenzierten Gesellschaften kann daher bekanntlich wissenschaftliche Wahrheit nicht durch Zahlungen (Wirtschaft) gesichert werden. Die einzelnen Funktionssysteme operieren in diesem Sinn selbstbezüglich (selbstreferentiell) und beschäftigen sich nur auf dieser Grundlage mit ihrer Umwelt (Fremdreferenz). Für die Wirtschaft ist alles interessant, was eine gewinnbringende Vermarktung in Aussicht stellt; die Wissenschaft beschäftigt sich mit allem, was im Hinblick auf Wahrheit bzw. Unwahrheit wichtig ist, und klammert daher in der Regel *Metaphysisches* aus usw. Bezogen auf die kommunikationswissenschaftliche Forschung ergeben sich aus diesem theoretischen Ansatz eine Vielzahl von Fragen – etwa die nach der spezifischen Leitdifferenz des Journalismus, der Werbung, der Public Relations, nach den gesellschaftlichen Funktionen dieser Systeme oder danach, wie plausibel die Annahme einer funktionalen Geschlossenheit einzelner Systeme angesichts zunehmender Abhängigkeitsverhältnisse zwischen den Systemen ist. Gefährden durchsetzungsstarke Systeme wie die Public Relations die Autonomie des Journalismus? Ist die Werbung lediglich ein Handlanger der Wirtschaft? Ist der Journalismus in Anbetracht der zunehmenden Kommerzialisierung der Medien lediglich ein Erfüllungsgehilfe der Werbung?

Auch wenn sich die Systemtheorie in den vergangenen Jahren als eine für die Kommunikationswissenschaft sehr anregende Theorie erwiesen hat, ist immer wieder Kritik an den zugrunde liegenden Basisannahmen geäußert worden. Der wohl wichtigste Einwand bezieht sich dabei auf die systematische Ausblendung von Aktanten. Nur Kommunikation könne kommunizieren, behauptete Luhmann gleichermaßen kontraintuitiv wie provokativ, und wollte damit ausdrücken, dass Kommunikation in erster Linie ein *soziales Sinngeschehen* ist. Die Annahme, dass es für Kommunikation physische und psychische Träger geben muss, so lässt sich diese abstrakte These Luhmanns verstehen, ist zwar unabdingbar für erfolgreiche Kommunikation, aber sie ist nicht mit Kommunikation gleichzusetzen. Kommunikation, so Luhmann, ist vielmehr ein genuin *sozialer* Prozess, durch den keine völlige Übereinstimmung im Denken, Fühlen und Wissen der beteiligten Individuen herbeigeführt werden kann. Wir werden an anderer Stelle zu zeigen versuchen, dass es möglich ist, Aktanten *und* die Gesellschaftlichkeit von Kommunikationsprozessen in einem übergreifenden theoretischen Rahmen zu integrieren (siehe Kapitel 6).

Was? Symbolisch generalisierte Kommunikationsmedien

Damit Kommunikation trotz aller Probleme, die wir bisher bereits angesprochen haben, noch möglich ist, haben sich nach Auffassung Niklas Luhmanns im Laufe der Geschichte so genannte symbolisch generalisierte Kommunikationsmedien entwickelt. Solche Kommunikationsmedien wie Geld, Macht, Wahrheit oder Liebe sorgen dafür, dass auch unter zunehmend komplexen Verhältnissen funktionaler Differenzierung die Annahmebereitschaft für Kommunikation gegeben ist. So weiß jeder – ganz unabhängig von allen Details –, dass es im Wissenschaftssystem um Wahrheit oder im Wirtschaftssystem um Geld geht, und orientiert seine Aufnahmebereitschaft darauf, ob er ein entsprechend ausgerichtetes Kommunikationsangebot annehmen oder ablehnen will. Symbolisch generalisierte Kommunikationsmedien selektieren die Themen, die in den Diskursen (Gesprächszusammenhängen) der verschiedenen sozialen Systeme behandelt werden können und deshalb erwartet werden.

Mit der Frage nach den *Themen* der Kommunikation betritt man eines der zentralen Forschungsfelder der Kommunikationsforschung. Themen strukturieren Kommunikation, indem sie anzeigen, wann, wo und von wem ein konkreter Beitrag zu einem Diskurs möglich und erwünscht ist. Themen erlauben die sachliche Kontinuität von Diskursen, egal zu welchem Zeitpunkt diese Diskurse aktuell auf dem Plan stehen (Stichwort: Themenkarriere). Themen strukturieren auf diese Weise Prozesse der Produktion, Distribution, Rezeption und Verarbeitung von Aussagen und liefern deswegen einen wichtigen Einstiegspunkt für kommunikationswissenschaftliche Beobachtungen: Welche Themen dominieren die Berichterstattung der Nachrichtenmedien? Wer bestimmt, welche Themen in der öffentlichen Diskussion *angesagt*, also etwa eine

Sondersendung im Fernsehen wert sind? Welche Themen besitzen für wen und warum Relevanz? Mit solchen und ähnlichen Fragen hat sich die Kommunikationswissenschaft der vergangenen Jahre immer wieder befasst. Das Interesse der Forschung richtete sich dabei vor allem auf die Thematisierungsfunktion der Medien und deren Beitrag zur politischen Meinungs- und Willensbildung in demokratisch verfassten Gesellschaften. Nur solche Themen, die allgemein bekannt sind, können auch zum Gegenstand einer kontroversen Diskussion werden. Inwieweit die Medien dabei an der Etablierung bestimmter Themen beteiligt sind, haben etwa die Kommunikationswissenschaftler Maxwell McCombs und Donald Shaw (1972) untersucht. Der von diesen beiden Wissenschaftlern geprägte Forschungsansatz ist in der Kommunikationswissenschaft als «Agenda-Setting-Approach» bekannt geworden. Während es hier vor allem um die allgemeine *Aufmerksamkeit* für und die *Gewichtung* von Themen in der öffentlichen Diskussion geht, befassen sich andere Ansätze, wie etwa Elisabeth Noelle-Neumanns «Theorie der Schweigespirale», mit der *Bewertung* von Themen in der Politik-Berichterstattung der Medien sowie den daraus resultierenden Wahlentscheidungen der Rezipienten (siehe dazu Kapitel 4.2).

Aussagen verhalten sich zu Themen wie Sprach-Handlungen zu Kommunikation. Genauso wie Kommunikation erst als Handlung beobachtbar wird, konkretisieren sich Themen erst in Form von Aussagen. Aus diesem Grund erfolgt jede themenorientierte Untersuchung notwendigerweise mit Blick auf konkrete «Aussagen». Die publizistikwissenschaftliche Forschung, so stellte bereits der Münsteraner Publizistikwissenschaftler Walter Hagemann (1900–1964) in seinem für lange Zeit als Standardwerk der deutschsprachigen Publizistikwissenschaft geltenden Handbuch *Grundzüge der Publizistik* (1947) fest, beschäftigt sich mit Aussagen als Verständigungsmittel zwischen Menschen. Dabei seien für die Publizistik vor allem jene Aussagen von Bedeutung, die *öffentlich* und *aktuell* artikuliert werden. Bezugspunkt dieser inzwischen nicht ganz unumstrittenen Definition war der «Aussageträger», wie Hagemann den Kommunikator nannte. Den publizistischen Prozess betrachtete Hagemann damit im Wesentlichen von dieser Seite aus, also ausgehend von den Aussagezielen. Während die

Kommunikationswissenschaft in ihren Anfängen journalistische Aussagen auf konkrete «Urheber» zurechnete, also etwa auf «publizistische Persönlichkeiten» (so E. Dovifat) oder auf journalistische «Gatekeeper» (so D. M. White), richtet sich das Interesse der neueren Forschung daneben auf ökonomische und technologische Bestimmungsgrößen der Aussagenproduktion, auf den Einfluss des Mediums, auf journalistische Arbeitsroutinen und -abläufe ebenso wie auf Prozesse der beruflichen Sozialisation und Professionalisierung. In dieser erweiterten Perspektive kommt unverkennbar zum Ausdruck, dass Prozesse der massenmedialen Aussagenproduktion in hohem Maß arbeitsteilig und geplant ablaufen. Neben den traditionellerweise in der Kommunikationswissenschaft behandelten Fragestellungen nach den «Inhalten» der Massenmedien und den dahinter liegenden Produktionsstrukturen und -prozeduren rücken neuerdings vermehrt auch betriebswirtschaftliche Fragen nach dem «Medienmanagement» ins Blickfeld der kommunikationswissenschaftlichen Forschung.

Kanal? Mediensystem(e) – Distributionseinrichtungen – Kommunikationsinstrumente

Als vor einiger Zeit ein Hacker namens *Bronc Buster* die offizielle Internet-Seite Chinas zum Thema Menschenrechte[1] knackte, die mit weißen Tauben verzierte Seite mit dem Label «Bullshit Propaganda» überschrieb und mit einem Link auf die Homepage von Amnesty International[2] versah, machte dies einmal mehr die Grenzen staatlicher Medienkontrolle in Zeiten vernetzter Kommunikation deutlich. Spätestens das Internet, so scheint diese Anekdote subversiver Medienaneignung zu belegen, zwingt uns endgültig, *Mediensysteme* konsequent in den Singular zu setzen und von *einem* weltumfassenden Mediensystem zu sprechen. In einer Zeit, in der wir allerorts das Umstellen von Gesellschaft auf Gesellschaf*ten*, von Wirklichkeit auf Wirklichkei*ten*, von Identität auf Differenz beobachten können, in einer Zeit zunehmender *Plura-*

1 http://www.humanrights-china.org
2 http://www.amnesty.org

lisierung bedarf diese in gewisser Hinsicht gegenläufige Beobachtung einer Erklärung: Was ist also gemeint, wenn von Mediensystem(en) die Rede ist? Wo lassen sich Prozesse der Konvergenz, des Zusammenwachsens, beobachten, und wo verlaufen Prozesse der Divergenz, des Auseinandergehens?

Der Begriff Medien-*System* fußt in den meisten Zusammenhängen seiner Verwendung nicht auf einem *systemtheoretischen* Konzept, wie wir es etwa bereits mit Bezug auf Niklas Luhmanns Überlegungen kennen gelernt haben, sondern beschreibt ganz allgemein die Tatsache, dass Medien wie Zeitungen und Zeitschriften, Hörfunk und Fernsehen über eine Vielzahl von Verbindungen in wirtschaftlicher, sachlicher oder funktionaler Weise in Beziehung zueinander stehen. Solche Beziehungen treten dann besonders deutlich zutage, wenn etwa Prozesse der Medienkonzentration beobachtet werden, mit denen sich innerhalb der kommunikationswissenschaftlichen Forschung vor allem die Medienökonomie beschäftigt.

Um beurteilen und gegebenenfalls messen zu können, wo und zwischen wem sich im Mediensystem Kooperationen oder Konzentrationen abzeichnen, bedarf es einer beschreibenden Terminologie, die es ermöglicht, vergleichbare Beobachtungseinheiten zu bilden. In der Diskussion um das Mediensystem der Bundesrepublik Deutschland wird daher zunächst einmal allgemein zwischen dem Bereich der Printmedien und dem Bereich der audiovisuellen Medien unterschieden. An diese Unterscheidung schließen sich nun eine Reihe weiterer Unterscheidungen an: Wie lassen sich Zeitungen von Zeitschriften abgrenzen? Wo liegt der Unterschied zwischen Tageszeitungen und Wochenzeitungen, General-Interest-Zeitschriften und Special-Interest-Zeitschriften? Wann haben wir es mit einem Vollprogramm und wann mit einem Spartenprogramm im Fernsehen zu tun? Einen wesentlichen und bis heute wichtigen Beitrag zur Methodik der Pressestatistik leistete der Pressestatistiker Walter J. Schütz, der mit seiner im Jahre 1954 vorgelegten Stichtagssammlung deutscher Zeitungen eine grundlegende Untersuchung zur Struktur der Tagespresse vorgelegt hatte. Schütz konnte mit seiner Untersuchung erstmalig den Anspruch erheben, ein relativ verlässliches Bild der verlegerischen, wirtschaftlichen und redaktionellen Verhältnisse des bundesdeutschen Zeitungsmarktes vorzulegen. War es noch bis zu jenem Zeitpunkt üblich gewesen, die Zahl der Tageszeitungen mittels einer schriftlichen Befragung der Verleger zu ermitteln, so erstellte Schütz seine Pressestatistik auf der Grundlage einer prägnanten pressestatistischen Terminologie sowie anhand der Sichtung der zugrunde liegenden Presseerzeugnisse.

Tabelle 4 : Entwicklung der Tagespresse im Überblick

Jahr*	Publizistische Einheiten		Verlage als Herausgeber		Ausgaben		Verkaufte Auflage in Mio.	
	Absolut	Index	Absolut	Index	Absolut	Index	Absolut	Index
1954	225	100	624	100	1500	100	13,4	100
1964	183	81	573	92	1495	100	17,3	129
1967	158	70	535	86	1416	94	18,0	134
1976	121	54	403	65	1229	82	19,5	146
1979	122	54	400	64	1240	83	20,5	153
1981	124	55	392	63	1258	84	20,4	152
1983	125	56	385	62	1255	84	21,2	158
1985	126	56	382	61	1273	85	20,9	156
1987	121	54	(375)	(60)	–	–	20,7	154
1989	119	53	358	57	1344	90	20,3	152
1989 DDR	37	–	38	–	291	–	9,6	–
1991	158	100	410	100	1673	100	27,3	100
1993	137	87	384	94	1601	96	25,4	93
1995	135	85	381	93	1617	97	25,0	92
1997	135	85	371	90	1582	95	24,6	90
1999	135	85	355	87	1581	95	24,1	88

* Ab 1991 inkl. neuer Bundesländer

Quelle: Schütz (2000)

Tageszeitungen

« Als ‹Tageszeitungen› werden alle Periodika bezeichnet, die mindestens zweimal wöchentlich erscheinen und einen aktuellen politischen Teil mit inhaltlich unbegrenzter (universeller) Nachrichtenvermittlung enthalten. »

Ausgaben

« Kleinste pressestatistische Einheit der so definierten Tageszeitung ist die ‹Ausgabe›. Sie ist durch variierende inhaltliche Gestaltung (z. B. Regionalseiten, lokaler Text- und Anzeigenteil) auf das jeweilige Verbreitungsgebiet abgestimmt. »

Verlage als Herausgeber

« Zur Kategorie ‹Verlage als Herausgeber› lassen sich alle Ausgaben zusammenfassen, bei denen im Impressum der gleiche Herausgeber und / oder Verlag erscheint. »

Verlage als wirtschaftliche Einheiten

« Für die Kategorie ‹Verlage als wirtschaftliche Einheiten› werden alle Verlage als Herausgeber zusammengefasst, die in bestimmten Bereichen der Zeitungswirtschaft kooperieren (z. B. Druck, Vertrieb, Anzeigenverbund), wenn diese Zusammenarbeit über die Zugehörigkeit zu Anzeigenringen und Anzeigengemeinschaften hinausgeht. »

Publizistische Einheiten

« In der wiederum übergeordneten Kategorie ‹Publizistische Einheit› sind alle Verlage als Herausgeber mit den jeweiligen Ausgaben eingeordnet, die in ihrem Mantel – im Regelfall die Seiten 1 und 2 mit aktuellen politischen Nachrichten – vollständig oder (bei Übernahme von Seitenteilen) in wesentlichen Teilen übereinstimmen. »

Literaturhinweis: Schütz, Walter J. (2000): Deutsche Tagespresse 1999. In: Media Perspektiven, Nr. 1 / 2000, 8 – 29.

Auf dieser medienökonomischen Beobachtungsebene hat sich die kommunikationswissenschaftliche Forschung seit den 70er Jahren immer wieder mit Prozessen der Medienkonzentration beschäftigt. Weil den Medien in demokratisch verfassten Gesellschaften bekanntermaßen eine entscheidende Rolle im Prozess der politischen Meinungsbildung zukommt, erwächst aus diesen Beobachtungen immer wieder die Forderung nach politischen Interventionen, und zwar immer dann, wenn davon ausgegangen wird, dass die publizistische Vielfalt in Gefahr ist. Solche Interventionen erfolgen allgemein im Rahmen der Kommunikations- und Medienpolitik und zielen im Wesentlichen darauf ab, durch ordnungspolitische Rahmensetzungen verbindliche Regelungen zur Ausgestaltung nationaler und internationaler Mediensysteme zu schaffen. In der Bundesrepublik Deutschland liegt die Kommunikations- und Medienpolitik in den Händen der Länder; lediglich für die Presse liegt die Regelungskompetenz beim Bund. Aufgrund der Erfahrungen mit einem zentralistisch gleichgeschalteten Mediensystem im Dritten Reich verbieten jedoch in beiden Fällen verfassungsrechtliche Bestimmungen eine direkte staatliche Einflussnahme auf die konkreten Programminhalte der Medien.

Auf der Ebene der europäischen Kommunikations- und Medienpolitik zeigen sich seit geraumer Zeit gravierende Probleme, einen einheitlichen ordnungspolitischen Rahmen zu entwickeln (vgl. bereits Marti 1994). Dabei liegt eine wesentliche Ursache dieser Probleme in der zunehmenden *Konvergenz* verschiedener Medientechnologien (insbesondere Telekommunikation, Computer, Rundfunk sowie zunehmend auch die klassischen Printmedien) zu einem sich neu formierenden elektronischen Medien- und Kommunikationssystem, für das der österreichische Wirtschaftswissenschaftler Michael Latzer (1997) den Begriff der ‹Mediamatik› geprägt hat. Wie noch an anderer Stelle zu zeigen sein wird, stellt nicht nur die Verschmelzung verschiedener Medientechnologien neue Herausforderungen an die Medienpolitik, sondern auch die zunehmende Internationalisierung des Mediensystems (siehe hierzu Kapitel 8.1).

Können wir auf der Ebene technologischer und ökonomischer Entwicklungen Tendenzen einer zunehmenden Konvergenz im Mediensystem beobachten, zeichnen sich auf der Ebene der Medienangebote und der Mediennutzung Tendenzen einer zunehmenden

Individualisierung ab. Eine der wesentlichen Ursachen für diese Entwicklung dürfte in der zunehmenden *Kommerzialisierung* der Medien liegen. Zum einen kann vonseiten der Anbieter eine zusätzliche Nachfrage nach Medienangeboten nur durch die zunehmende Ausdifferenzierung der medialen Angebotspalette erreicht werden. Auf der anderen Seite bedeutet die zunehmende Ausweitung von Programmangeboten, dass für den Einzelnen immer mehr Wahlfreiheiten entstehen, sich sein persönliches Medienmenü zusammenzustellen.

Dieser Differenzierungs- und Individualisierungsprozess lässt sich in den klassischen Printmedien (Zeitungen und Zeitschriften) ebenso wie im Rundfunk (Hörfunk und Fernsehen) oder ganz aktuell im Internet beobachten. Vor allem in der Diskussion der 80er Jahre tauchten in diesem Zusammenhang erstmals die Schlagworte von der zunehmenden «Publikumssegmentierung» und der Heterogenität des Mediennutzungsverhaltens auf. Die «Segmentierungslinien», so zeigt die Publikumsforschung, verlaufen dabei entlang den klassischen Faktoren Einkommen, Prestige und Macht sowie entlang den historisch jüngeren Faktoren Bildung, beruflicher Status, Arbeits-, Freizeit- und Wohnbedingungen. Darüber hinaus verweisen soziodemographische Merkmale wie Geschlecht, Religionszugehörigkeit, Familienverhältnisse, Nationalität und vieles mehr auf ein ausgesprochen komplexes Gefüge der Publikumssegmentierung (vgl. Neverla 1992:79ff).

Eine in der Forschung viel beachtete Folge dieser Individualisierungsprozesse zeigt sich in neuen Formen der Mediennutzung, die dazu geführt haben, dass die klassische Trennung zwischen Individual- und Massenkommunikation zunehmend an Trennschärfe verloren hat. Neue digitale Technologien, die neue Medienangebote wie Pay-TV, Pay-per-View und andere individuelle Abrufdienste ermöglichen, führen zu einer weiteren Individualisierung der Mediennutzung und des Medienangebots, bleiben dabei aber schon wegen der großen Teilnehmerzahlen Formen massenmedialer Kommunikation.

Nicht nur die Zahl an Teilnehmern, sondern auch die *Professionalität* der Aussagenproduktion und -distribution gilt traditionellerweise als ein wesentliches Charakteristikum massenmedial vermittelter Kommunikation. «Makroformen» der Kommunikation wie der Journalismus, die Werbung oder die Public Relations (siehe Kapitel 7) werden arbeitsteilig in professionellen Institutionen produziert und distribuiert, womit einmal mehr institutionelle und organisatorische Zusammenhänge ins Blickfeld der kommunikationswissenschaftlichen Forschung geraten. Wie wir gesehen haben, bilden eine Vielzahl ökonomischer, politischer und technologischer Zusammenhänge des Mediensystems den Rahmen, in den jede Medieninstitution eingebettet ist. Aus diesem Grund beschäftigt sich ein Großteil der Forschung mit den ökonomischen, politischen und technologischen *Imperativen*, die sich auf der institutionellen und organisatorischen Ebene massenmedialer Aussagenproduktion niederschlagen. Wie lassen sich kreative Prozesse der massenmedialen Aussagenproduktion ökonomisch effizient organisieren? Auf welchen spezifischen Berufsrollen basiert dabei die arbeitsteilige Produktion und Distribution von Medienangeboten? Wie verändern neue Produktions- und Herstellungstechniken traditionelle Organisationsformen im Journalismus, in der Werbung oder in den Public Relations?

Jede dieser Fragen zeigt, *dass eine eindeutige Trennung zwischen Medien, Technik, Macht, Recht und Wirtschaft unmöglich ist.* Viele Autoren stellen sich etwa die Frage, ob nicht «die Macht» längst schon aus dem politischen System in die Wirtschaft abgewandert sei. Mit der Einführung des privaten Rundfunks im Jahre 1984, so wird immer wieder festgestellt, sei das moderne Fernsehsystem zu einem integralen Bestandteil des Wirtschaftssystems geworden: Ökonomische Macht werde so zur Verfügungsmacht über «die Medien» und bestimme die Optionen der Nutzer. Zieht man die rhetorischen Übertreibungen einmal ab, wird man bei der heute gut zu bestätigenden Auffassung ankommen, dass angesichts der hohen Umsätze der Werbewirtschaft, angesichts der finanziellen Abhängigkeit aller Medien von Werbeeinnahmen, angesichts ständig neuer Werbesonderformen und der dadurch insgesamt bewirkten unbestreitbaren massiven Einflussnahmen der Werbung auf das Programm von einer «Kommerzialisierung medienvermittelter Kommunikation» gesprochen werden kann (vgl. Schmidt & Spieß 1996). Viele Studien haben gezeigt, wie sehr heute etwa das Fernsehprogramm zum Umfeld für Werbesendungen geworden ist – zu einem Umfeld, das sich auch in der Konzentration der Programmgestaltung auf Kommunikationsqualitäten den wirtschaftlichen Interessen der Geldgeber anpasst.

Aber allen Advo-, Info- oder Confrontainment-Tendenzen zum Trotz gibt es in fast allen TV-Anstalten Medienangebote, die als journalistische Angebote und nicht zur bloßen Resonanzverstärkung von Werbebotschaften genutzt werden. Je mehr die Kanäle sich zu Spartenkanälen wandeln, desto weniger ersetzt Quote das Programm – und schließlich kann man auch mit Programm Quote machen!

Überdies gibt es (noch) Non-Profit-Medien und (immer noch) Ansätze zu einem «Fernsehen der dritten Art», ausgezeichnet durch

«Pluralität der Positionen, die Überschaubarkeit von in kleinen, selbstverantwortlichen Netzen arbeitenden Produzentengruppen, die Differenzierung von Wirkungsansprüchen und Diversität der benutzten Niveaus, eine radikale Skepsis gegen die global formalisierte und standardisierte Medienöffentlichkeit und [...] ein hoch entwickeltes, spezifiziertes Zeichen- und Produktionsbewußtsein» (Reck 1994:11).

Damit werden nicht etwa die medienromantischen Hoffnungen der linken Szene der 60er und 70er Jahre wiederbelebt, «die Gesellschaft» durch bessere Fernsehprogramme bessern zu können. Wohl aber wird an den Möglichkeiten und Chancen unabhängiger Mediennutzungen festgehalten und Ausdifferenzierung gegen Entdifferenzierung favorisiert.

Die gelegentlich vorgetragene Behauptung, die Differenzierung zwischen den Sozialsystemen Politik, Wirtschaft und Massenmedien stehe unmittelbar vor der Auflösung, ist heute mit Daten konfrontierbar, die auch in eine andere Richtung weisen. Wahrscheinlicher ist, dass diese Systeme sich unter dem Druck der neuen Informations- und Kommunikations-Technologien (IuK-Technologien) intern umstrukturieren, neue Formen der Verarbeitung von Umweltkomplexität erarbeiten, ihre Selbstdarstellung wie ihre Selbstbeobachtung umstellen und damit für alle Beteiligten im eigenen System und in interagierenden Systemen neue Interaktions- und Kommunikationsmöglichkeiten eröffnen. Noch sind keine triftigen Anzeichen dieser universellen gesellschaftlichen Entdifferenzierung in Sicht, in der Funktionssysteme spurlos in reinen Datenströmen verschwinden – und wenn: Wer wäre dann noch da, um das zu beobachten? Und wenn kein Beobachter da ist, dann spricht auch keiner von Wirklichkeit, Macht, Medien und Geld.

Exkurs: Aufmerksamkeitsökonomie – die neue Wirtschaftsform?

Die Diskussion über Medien, Macht und Geld hat in den letzten Jahren eine interessante neue Richtung eingeschlagen. Angesichts der steigenden Bedeutsamkeit des Mediensystems ist eine (vor allem im Internet geführte) Diskussion darüber entbrannt, ob die auf Geld gegründete kapitalistische Wirtschaft von einer auf immaterielle Werte wie Aufmerksamkeit gegründeten Aufmerksamkeitsökonomie abgelöst werden könnte. Diese interessante Debatte soll hier kurz zusammengefasst werden.

Jeder Kommunikator, der sein Medienprodukt an die Frau bzw. an den Mann bringen will, buhlt um die Aufmerksamkeit der Rezipienten, die Nachrichten-, Werbungs- und Unterhaltungsangebote in immer neuen Medien gleichermaßen *aufmerksam* und folgenreich rezipieren und nutzen sollen.

Aufmerksamkeit ist in modernen Mediensystemen zu einem medientheoretischen Modethema wie zu einer medienpraktischen Zentralaufgabe geworden. In einer Fülle von Artikeln, Büchern und Internetbeiträgen entwerfen Autoren wie Michael H. Goldhaber, Georg Franck, Florian Rötzer oder Pierre Bourdieu das Bild einer neuen Gesellschaft mit einer nicht-materialistischen Ökonomie, deren Grundlage nicht mehr Geld oder Waren bilden, sondern das immaterielle Gut Aufmerksamkeit als neuer Rohstoff der Gesellschaft. Die neue Aufmerksamkeitsökonomie, davon ist etwa Goldhaber überzeugt, wird der Geldökonomie langfristig den Rang ablaufen.

Goldhabers zu einfache und zu gradlinige Argumentation besagt: Bei steigender Informationsproduktion wird der Kampf um Aufmerksamkeit zunehmend härter. Damit wächst das Bedürfnis nach Technologien und Strategien, die den Gewinn der knappen Ressource Aufmerksamkeit verheißen. Damit sinkt zugleich die Bedeutung derjenigen materiellen Dinge, die nicht der Aufmerksamkeitsgewinnung dienen. Sinnfragen, also immaterielle Fragen, treten in den Vordergrund auch des Wirtschaftssystems. Aufmerksamkeit wird zur Produktivkraft, Zeit zur Ressource. In dieser Vision ist derjenige reich, der die knappe Ressource Aufmerksamkeit besitzt. Anders als Geld ist dieses neuartige Kapital aber weder speicherbar oder tauschbar noch exakt messbar. Das alte Schema von Angebot, Nachfrage und Preis, so die Vertreter der neuen Ökonomie der Aufmerksamkeit, hat in dieser Wirtschaftsordnung der Zukunft keine Bedeutung mehr. Aufmerksamkeitsökonomie funktioniert ohne die herkömmlichen Märkte. In dieser neuen Ökonomie gibt es nur noch zwei Klassen: *Stars* (sozusagen komprimierte Aufmerksamkeitsaggregate) und *Fans* (sozusagen anonyme Aufmerksamkeitsadressen), also solche, denen Aufmerksamkeit geschenkt wird, und solche, die Aufmerksamkeit schenken, zugleich aber auch zu Recht erwarten, dass der Star auch ihnen eine gewisse Aufmerksamkeit zuteil werden lässt.

Prestige, Reputation, Prominenz und Ruhm sind nach G. Franck keineswegs nur Formen symbolischen Kapitals (im Sinne P. Bourdieus), sondern Formen genuinen Kapitals – eine bei Ökonomen nicht unumstrittene These.

> «Symbolisches Kapital ist eine Geltung, die lediglich *kapitalartige* Züge trägt. Der sich rentierende Bekanntheitsgrad der Person stellt hingegen ein Kapital in dem wörtlichen Sinne dar, daß er aus akkumulierter Beachtung besteht, die sich in der Form leistungsfrei bezogener Beachtung verzinst» (Franck 1998 : 120).

Der französische Soziologe Pierre Bourdieu hat das Fernsehen scharf kritisiert, weil es alles in «vermischte Nachrichten» verwandelt. Fernsehen als «kollektives Aufmerksamkeitsorgan» ist stets auf der Suche nach dem Sensationellen, ist ständig damit beschäftigt, Nachrichten im Kontrast zur Konkurrenz zu schaffen, schneller zu sein als die Konkurrenten, um vor dem «göttlichen Gericht der Einschaltquote» bestehen zu können. Da alles in die Medien drängt, um öffentlich wahrgenommen zu werden, geraten alle Felder der Kulturproduktion unter den strukturellen Druck des «journalistischen Feldes» und verlieren ihre Autonomie, was zu einer Entpolitisierung der Gesellschaft und zu einer «strukturellen Gedächtnislosigkeit» führt. Gegen diese Mechanismen ruft Bourdieu zum entschlossenen Widerstand auf.

Komplexe Mediensysteme stehen vor einem doppelten Problem:

• Angesichts des Überangebots an Medienangeboten müssen Rezipienten auswählen und verpassen damit alle anderen Möglichkeiten.

• Medienvermittelte Kommunikation schafft Aufmerksamkeit und verbraucht sie zugleich. Um das knappe Gut Aufmerksamkeit zu erzeugen, werden immer mehr Medienangebote produziert, die es immer unwahrscheinlicher machen, dass sie alle wahrgenommen werden.

Beim Kampf um Aufmerksamkeit werden alle möglichen Mittel eingesetzt. Gerade an der Werbung der letzten 20 Jahre lässt sich sehr gut beobachten, dass und wie man Aufmerksamkeit zu binden versucht hat durch das Versprechen eines Zusatznutzens (etwa Prestige, Emotionsgewinn, Erlebnisqualitäten) beim Gebrauch eines bestimmten Produkts, also gewissermaßen durch Verheiß eines ideellen Mehrwerts. Daneben hat sich in der Gestaltung von Werbespots in allen Medien eine Entwicklung wiederholt, die aus der Geschichte der Kunst seit Ende des 18. Jahrhunderts hinreichend bekannt ist, nämlich der sich offenbar selbst steuernde Zusammenhang von Innovation, Beschleunigung und Abnutzung (Normalisierung). Dabei stand der Zwang zum Immer-Neuen und Immer-Auffälligeren in der Werbung im Unterschied zur Kunst aber von Anfang an vor einem doppelten Problem. Der innovative Spot wurde durch die ständige Wiederholung in jedem Werbeblock gleichsam schon aus systemlogischen Gründen trivialisiert; und jede innovative Strategie, einmal präsentiert und damit beobachtbar gemacht, wurde von den Konkurrenten im Werbesystem gnadenlos ausgeschlachtet und damit normalisiert. Das Werbesystem stand und steht damit vor dem Problem, dass jede geglückte Innovation durch Wiederholung und imitative Normalisierung im System immer rascher entschärft und dadurch entfunktionalisiert wird, dass das Ziel der Aufmerksamkeitsbindung für ein Produkt, eine Dienstleistung oder eine Botschaft verfehlt wird. In einer Situation, in der die Medien finanziell fast völlig von der Werbung abhängig geworden sind und in der die Medienprodukte denselben Aufmerksamkeitspoker betreiben müssen wie alle anderen Produkte auch, kann man wohl ohne Übertreibung behaupten, dass Aufmerksamkeit die Währung des Mediensystems geworden ist beziehungsweise, wie Florian Rötzer formuliert, das «Meta-Medium, das allen anderen Medien erst zu ihrer Wirksamkeit verhilft, das den Austausch zwischen Menschen ermöglicht und in Gang setzt» (1998a: 63). Ebendeshalb *muss* die Mediengesellschaft aus Gründen der Systemrationalität extrem erhöhte Aufmerksamkeit für die Aufmerksamkeit aufbringen. Und aus diesem Grund ist es auch kein Zufall, dass sich die Aufmerksamkeitshändler Rat suchend an Biologen, Psychologen und Soziologen wenden, um zu erfahren, wie Aufmerksamkeit funktioniert und mit welchen Maßnahmen man sie möglichst zuverlässig binden, ja möglichst fesseln kann.

Beim Reden über «die Medien» kann man sinnvollerweise zwischen verschiedenen Beobachtungsebenen unterscheiden, will man die unterschiedlichen, zum Teil auch gegenläufigen Prozesse in den Blick bekommen. Den umfassendsten Rahmen bilden dabei zunächst einmal die gesellschaftlichen, ökonomischen, technischen sowie (medien-)politischen Bedingungen des *Mediensystems*. Wie wir am Beispiel der Probleme einer einheitlichen europäischen Medienpolitik gesehen haben, ist dieser Rahmen aufs engste mit den vorhandenen und neu entstehenden *Medientechnologien* verbunden. Hier beobachten wir zurzeit rasant voranschreitende Prozesse der Konvergenz, worauf die Medien- und Kommunikationspolitik, aber auch die (Medien-)Wirtschaft in je spezifischer Weise reagieren. Jede *Medieninstitution* (etwa Verlage, Fernsehanstalten, Werbeagenturen, PR-Agenturen usw.) operiert gezwungenermaßen in diesem Rahmen, produziert und verbreitet auf dieser Basis konkrete *Medienangebote* (Radiosendungen, Zeitungs- oder Zeitschriftenartikel, Werbespots usw.). Auf dieser Ebene beobachten wir eine zunehmende Differenzierung des Angebots und der Rezeption und Nutzung von Medienangeboten.

Eine weitere, zumindest ebenso wichtige Ebene haben wir bislang ausgeklammert – die der *Kommunikationsinstrumente*. Darunter lassen sich alle materialen, also im wahrsten Sinne des Wortes *begreifbaren* Instrumente verstehen, die zur wiederholbaren und gesellschaftlich relevanten strukturellen Kopplung von Systemen im Sinne je systemspezifischer Sinnproduktion genutzt werden können. Was bedeutet das? Bei allen Definitionsversuchen des Begriffs

«Medium» schwingen immer die Aspekte der *Vermittlung* und der *Kopplung* mit. Als Paradebeispiel für alle Kommunikationsinstrumente lässt sich die gesprochene Sprache verstehen; denn seit der Entstehung von Sprachen hat das grundlegende Prinzip der Sinn-Kopplung durch distinkte *be-greifbare* Einheiten (etwa Wörter, Sätze, Texte) für alle Medien grundlegende Bedeutung erhalten. Wenn man ein konkretes Medienangebot nutzt, wenn man also etwa einen Radiobeitrag hört, eine Fernsehnachricht sieht oder einen Zeitungsartikel liest, dann weiß man in aller Regel, wovon die Rede ist, selbst dann, wenn es zwischen den Zeilen steht – zumindest aber kann von allen Beteiligten erfolgreich unterstellt werden, dass man es wissen *könnte*. Aufgrund der langen sprachlichen Sozialisation weiß jeder kompetente Sprecher einer natürlichen Sprache, welche Erwartungen zum Beispiel an den Gebrauch bestimmter Wörter geknüpft werden; das Wissen über den Sprachgebrauch gehört insofern zum gesellschaftlichen *Common Sense*, wie der Linguist Helmut Feilke (1994) treffend festgestellt hat. Weil jede Sprache immer nur ganz bestimmte Möglichkeiten der Beobachtung eröffnet, andere dafür aber ausblendet, erzeugt jede einmal erworbene Muttersprache die intuitive Gewissheit, *man* müsse doch genauso über die Welt sprechen (und denken), wie es die jeweilige Muttersprache nahe legt. Dass dies aber so nicht sein muss, kann man zum Beispiel immer dann feststellen, wenn man von einer Sprache in eine andere übersetzt: Der «Rote Platz» ist «in Wirklichkeit» der «Schöne Platz», weil *rot* – wie jedes russische Schulkind weiß – *schön* bedeutet.

Immer wenn von der zunehmenden *Internationalisierung* und Globalisierung des Mediensystems die Rede ist (wie auch in dem kleinen Beispiel am Anfang dieses Abschnitts), immer wenn vor dem Hintergrund konvergierender Medientechnologien und nationaler Mediensysteme von einem weltumfassenden Mediensystem gesprochen wird, läuft dabei ein für das Verständnis dieser Prozesse grundlegendes Problem auf der Mikro-Ebene der Betrachtung mit: Solange nur Medientechnologien und Mediensysteme zusammenwachsen, nicht aber die höchst verschiedenen kulturellen «Gebrauchsanweisungen» zum Umgang mit Medienangeboten und Kommunikationsinstrumenten, so lange kann von einem echten Zusammenwachsen nicht die Rede sein. Aus dieser Problematik ergeben sich eine Reihe ausgesprochen kontrovers diskutierter Fragen: Während die einen vor den kulturpolitischen Folgen warnen, die aus der ökonomischen und technologischen Konvergenz von Mediensystemen gerade für die «kleinen Länder» resultieren könnten und daher Maßnahmen zum Schutz der kulturellen Vielfalt einfordern, suchen die anderen nach möglichst effizienten Mitteln, nationale Kultur-Barrieren abzubauen. (Für weitere Überlegungen zu diesen Themen siehe Kapitel 8).

Wem? Publikum – Zielgruppen – Rezipienten

Die Gesamtheit aller Personen, die sich einer bestimmten Aussage zuwenden, wird üblicherweise als «Publikum» bezeichnet; immer wenn dabei von Massenkommunikation die Rede ist, spricht man in Anlehnung an Gerhard Maletzkes inzwischen allgemein anerkanntem Begriffsvorschlag (siehe oben Kapitel 3.3.3) von einem «*dispersen* Publikum». Wir werden noch an anderer Stelle (Kapitel 6.9) sehen, dass der Begriff der Massenkommunikation problematisch ist, insofern der in ihm angesprochene Begriff der *Masse* einige recht fragwürdige Implikationen aufweist.

Während sich der soziale Zusammenhang von *Massen* durch die gegenseitige Anwesenheit der beteiligten Personen in bestimmten sozialen Situationen ergibt, beruht der soziale Zusammenhang des Publikums lediglich auf der *Fiktion* einer kollektiven Anwesenheit; denn nur in Ausnahmefällen, etwa bei großen Sportereignissen oder bei deren Übertragung auf Großleinwänden, werden Medienangebote gemeinsam von vielen Mitgliedern des Publikums an einem Ort rezipiert. Der Publikumsbegriff bezieht sich zwar rein sprachlich auf einen öffentlich ablaufenden Prozess (man denke nur an verwandte Bedeutungszusammenhänge wie: etwas *publizieren* oder etwas *publik* machen), jedoch beruht der innere Zusammenhang des Publikums der Massenmedien nicht auf der tatsächlichen Anwesenheit der Mitglieder, sondern lediglich auf der allgemeinen Unterstellung, es gebe neben uns noch andere Leser, Hörer oder Zuschauer eines spezifischen Medienangebots, die mental zumindest ebenso *anwesend* sind wie wir. Deswegen bezeichnet Maletzke das Publikum massenmedial vermittelter Kommunikation auch als *disperses* (also: verteiltes, verstreutes) Publikum.

Die Rede von *dem* Publikum bezeichnet folglich nur eine aggregierte (also zusammengefasste) Größe, deren Eigenschaftsprofil sich wohl *approximativ* (näherungsweise), aber nie *definitiv* beschreiben lässt. Üblicherweise werden im Fach solche approximativen Publikumsbeschreibungen durch die *Publikumsforschung* angefertigt: *Durchschnittlich* wird in soundso vielen Haushalten pro Tag soundso viele Stunden lang ferngesehen. *Durchschnittlich* lesen soundso viele Männer mit einem *durchschnittlichen* Alter von soundso vielen Jahren und einem *durchschnittlichen* Einkommen von soundso viel DM eine der großen Automobilzeitschriften usw. *Das* Publikum existiert im Rahmen dieser Beschreibungen immer nur als *potentielle* Gesamtheit aller Leser, Hörer oder Zuschauer bestimmter Medienangebote, mit dem die *aktuelle* Gesamtheit aller Rezipienten – wenn überhaupt – nur in Ausnahmefällen übereinstimmt.

Immer wieder wird die «Entdeckung des Publikums» (so der langjährige Chef des größten europäischen Privatsenders RTL, Helmut Thoma) auf das Jahr 1984 datiert, in dem in der Bundesrepublik Deutschland neben den öffentlich-rechtlichen erstmals auch private Rundfunkanbieter zugelassen wurden. Mit der Einführung des so genannten dualen Rundfunksystems, so Thoma, sei das Publikum als «König Kunde» ins Visier der Programmverantwortlichen geraten, weshalb von da an die entscheidende Frage gelautet habe: «*Was will das Publikum?*» Freilich folgte das Mediensystem der Bundesrepublik Deutschland auch schon vor der Einführung des dualen Rundfunksystems der Logik von Angebot und Nachfrage; denn auch die miteinander konkurrierenden Zeitungen oder Zeitschriften konnten und können es sich bis heute nicht leisten, die Wünsche des Publikums zu ignorieren. Interessant ist, dass sich mit der Einführung des privatkommerziellen Rundfunks im Bereich der audiovisuellen Medien eine Entwicklung wiederholt hat, die auch schon bei den klassischen Printmedien zu beobachten war: die Transformation *des* Publikums in eine Vielzahl strategisch angesprochener *Zielgruppen*.

Wir haben im vorangegangenen Abschnitt gesehen, dass die zunehmende Individualisierung des Medienangebots und der Mediennutzung nicht zuletzt auf die voranschreitende Kommerzialisierung medienvermittelter Kommunikation zurückzuführen ist.

Alle Medien, die mit der Werbung ins Geschäft kommen wollen, sind verständlicherweise darum bemüht, möglichst klar definierte und gut vermarktbare Zielgruppen anzusprechen. Je klarer das sozio-ökonomische Profil der Zielgruppe, je höher ihre Kaufkraft und ihr Kaufvolumen, desto *wertvoller* ist der zu vermarktende Anzeigenraum einer Zeitung, einer Zeitschrift, eines Fernseh- oder Hörfunkprogramms. Zielgruppentypologien fungieren auf diese Weise als *Interface* zwischen dem Mediensystem und dem Werbesystem.

Mit Hilfe eines Rasters messbarer Kriterien – wie Alter, Einkommen, Familienstand, Beruf, Konfession usw. – versuchen Forschungsabteilungen in Medienbetrieben und Werbeagenturen, ein mehr oder weniger zutreffendes Bild der Zielgruppe zu ermitteln. Dabei haben sich hinsichtlich spezifischer Merkmalsausprägungen bestimmte Präferenzen herausgebildet. Bevorzugt werden vor allem jene Zielgruppen, die ein hohes Einkommen, ein großes Kaufvolumen, eine starke Markentreue, ein elastisches Preisverhalten, ein hohes Involvement usw. aufweisen. Spezifische Verknüpfungen dieser Merkmalsausprägungen werden schließlich zu homogenen Typologien verdichtet. «*Yuppies*» (young urban professionals – also junge, in der Stadt wohnende Aufsteiger mit hoher Kaufkraft), «*Dinks*» (double income, no kids – junge, berufstätige Paare ohne Kinder, ebenfalls mit hoher Kaufkraft), «*Woopies*» (well-off older people – ältere Personen mit hohen Rentenbezügen) sind Beispiele für jene verdichteten Publikumsbeschreibungen, die die Geschäftsgrundlage zwischen dem Mediensystem und dem Werbesystem bilden.

Wie *das* Publikum, so stellt auch *die* Zielgruppe eine statistische Größe bezüglich klassifizierender Merkmale dar, mit deren Hilfe sich die Programmverantwortlichen der Medien und die Strategen der Werbewirtschaft verständigen.

Während die *Gesamtheit* aller Personen, die sich einer bestimmten Aussage zuwenden, als Publikum bezeichnet wird und der Begriff der ‹Zielgruppe› einen bestimmten, aus strategischen Gründen angesprochenen Ausschnitt des Publikums bezeichnet, nennt man die einzelnen Mitglieder des Publikums bzw. der Zielgruppe Rezipienten. Allgemein werden in der Kommunikationswissenschaft zwei Positionen unterschieden: eine Produzentenposition, die «Kommunikatoren» (Wer?), und eine Konsumentenposition, die «Rezipienten» (Wem?).

Jede Medienrezeption ist ein dynamisches Geschehen, ein *Prozess*, was bereits dadurch ausgedrückt wird, dass derjenige Forschungszweig, der sich innerhalb der Kommunikationswissenschaft mit diesen Prozessen beschäftigt, *Rezeptions-* und nicht etwa *Rezipientenforschung* heißt. Hier liegt übrigens ein wesentlicher Unterschied zu der bereits genannten Publikumsforschung. Während diese im Wesentlichen darum bemüht ist, Strukturdaten zu sammeln, um so ein möglichst zutreffendes Bild des Publikums bzw. der verschiedenen Zielgruppen zu entwerfen, konzentriert sich die Rezeptionsforschung auf die Analyse jener komplexen Bedingungen, die die individuelle Verarbeitung von Medienangeboten beeinflussen. «In welchen Situationen werden von wem auf welche Art und Weise welche Medienangebote welcher Medien zu welchem Zweck genutzt?» So ließe sich – ein wenig vereinfacht – das Programm der kommunikationswissenschaftlichen Rezeptionsforschung zusammenfassen. Weil dieser Forschungszweig traditionellerweise weniger Gewicht auf die Effekte konkreter Medienangebote legt, dafür jedoch eher den situativen Rahmen von Kommunikationsprozessen sowie die individuellen Bedürfnisstrukturen von Rezipienten bei der Erklärung von Rezeptionsprozessen berücksichtigt, wird er oftmals als Gegenentwurf zur traditionellen Medienwirkungsforschung gesehen. Wir werden jedoch in Kapitel 4.2 zeigen, dass beide Forschungszweige, die Rezeptionsforschung und die Medienwirkungsforschung, gewissermaßen komplementäre Stärken und Schwächen aufweisen, sodass beide Forschungsansätze in einem übergeordneten Modell, dem so genannten dynamisch-transaktionalen Ansatz, integriert werden können.

Effekt? Funktionen – Leistungen – Wirkungen

Kommen wir zu der letzten Zeile in unserer Systematik kommunikationswissenschaftlicher Forschungsbereiche – zu den *Effekten* von Kommunikationsprozessen.

In der Diskussion über Kommunikationseffekte werden immer wieder verschiedene Beobachtungen und Beobachtungsbereiche miteinander vermischt, so etwa immer dann, wenn Funktionen mit

Aufgaben oder Wirkungen gleichgesetzt werden. Wir wollen daher abschließend – nicht nur der Vollständigkeit halber – anhand der begrifflichen Differenzierung zwischen Funktionen (Makro-Ebene), Leistungen (Meso-Ebene) und Wirkungen (Mikro-Ebene) auf die verschiedenen Beobachtungsbereiche hinweisen, die immer dann angesprochen sind, wenn von den *Effekten* der Kommunikation die Rede ist.

Für gewöhnlich werden die *Funktionen* von Kommunikation an der Aussage bzw. an den «Intentionen» des Kommunikators festgemacht. Information, Unterhaltung und Meinungsbildung werden so etwa in der Mediengesetzgebung als die deutlich voneinander unterscheidbaren *Funktionen* oder *Aufgaben* der Medien festgeschrieben. Dass auch blanke Information vorzüglich unterhalten und reinste Unterhaltung bestens informieren kann, wird dabei jedoch geflissentlich übersehen. Wie die amerikanischen Kommunikationswissenschafler Fred S. Siebert, Theodore Peterson und Wilbur Schramm bereits Mitte der 50er Jahre betont haben, werden die Funktionen der Medien in unterschiedlich verfassten Gesellschaften freilich auf sehr unterschiedliche Weise als Aufgaben festgeschrieben. So fallen aus einleuchtenden Gründen die normativ abgeleiteten Funktionen der Medien in demokratischen Industriegesellschaften ganz anders aus als etwa in diktatorisch regierten Gesellschaften.

Entgegen der traditionellen Auffassung, wonach die Funktionen der Medien als Aufgaben verstanden werden, die sich an den Intentionen des Kommunikators sowie an den Merkmalen der Aussage ablesen lassen, vertrat der Publizistikwissenschaftler Henk Prakke (1900–1992) die Auffassung, dass in Kommunikationsprozessen der Kommunikator und der Rezipient in einer *funktionalen* Beziehung zueinander stehen. Damit wollte Prakke zum Ausdruck bringen, dass die *Funktionen* von Kommunikation weder allein an der Aussage noch allein an den Intentionen des Kommunikators festzumachen sind, sondern als *Ergebnis* von Kommunikationsprozessen verstanden werden müssen. Es sei davon auszugehen, so Prakke weiter, dass Funktionen niemals *disparat* (also: als *reine* Funktionstypen), sondern immer *komplex* (das heißt: als Mischformen) eingelöst werden.

Verstehen wir die Funktionen der Kommunikation als *Aufga-*

ben, dann sollten wir nicht vergessen, dass sich diese Aufgaben immer nur in dem Maß erfüllen lassen, in dem sie von den Rezipienten auch tatsächlich *realisiert* werden. Ob es sich etwa bei der Anzeigenkampagne des italienischen Bekleidungsherstellers Benetton um einen genialen Werbeeinfall seines Kreativ-Direktors Oliviero Toscani oder um tiefgründige Kunst handelt, ist eine Frage der zugrunde gelegten *Ästhetik*. Künstlerisches, Werbliches oder Journalistisches liegt dort vor, wo es *uns* begegnet – besser: wo *wir* ihm begegnen! Die Erforschung der gesellschaftlichen Funktionen der Massen-Medien-Kommunikation hat daher, wie angesichts der soeben geschilderten Zusammenhänge kaum überraschen dürfte, vor allem *latente* Funktionen oder sogar für den Bestand eines Systems schädliche *Dysfunktionen* der Massen-Medien-Kommunikation aufgezeigt.

Neben dem *teleologischen* (zielgerichteten) Funktionsbegriff hat sich in der Diskussion der vergangenen Jahre ein anderer Funktionsbegriff durchgesetzt. Wir haben bereits an früherer Stelle darauf hingewiesen, dass sich im Zuge der funktionalen Differenzierung moderner Gesellschaften so genannte Funktionssysteme herausgebildet haben, die exklusiv ganz bestimmte gesellschaftliche Funktionen erfüllen (siehe den Kasten zum Thema funktionale Differenzierung). Ein so verstandener Funktionsbegriff verweist grundlegend auf das Verhältnis zwischen einem bestimmten System und der Gesamtgesellschaft und bescheibt jenen gesellschaftlichen Beitrag, den dieses Funktionssystem – und eben *nur* dieses – leistet. Während etwa die gesellschaftliche Funktion des Journalismus darin besteht, sozial *verbindliche* Wirklichkeitsentwürfe herzustellen, befasst sich die Kunst mit der Produktion *alternativer* Wirklichkeitsentwürfe, während die Werbung *folgenreiche* Wirklichkeitsentwürfe *(kauft! wählt! glaubt!)* herzustellen versucht (siehe hierzu auch Kapitel 7). Wie wir gesehen haben, werden die gesellschaftlichen Funktionen der verschiedenen «Makroformen» der Kommunikation immer erst durch die Rezipienten eingelöst. Hierin liegt ein weiterer wichtiger Grund dafür, dass bei der Beobachtung sozialer Systeme wie des Journalismussystems oder des Mediensystems stets gleichermaßen die innere Logik dieses Systems wie auch die jeweils individuellen Beiträge handelnder Aktanten zu berücksichtigen sind.

Während die Funktion im Rahmen des soeben vorgestellten Ansatzes jenen Beitrag eines bestimmten Systems bezeichnet, den dieses für die gesamte Gesellschaft erbringt, versteht man unter «Leistungen» jene Beiträge eines Systems, die es für andere gesellschaftliche Funktionssysteme erbringt. Wenn also etwa die gesellschaftliche Funktion der Werbung in der Produktion sozial folgenreicher Wirklichkeitsentwürfe gesehen wird, worin bestehen dann ihre Leistungen etwa für das politische System, das Wirtschaftssystem oder das Religionssystem? Die Leistung der Werbung für das politische System besteht darin, aus Rezipienten potentielle *Wähler* zu machen; die Leistung für das Wirtschaftssystem darin, aus Rezipienten potentielle *Käufer* zu machen usw. Das allgemeine Muster, das sich hier abzeichnet, lautet: Werbung versucht, Aufmerksamkeit in Teilnahmebereitschaft zu übersetzen (Funktionsebene), was sich dann auf der Ebene ganz bestimmter Systembeziehungen als Bereitschaft *zu wählen*, *zu kaufen* oder *zu glauben* (Leistungsebene) konkretisieren kann.

In der Forschung schließen sich an diese hier nur skizzierten Überlegungen eine Vielzahl weiterführender Fragestellungen an, die sich im Allgemeinen mit den Problemen moderner, funktional differenzierter Gesellschaften befassen und im Besonderen all jene Beziehungen einer genaueren Analyse unterziehen, die Kommunikation als eine wesentliche Vermittlungsinstanz voraussetzen. Nicht immer lassen sich dabei diese Fragen eindeutig vom Bereich der Medienwirkungsforschung abgrenzen, weshalb in der Forschungspraxis oftmals von Funktionen die Rede ist, wenn Wirkungen gemeint sind, oder umgekehrt Wirkungen konstatiert werden, wo Funktionen oder Leistungen den Gegenstand der Beobachtung bilden. Wo verläuft also die Trennungslinie zwischen Funktionen und Leistungen auf der einen und Wirkungen auf der anderen Seite?

Traditionellerweise werden Wirkungen definiert als die Veränderung von Wissen, Einstellungen oder Verhalten als (kausal verursachte) Folge von Kommunikation. Im Wesentlichen werden dabei *Medien*-Wirkungen untersucht, wobei natürlich auch die Wirkungen interaktiver Kommunikation zum Gegenstand der Wirkungsforschung werden können. Wenn aber Wirkungen als *Veränderungen* gemessen werden, so ist immer wieder zu Recht gegen diesen traditionellen Wirkungsbegriff eingewandt worden, wie können wir dann all jene Prozesse beobachten, in denen individuelles Wissen, individuelle Einstellungen oder individuelles Verhalten als Folge von Kommunikation gerade nicht verändert, sondern stabilisiert, also auf einem konstanten Niveau gehalten werden? Könnten wir beobachten, dass die *Wirkung* der kontinuierlichen Berichterstattung über die Gräueltaten des nationalsozialistischen Terror-Regimes darin besteht, dass dieser Teil der deutschen Geschichte eben *nicht* in Vergessenheit gerät, sondern ein fester Bestand des kollektiven Gedächtnisses *bleibt*? Könnten wir beobachten, dass eine wesentliche Wirkung der Werbung darin besteht, dass die Käufer eines teuren Produkts kontinuierlich darin *bestätigt* werden, mit ihrem Kauf die richtige Entscheidung getroffen zu haben? Medienwirkungen können also sowohl als Veränderung wie als das *Fehlen* beobachtbarer Veränderungen auftreten, was die zum Teil erheblichen wissenschaftstheoretischen und forschungspraktischen Probleme bei der Messung von Wirkungen bedingt.

Wir wollen es hier bei diesen wenigen Bemerkungen zur Kritik des klassischen Wirkungsbegriffs belassen und zu der Frage zurückkehren, wo die Trennungslinie zwischen Funktionen und Leistungen auf der einen und Wirkungen auf der anderen Seite verläuft. Um das Problem noch ein wenig zu verschärfen, sei darauf hingewiesen, dass in der Forschung *Begriffs-Cocktails* wie «individuelle Funktionen» oder «gesellschaftliche Wirkungen», «beabsichtigte Wirkungen» oder «unbeabsichtigte Funktionen» durchaus geläufig sind. Was zeichnet nun also Wirkungen gegenüber Funktionen und Leistungen aus? Eine wichtige Gemeinsamkeit der meisten Diskussionsbeiträge zum Thema Medienwirkungen besteht darin, dass Wirkungen im Kern empirisch messbare Zusammenhänge (Korrelationen) beschreiben. Deswegen beschäftigt sich auch ein eigener, empirisch arbeitender Forschungsbereich, die Medienwirkungsforschung, mit dieser Frage. Einen eigenen Forschungsbereich, der sich mit Hilfe empirischer Methoden ausschließlich mit den Funktionen oder den Leistungen von Kommunikation befasst, gibt es hingegen nicht.

Die Begriffe ‹Funktion› und ‹Leistung› verhalten sich zum Begriff der ‹Wirkung› ebenso wie die Begriffe ‹Publikum› und ‹Zielgruppe›

zum Begriff des ‹Rezipienten›. Ebenso wie sich das Eigenschaftsprofil *des* Publikums oder *der* Zielgruppe immer nur näherungsweise beschreiben lässt, weil *das* Publikum oder *die* Zielgruppe
aggregierte (also zusammengefasste) Größen sind, verweisen Funktionen und Leistungen buchstäblich auf *Pakete* ganz unterschiedlicher Wirkungen. Wir lokalisieren in unserer Systematik kommunikationswissenschaftlicher Forschungsbereiche die Wirkungen
von Kommunikation deswegen auf der Mikro-Ebene der Beobachtung, weil sie in der geschilderten Weise das Fundament bilden, auf
dem die Beschäftigung mit den Funktionen und den Leistungen der
Kommunikation erfolgt.[3]

Bereits seit der frühen Zeitungskunde waren implizite und explizite Wirkungsannahmen einer der stärksten Impulse für die kommunikationswissenschaftliche Forschung. Noch heute ist deutlich
zu beobachten, von welch zentraler Bedeutung die Frage nach den
Wirkungen von Kommunikation ist. So hat etwa der Kommunikationswissenschaftler Karsten Renckstorf noch jüngst festgestellt,
dass die Kommunikationswissenschaft ihre Legitimation als aka-
demische Disziplin vor allem daraus bezieht, dass die mit den Massenmedien stets assoziierte Frage nach den Medienwirkungen im
Zentrum ihres Forschungsinteresses steht.

Angesichts dieser großen Bedeutung der Medienwirkungsforschung kann es nicht verwundern, dass sich viele kommunikationswissenschaftliche Fragestellungen überschneiden, immer wenn
von Wirkungen die Rede ist. Schon Klaus Mertens Lasswell-Matrix hat uns gezeigt, dass Wirkungen keine isoliert zu betrachtende
Position in Kommunikationsprozessen darstellen, sondern unweigerlich auf allen Ebenen von Kommunikationsprozessen auftreten.
Ebenso wie man in Gegenwart anderer nicht nicht kommunizieren
kann, kann auch Kommunikation, wenn sie einmal zustande gekommen ist, nicht nicht wirken. Die Medienwirkungsforschung ist
aus diesen Gründen ein besonders ergiebiger Beobachtungsbereich,
will man sich einen Überblick über den Stand der kommunikationswissenschaftlichen Forschung verschaffen. Daher werden wir
uns im folgenden Kapitel ausführlicher mit verschiedenen Ansät-

3   Eine weitere Begründung für diese Argumentation folgt in Kapitel 6.3.

zen der Medienwirkungsforschung befassen, nicht zuletzt deshalb, weil in der Öffentlichkeit, in der Politik und den Medien ganz unterschiedliche Einschätzungen der Wirkung von Medien auf einer Skala von Ohnmacht bis Allmacht vertreten werden.

4.2 Medienwirkungsforschung

Die psychologischen Basisannahmen der frühen Medienwirkungsforschung gingen davon aus, dass das Verhalten von Individuen durch wenige biologisch bedingte Triebe und Instinkte gesteuert wird, über die der einzelne Mensch keine bewusste Kontrolle besitzt. Spezifische Auslösereize bewirken nach dieser Auffassung bei allen Individuen ähnliche Reaktionen; der «Inhalt» einer Kommunikation (Stimulus) determiniert deren Wirkung (Response). Die frühen Ansätze der Medienwirkungsforschung, die auf der Basis dieser instinktpsychologischen Grundannahmen argumentieren, werden in der kommunikationswissenschaftlichen Sekundärliteratur daher zusammenfassend als «Stimulus-Response-Ansätze» (S-R-Ansätze) bezeichnet.

Die gesellschaftstheoretischen Annahmen dieser frühen Ansätze der Medienwirkungsforschung basierten auf der Theorie der Massengesellschaft, die sich gegen Ende des 19. Jahrhunderts im Zuge der fortschreitenden Industrialisierung entwickelt hatte. Im Gegensatz zur vorindustriellen Gesellschaft, so lässt sich diese theoretische Perspektive zusammenfassen, bestehen in der industrialisierten *Massengesellschaft* nur noch formale Beziehungen zwischen den Individuen, was für den Einzelnen Entfremdung und die Schwächung seiner sozialen Einbindung zur Folge hat. In der anonymen Massengesellschaft lebt das Individuum isoliert und ist Manipulationsversuchen von außen – und das heißt vor allem: von den Medien – schutzlos ausgeliefert. Der aus diesen Grundannahmen abgeleitete Medienwirkungsansatz wird in der Diskussion oft auch als «bullettheory» oder als «transmission belt theory» bezeichnet, da ein Medienstimulus auf ein schutzloses Individuum «abgefeuert» wird und bei diesem mit (tödlicher) Sicherheit einen bestimmten Effekt bewirkt.

Als eines der ersten Beispiele für die starken Wirkungen der Medien wird immer wieder die Ausstrahlung des Hörspiels «War of the Worlds» von Orson Welles (nach einem Buch von H. G. Wells) am 30. Oktober 1938 herangezogen. In diesem Hörspiel wurde die Landung von Marsmenschen unweit der Stadt New York beschrieben. Nachdem sie das Hörspiel gehört hatten, waren viele Menschen im festen Glauben auf die Straße gelaufen, Marsbewohner hätten tatsächlich die Erde überfallen. Das Hörspiel hatte viele Zuhörer dabei zunächst einmal gar nicht so sehr interessiert wie die parallel ausgestrahlte «Edgar Bergen and Charlie McCarthy Show», in der sich ein Bauchredner mit seiner Stoffpuppe lustige Rededuelle lieferte. Als die Show nach einer Viertelstunde durch eine Gesangsnummer unterbrochen wurde und viele Zuhörer zu dem Hörspiel hinüberwechselten (heute würden wir sagen: «hinüberzappten»), glaubten sie, Zeuge einer Live-Berichterstattung über eine feindliche Invasion von Marsbewohnern zu sein. Natürlich konnten die «Zapper» dies nur deswegen annehmen, weil ihnen die einleitende Ankündigung des Hörspiels durch den Programmansager entgangen war. Also ist das Beispiel «War of the Worlds» nicht nur ein Beleg für starke Medienwirkungen, sondern zeigt zumindest ebenso deutlich die große Bedeutung, die Gattungsangaben (Show, Hörspiel, Reportage usw.) in Programmankündigungen für das richtige Verstehen von Medienangeboten besitzen können.

Erste Erfahrungen mit den schwachen Medienwirkungen – der Zweistufenfluss der Kommunikation

Im amerikanischen Präsidentschaftswahlkampf von 1940 zwischen Wendell Willkie (Republikaner) und Franklin D. Roosevelt (Demokrat) untersuchten die Soziologen Paul F. Lazarsfeld, Bernard Berelson und Hazel Gaudet in ihrer inzwischen berühmten Wahlstudie «The People's Choice» (1948 [zuerst 1944]) die Prozesse, die der Meinungsbildung und -veränderung bei den Wählern zugrunde liegen. Den damals vorherrschenden Vorstellungen entsprechend gingen sie dabei zunächst von starken Wirkungen der Massenmedien (Presse und Hörfunk) aus und unterstellten, dass Rezipienten prodemokratischer Medienangebote auch demokratisch wählen und Rezipienten prorepublikanischer Medien auch republikanisch wählen würden.

Anders als zunächst erwartet, wurde die Entscheidung der Wähler aber weniger durch den Einfluss der Massenmedien bestimmt als vielmehr durch persönliche Kontakte mit anderen Personen. Nutzten die Wähler bestimmte Medien, so taten sie dies selektiv, indem sie sich nur denjenigen Medienangeboten zuwandten, die ihre schon bestehenden Einstellungen stützten. Die Wahlpropaganda der Parteien erreichte also nur diejenigen Wähler, die sich ohnehin schon sicher waren, welche Partei sie wählen würden, und verstärkte bei diesen die bereits vorhandenen Einstellungen.

Lazarsfeld und seine Mitarbeiter formulierten das heute noch prominente (aber eher am Rande gemachte) Ergebnis ihrer Untersuchung so: «Ideen fließen von den Medien zu den Meinungsführern und von diesen zu den weniger aktiven Teilen der Bevölkerung.»

Die Hypothese vom so genannten Zweistufenfluss der Massenkommunikation begründete in vielen Disziplinen eine Neuorientierung. In der Kommunikationswissenschaft führte sie zu der Einsicht, dass die Wirkungen der Medien von den Bedingungen abhängen, die im sozialen Kontext, also prinzipiell außerhalb der Medien selbst liegen. Sie signalisiert neben dem Ende der Theorie der Massengesellschaft auch die Abkehr von einer Theorie der allmächtigen Medien; denn zwischen den Medien und den Rezipienten siedelten die Forscher den Meinungsführer als zusätzliche Auswahlinstanz an.

Problematisch ist dieser berühmte Ansatz der Medienwirkungsforschung vor allem deswegen, weil seine Vertreter an die Stelle der Allmacht der Medien lediglich eine andere Allmacht gesetzt haben, nämlich die Allmacht der persönlichen Interaktion. Daneben haben etliche Nachfolgeuntersuchungen die theoretischen und methodischen Grundannahmen, die zu der These vom Zweistufenfluss der Kommunikation geführt haben, deutlich infrage gestellt. Trotz dieser begründeten Kritik stößt die These vom Zweistufenfluss der Kommunikation aber auch heute noch – etwa bei der Konzeption von Werbekampagnen – auf breite Resonanz.

Angesichts der stets hohen Nachfrage nach Medienwirkungskonzepten, die eine effektive Beeinflussbarkeit von Zielgruppen versprechen, überrascht es kaum, dass in regelmäßigen Abständen immer wieder verkündet wird, man habe – bezeichnenderweise wie auch schon Lazarsfeld und seine Mitarbeiter *rein zufällig* – jene Persönlichkeitsmerkmale identifiziert, mit denen sich *mühelos* die Meinungsführer einer sozialen Gruppe charakterisieren lassen. Zuletzt versuchte die renommierte Kommunikationswissenschaftlerin und Meinungsforscherin Elisabeth Noelle-Neumann, diesen Erfolg für sich zu verbuchen. «War es uns also ergangen wie Kolumbus, der Indien gesucht hatte und Amerika entdeckte?», kommentierte Noelle-Neumann (1999 : 188 f) sicherlich nicht ganz unbescheiden ihre Forschungsergebnisse.

Zu allgemeiner Bekanntheit gelangte Noelle-Neumann allerdings weniger mit diesen Forschungsergebnissen als mit einer Theorie, die in der fachinternen Diskussion als die «Theorie der Schweigespirale» bekannt geworden ist.

Zurück zu den starken Wirkungen – die Theorie der Schweigespirale

Eine wesentliche Erkenntnis der Untersuchungen zum Zweistufenfluss der Kommunikation bestand darin, dass die Massenmedien weniger die *Veränderung* von Einstellungen als vielmehr die *Verstärkung* bereits bestehender Einstellungen bewirken können. Der amerikanische Kommunikationswissenschaftler Joseph Klapper fasste diese Erkenntnis in seiner *Verstärkerhypothese* zusammen. In der Fachgeschichte ist diese These eng verbunden mit den Arbeiten des Psychologen Leon Festinger. Festinger vertrat die Annahme, dass *kognitive Dissonanz*, also das Empfinden von Widersprüchen im Wissen und Meinen der Individuen, als unangenehm empfunden wird und Individuen daher versuchen, diese kognitive Dissonanz zu reduzieren bzw. zu vermeiden. Die aus dieser Theorie abgeleitete Hypothese von der selektiven Kommunikationsnutzung (selective exposure) besagt nun, bezogen auf das Mediennutzungsverhalten, dass Individuen dazu neigen, aktiv Informationen zu suchen, die ihre Überzeugungen stützen, aber Informationen vermeiden, die ihren Überzeugungen zuwiderlaufen (siehe dazu etwa Donsbach 1991). Praktische Relevanz besitzt dieser Ansatz heute etwa im Bereich der Werbewirkungsforschung. Viel wichtiger als die kaufmotivierende Funktion der Werbung scheint im Lichte der Theorie der kognitiven Dissonanz die nachträgliche Legitimation von Kaufentscheidungen zu sein: Man lässt sich von der Werbung bestätigen, dass man das Richtige gekauft hat.

Mit diesen Annahmen wurde die erste «Phase der Desillusion» (Berelson) hinsichtlich der starken Wirkungen der Medien eingeleitet. In den 70er Jahren formulierte Elisabeth Noelle-Neumann dann aber mit ihrer Theorie der Schweigespirale nahezu das Gegenstück zur Verstärkerhypothese und entwickelte damit erneut ein Konzept, in dem den Medien ausgesprochen starke Wirkungen zugesprochen wurden (vgl. Noelle-Neumann 1996).

In der Theorie der Schweigespirale wird unterstellt, dass Menschen darum bemüht sind, soziale Isolierung zu vermeiden, und dass sie über ein so genanntes quasistatistisches Wahrnehmungsorgan verfügen, mit dessen Hilfe sie relativ genau die Relation von Bestätigung und Ablehnung in Bezug auf Themen und Überzeugungen erkennen können.

Für ihre Umweltbeobachtungen stehen den Individuen im Wesentlichen zwei Quellen zur Verfügung, und zwar zum einen der direkte soziale Kontext, in dem sich ein Individuum bewegt, zum anderen die indirekte Beobachtung der Umwelt über die Massenmedien. Während die direkten sozialen Kontakte den Menschen vermitteln, mit welchen Meinungen man sich in der Öffentlichkeit isoliert, vermitteln die Massenmedien ein Bild von der vermuteten Mehrheitsmeinung. Darüber hinaus übernehmen die Massenmedien eine *Artikulationsfunktion*, indem sie für die scheinbar vorherrschenden Standpunkte sprachliche Darstellungsmuster liefern, die es all jenen erleichtern, ihre Meinung in der Öffentlichkeit zu artikulieren, die diese Standpunkte selbst vertreten. Die Ökologiedebatte, die in der Bundesrepublik seit Ende der 70er Jahre mit immer größerer Beteiligung geführt wurde, ist für diesen Mechanismus ein gutes Beispiel. Denn sie verdankt sicherlich einen erheblichen Teil ihres Erfolgs der Tatsache, dass die Medien frühzeitig das entsprechende Vokabular und dazugehörige Argumentationsmuster einer bis dahin gesellschaftspolitischen Minderheit aufgegriffen und einem größeren Publikum zur Verfügung gestellt haben.

Die Unterstellung eines quasistatistischen Wahrnehmungsorgans von Menschen reicht noch nicht aus, um den Mechanismus der Schweigespirale vollständig zu erklären. Eine weitere wesentliche Annahme Noelle-Neumanns lautet daher, dass Menschen dazu neigen, ihre Meinung zu verschweigen, wenn sie annehmen müssen, dass sie damit von der vermuteten Mehrheitsmeinung abweichen. Die Triebfeder für dieses Verhalten, so Noelle-Neumann, ist die bei allen Menschen zu beobachtende Angst vor sozialer Isolierung. Menschen, die glauben, die Mehrheitsmeinung zu vertreten, neigen hingegen dazu, ihre Meinung auch öffentlich zu äußern. Dem nun einsetzenden Mechanismus verdankt die Theorie der Schweigespirale ihren Namen: Im Zeitverlauf wird die (scheinbar) dominante Meinung immer häufiger, die (scheinbar) schwächer vertretene Meinung immer seltener geäußert.

Zum besseren Verständnis der Theorie der Schweigespirale ist es hilfreich zu wissen, dass Elisabeth Noelle-Neumann dem Fernsehen den Vorwurf gemacht hatte, bei der Bundestagswahl des Jahres 1976 den Wahlausgang entscheidend beeinflusst zu haben. Die Bundestagswahl hatte bekanntlich der SPD/FDP-Koalition auf Kosten der CDU einen Wahlsieg beschert, was darauf zurückzuführen gewesen sei, dass die vornehmlich links orientierten Journalisten die Siegeschancen der Koalition überzeichnet hätten.

Elisabeth Noelle-Neumanns Theorie der Schweigespirale ist wohl einer der prominentesten deutschsprachigen Wirkungsansätze, der seit seiner Formulierung ausgesprochen kontrovers diskutiert worden ist. Die wichtigste Kritik richtete sich gegen die grundlegende Annahme des Ansatzes, nämlich die Angst des Individuums vor sozialer Isolierung. Ist *Verhaltenskonformität* wirklich die einzige Möglichkeit des Individuums, soziale Isolation zu vermeiden? Wäre es nicht ebenso denkbar, dass ein Individuum in einer Gesprächssituation zwar seine eigentliche Meinung verschweigt, sich aber in einer konkreten und vor allem unbeobachteten Verhaltenssituation (wie etwa in der Wahlkabine) durchaus seiner (verschwiegenen) Meinung gemäß verhält? Offenbar trifft die Theorie der Schweigespirale nur auf Unentschiedene zu, die sich mangels rationaler Meinungsbildung der Mehrheitsmeinung anschließen.

Die «richtigen» Fragen – der Agenda-Setting-Approach

Ebenfalls gegen Anfang der 70er Jahre entwickelten die beiden Kommunikationswissenschaftler Maxwell McCombs und Donald Shaw (1972) den so genannten Agenda-Setting-Approach, der ebenso wie die Theorie der Schweigespirale wieder von vergleichsweise starken Wirkungen der Medien ausging. Es geht dabei nicht um die Frage, wie die Medien möglicherweise beeinflussen, *was* wir denken, sondern *worüber* wir nachdenken, wie also die Medien durch ihre Auswahl Themen der öffentlichen Diskussion erzeugen und ihnen Bedeutsamkeit verleihen. Die Themen, die in der Berichterstattung der Medien an oberster Stelle stehen, werden nach dieser Auffassung auch von den Rezipienten als wichtige Themen betrachtet.

Theoretisch, so stellte McCombs (1977) fest, kann man zwischen drei verschiedenen Varianten des Agenda-Setting-Ansatzes unterscheiden:

1. Das *Awareness-Modell* (Aufmerksamkeitsmodell): Das Publikum wird durch die Medien auf bestimmte Themen aufmerksam gemacht.

2. Das *Salience-Modell* (Hervorhebungsmodell): Die unterschiedlich starke Gewichtung und Hervorhebung verschiedener Themen durch die Medien führt auch bei den Rezipienten zu einer entsprechenden Gewichtung dieser Themen.

3. Das *Priority-Modell* (Themenstrukturierungsmodell): Ähnlich wie beim Salience-Modell wird auch hier die strukturierende Hervorhebung bestimmter Themen betont. Überdies lautet die zugespitzte These jedoch, dass sich die Themenrangfolge der Medienagenda spiegelbildlich in der Agenda der Rezipienten niederschlägt.

Erweiterungen des Agenda-Setting-Approach gehen davon aus, dass Zeitungen stärkere Agenda-Setting-Effekte auslösen als etwa das Fernsehen, da Zeitungen durch Aufmachung und Gestaltung bestimmte Themen besser hervorheben können. Zeitungen werden eher langfristige Themenstrukturierungseffekte zugeschrieben, während man beim Fernsehen davon ausgeht, dass dies vor allem kurzfristig die Themen der öffentlichen Diskussion beeinflussen kann. Darüber hinaus wurde immer wieder beobachtet, dass stets dann mit starken Agenda-Setting-Effekten zu rechnen ist, wenn es sich um Themen handelt, die außerhalb des direkten Erfahrungsbereichs der Rezipienten liegen und über die sie folglich nur in den Medien etwas erfahren können.

Der Agenda-Setting-Approach wurde vor allem deswegen regelmäßig kritisiert, weil ein messbarer Zusammenhang zwischen der Themenwahl und -behandlung der Medien und der Rezipienten noch nichts über die Richtung dieses Zusammenhangs aussagt. Sind für uns also bestimmte Themen wichtig, weil über sie in den Medien berichtet wird, oder greifen die Medien alltägliche Themen lediglich auf, um die Wünsche ihrer Zielgruppen möglichst genau anzusprechen? Welche Rolle spielen darüber hinaus Auswahl- und Konstruktionsprozesse, die *vor* der Produktion von Medienangeboten liegen? Die beiden Soziologen Kurt und Gladys E. Lang (1981) haben etwa Prozesse des Agenda-Building untersucht und dabei gezeigt, dass die Medienagenda selbst das Ergebnis einer Vielzahl von Selektions- und Konstruktionsprozessen ist. Medieninszenierungen wie Pressekonferenzen, feierliche Vertragsabschlüsse, Exklusiv-Interviews u.v.m., die von PR- und Werbeprofis geschickt lanciert werden, bestimmen die Medienagenda, noch bevor diese einen Einfluss auf die öffentliche Themenagenda nehmen kann.

Werbewirkungsforschung

Während heute die Werbewirkungsforschung und die Medienwirkungsforschung weitgehend getrennte Wege gehen, bildete in den Anfängen die Untersuchung persuasiver (überzeugender, überredender) Kommunikation geradezu den Kern kommunikationswissenschaftlicher Forschung. Hier ist zunächst einmal an die Arbeiten des *Yale Communication Research Program* zu erinnern, die in den 40er und 50er Jahren unter der Leitung des amerikanischen Sozialpsychologen Carl Iver Hovland durchgeführt wurden.

Die aus der Propagandaforschung hervorgegangenen und bis heute als Grundlagen der Persuasionsforschung geltenden Arbeiten der *Yale-Gruppe* sind als «neue wissenschaftliche Rhetorik» bezeichnet worden, was darauf hindeutet, dass die Wurzeln dieser Perspektive bereits in der Antike zu finden sind.

Das Schlagwort der praxisorientierten Werbewirkungsforschung der vergangenen 30 Jahre lautet «Involvement», dennoch fehlt bis heute eine einheitliche Definition und Verwendung des Involvement-Begriffs. Einer der wichtigsten Begründer der Involvement-Forschung, der amerikanische Psychologe und Werbepraktiker Herbert E. Krugman, beschrieb «Involvement» als eine Form der Rezipienten-Beteiligung, die dadurch gemessen wird, wie viele bewusste Verbindungen (sog. bridging experiences) zwischen dem jeweiligen Medienangebot und den persönlichen Erfahrungen innerhalb einer bestimmten Zeitspanne durch den Rezipienten hergestellt werden (vgl. Krugman 1965 : 355).

Die Stärke des Involvements, so Krugman, wirkt sich nicht direkt auf die persuasive Wirkung von Medienangeboten aus, sondern vielmehr auf den weiteren Verlauf des Medienwirkungsprozesses. Die Nutzung von Medienangeboten, denen der Rezipient mit einem vergleichsweise hohen Involvement begegnet, ist dadurch gekennzeichnet, dass die Medienangebote zwar mit hoher Wahrscheinlichkeit bewusst wahrgenommen werden, wobei aber immer die Möglichkeit besteht, dass der Rezipient Auswahlstrategien anwendet, um neue Informationen mit bereits vorhandenen Wissensbeständen und Einstellungen zu verbinden. Medienangebote, denen der Rezipient wenig involviert begegnet, wie dies typischerweise für den Fall werblicher Kommunikation angenommen wird, haben zwar damit zu kämpfen, vom Rezipienten zunächst einmal bewusst wahrgenommen zu werden; dafür ist es aber auch unwahrscheinlich, dass der Rezipient Auswahlstrategien anwendet, um etwa kognitive Dissonanzen (s. o.) zu vermeiden.

Ausgehend von diesen Grundannahmen werden von der kommerziellen Werbewirkungsforschung oftmals Handlungsempfehlungen formuliert, mit deren Hilfe insbesondere niedrig-involvierte Rezipienten werblicher Kommunikationsangebote wirkungsvoll zu beeinflussen sind. So wird immer wieder darauf hingewiesen, dass die Wahl möglichst kurzer Mitteilungen ebenso erfolgversprechend sei wie der Einsatz von Bildern, die häufige Wiederholung von Werbebotschaften oder deren Placierung in den niedrig-involvierenden audiovisuellen Medien.

So überzeugend solche Handlungsanweisungen auf den ersten Blick auch erscheinen mögen, so klar zeigt sich jedoch bei genauerer Betrachtung eine deutliche Diskrepanz zwischen dem analytischen Potential des Involvement-Ansatzes und seiner empirischen Umsetzung. Während die Theorie explizit davon ausgeht, dass das Involvement eines Rezipienten immer nur hinsichtlich eines *spezifischen* und *individuell* wahrgenommenen Medienangebots zu beurteilen ist, setzen sich in der angewandten Forschung immer wieder deterministische und lineare Wirkungsannahmen durch, so etwa, wenn pauschal und ungeachtet individueller Unterschiede das Fernsehen als niedrig-involvierendes und die Zeitschrift als hoch-involvierendes Medium charakterisiert werden. Angesichts eines stetig zunehmenden Beratungsbedarfs vonseiten der werbetreibenden Wirtschaft ist es verständlich, wenn in der praxisorientierten Werbewirkungsforschung vor allem jene Forschungsergebnisse Anklang finden, auf deren Grundlage sich klare Handlungsempfehlungen zur möglichst wirksamen Beeinflussung von Rezipienten formulieren lassen. Die beobachtete Theorie-Empirie-Lücke spiegelt also in gewisser Hinsicht eine «déformation professionelle» wider, die übrigens – mit anderen Vorzeichen – vonseiten der Praxis in regelmäßigen Abständen auch der akademischen Forschung immer wieder bescheinigt wird.

Richten wir daher unser Augenmerk auf ein grundlegenderes Problem. Wie jede Medienwirkungsforschung steht auch die Werbewirkungsforschung vor einem prinzipiellen Dilemma: Da sich kognitive Prozesse nicht *live* beobachten lassen, sondern immer nur über Indikatoren erschlossen werden können, beobachten Forscher *Beobachtbares* wie zum Beispiel sprachliche und nichtsprachliche Handlungen der Versuchspersonen und versuchen dann, auf der Grundlage bestimmter Kognitionstheorien einen Zusammenhang zwischen kognitiven Prozessen und Begleit- bzw. Folgehandlungen zu konstruieren. Damit verschiebt sich die Frage nach den Werbewirkungen zwangsläufig auf die Frage, welche *Indikatoren* für Werbewirkungen und Wirkungsursachen angesetzt und überprüft werden können.

Hier kann man nun beobachten, dass in der Werbewirkungsforschung bei der Mehrheit aller Untersuchungen ein so genanntes *Kontaktmodell* zugrunde gelegt wird, in dem die Wirkung ausschließlich auf die Dosierung des Medienstimulus zurückgeführt wird: Je häufiger (Kontaktquantität) und je intensiver (Kontaktqualität) Rezipienten einem ganz bestimmten Werbemedienangebot ausgesetzt sind, so lautet die einfache Rechnung, desto größer ist die Wirkung. Damit aber haben die Wirkungsforscher leichtes Spiel; denn sie überprüfen streng genommen eine *Wahr-*

nehmungs- und keine *Wirkungsleistung*, und Wahrnehmungsleistungen lassen sich – im Unterschied zu Wirkungen – ziemlich eindeutig messen.[4]

4.3 Gesellschaftliche Medienwirkungen

Die Frage nach dem Verhältnis von Medien und Gesellschaft ist sicherlich eine der drängendsten Fragen, mit denen sich die Kommunikationswissenschaft konfrontiert sieht. Jeder Versuch einer Darstellung des Forschungsstandes muss daher angesichts der Fülle an vorliegenden Erklärungsansätzen unvollständig bleiben. Wenn auch die bislang vorgestellten Medienwirkungsansätze sich im Wesentlichen auf Veränderungen des Verhaltens, der Einstellungen und des Wissens von Individuen konzentrierten, besitzen sie doch alle auch Implikationen von gesellschaftspolitischer Tragweite.

Mit Blick auf jene Medienforschungen, die explizit nach dem Verhältnis von Medien und Gesellschaft fragen, lassen sich systematisierend drei große Forschungsbereiche unterscheiden, in denen der Schwerpunkt jeweils auf unterschiedlichen, jedoch eng miteinander verbundenen Fragen liegt. Zum einen stellt sich stets die Frage nach dem Verhältnis von Medien und gesellschaftlicher *Macht*. Eine zweite Frage betrifft das Verhältnis von Medien und gesellschaftlicher *Integration*. Die dritte immer wieder behandelte Frage bezieht sich auf das Verhältnis von Medien und gesellschaftlichem *Wandel*. Zu jeder dieser Fragen gibt es eine Fülle von Untersuchungen unterschiedlicher Forschungstraditionen mit zum Teil widersprüchlichen Ergebnissen. Wir wollen im Folgenden exemplarisch drei viel diskutierte gesellschaftsbezogene Ansätze vorstellen, die sich jeweils auf eine der drei Kernfragen beziehen lassen.

Der erste Ansatz, den wir hier kurz vorstellen wollen, ist durch den Kommunikationswissenschaftler George Gerbner gegen Ende der 60er Jahre als «Kultivierungshypothese» formuliert worden. Gerbner beschrieb Medien als den verlängerten Arm des Establish-

---

4 Zum Stand und zu den Problemen der Werbewirkungsforschung vgl. Schmidt & Zurstiege (2000).

ments und vertrat damit eine dezidierte Auffassung über das Verhältnis von Medien und Macht. Der zweite Ansatz wurde von dem Kommunikationswissenschaftler Philipp J. Tichenor und den beiden Soziologen George A. Donohue und Clarice N. Olien im Jahr 1970 mit der «Knowledge-Gap-Hypothese» begründet. Diese drei Forscher konnten mit ihrer Untersuchung die landläufige Annahme widerlegen, dass die Medien ausschließlich Agenten der sozialen *Integration* sind. Der dritte Ansatz erlangte vor allem durch die Arbeiten des kanadischen Medienphilosophen Marshall McLuhan Bekanntheit. McLuhans Ansatz ist ganz unterschiedlich bezeichnet worden, so als technologischer Determinismus, als technologischer Idealismus oder als Geschichtstheorie der Medien. Der amerikanische Kommunikationswissenschaftler Joshua Meyrowitz sieht McLuhan als *Mediumtheoretiker*, da mit dieser Bezeichnung zum Ausdruck kommt, dass es McLuhan im Kern nicht um Aussagen über das Mediensystem, sondern immer um ein spezielles Medium und dessen Einfluss auf die jeweils vorherrschenden Wahrnehmungsweisen in einer Gesellschaft geht.

Die Medien als verlängerter Arm des Establishments – die Kultivierungshypothese

Ausgehend von der Frage, wie sich ein hoher Fernsehkonsum auf unsere alltägliche Wahrnehmung der Welt auswirkt, etablierte sich gegen Ende der 60er Jahre unter der Leitung George Gerbners an der Annenberg School of Communication (University of Pennsylvania) jene Tradition der Medienwirkungsforschung, die in der kommunikationswissenschaftlichen Diskussion heute unter dem Schlagwort der «Kultivierungshypothese» allgemein bekannt ist. Die Vertreter dieser Forschungstradition unterscheiden im Wesentlichen zwischen zwei Arten von Medienwirkungen, nämlich zwischen den *Wirkungen erster Ordnung* (allgemeine Annahmen über die soziale Wirklichkeit, etwa über das Vorkommen von Gewalt im Alltag) und den *Wirkungen zweiter Ordnung* (bestimmte Einstellungen zu gesetzlichen Regelungen oder zur Durchsetzung geltenden Rechts mit dem Ziel der *Verhinderung* bzw. der Ahndung von Gewalttaten).

Gerbner und seine Mitarbeiter gingen davon aus, dass vor allem das Fernsehen ein wichtiger Sozialisationsfaktor in den westlichen Industriegesellschaften geworden ist, der bestimmte konventionelle Einstellungen und Werte kultiviert und allgemein verbreitet. In diesem Sinn besitzt das Fernsehen einen starken *Kultivierungseffekt*. Zum ersten Mal in der Geschichte der Menschheit, so Gerbner, liegt die Verantwortung für die Erziehung unserer Kinder nicht mehr bei der Familie, der Kirche oder der Schule, sondern in den Händen einiger weniger global operierender Medienunternehmen, die in erster Linie kommerzielle Interessen verfolgen. Wie einst jene Geschichten, die Eltern ihren Kindern erzählten, sagen uns heute die Geschichten des Fernsehens, wie die Welt funktioniert (es gibt die Guten und die Bösen), sie sagen uns, wie es sich in dieser Welt tatsächlich verhält (X ist der Gute, Y ist der Böse), und sie sagen uns, was wir tun können (Gebt X einen Orden, steckt Y ins Gefängnis).

Das Fernsehen ist nach Gerbner ein wesentlicher Bestandteil unserer *symbolischen* (aus Zeichen und Bildern bestehenden) Umwelt, es ist der verlängerte Arm der herrschenden Kräfte in Staat und Gesellschaft, deren Vorherrschaft es stabilisiert und verstärkt. «We have entered an era in which control by camera is gradually reducing the need for control by armed force», lautet die düstere Gegenwartsdiagnose (Gerbner 1992 : 94). Je höher der Fernsehkonsum ist, so Gerbner, desto wahrscheinlicher wird die Fernseh-Version der sozialen Wirklichkeit von den Zuschauern geglaubt und übernommen. So meinten Gerbner und seine Mitarbeiter zeigen zu können, dass die überproportional stark vertretenen Gewaltdarstellungen im Fernsehen dazu führen, dass vor allem die Vielseher besonders stark von der Angst betroffen sind, Opfer einer Gewalttat zu werden (Wirkungen erster Ordnung). Jene Menschen, die die Welt als gefährlicher wahrnehmen, als sie tatsächlich ist (mean world syndrome), werden viel eher zustimmen, wenn es darum geht, härtere Gesetze zu erlassen oder zusätzliche Polizeikräfte einzustellen (Wirkungen zweiter Ordnung). Paradoxerweise postulieren die Vetreter der Kultivierungshypothese also, dass das Fernsehen auf der einen Seite die direkte Kontrolle durch den Staat zwar immer mehr ersetzt, auf der anderen Seite aber die Zustimmungsbereitschaft für härtere Strafen und stärkere Kontrollen erhöht und somit als Wegbereiter eines Polizeistaats fungiert: Direkte staatliche Kontrolle wird immer weniger gebraucht und immer mehr verlangt. Den größten Schaden, so lautet das Fazit, nimmt dabei unsere Fähigkeit, kreativ, rational und differenziert mit gesellschaftlichen Konflikten umzugehen.

Zweifellos steht die Kultivierungshypothese für einen ausgesprochen kritischen und engagierten Ansatz der Medienwirkungsforschung. So wundert es nicht, dass George Gerbner Mitte der 90er Jahre eine Initiative namens *Cultural Environment Movement* (CEM) ins Leben gerufen hat, deren erklärtes Ziel es ist, gegen die vermeintlichen Missstände etwas zu unternehmen – «research is not enough», schrieb Gerbner in einem offenen Brief anlässlich der Gründung des CEM im Jahre 1996: «The new globalized and centralized cultural environment demanded a new active approach» (Gerbner o. J.). Dabei stand die Unterstützung kritischer Journalisten, Schauspieler und Regisseure ebenso auf der Gründungs-Charta des CEM wie die Bildung neuer Koalitionen zwischen Vertretern sozialer Randgruppen oder die Erziehung zu einem kompetenteren Umgang mit Medienangeboten (Stichworte: *Medienkompetenz* und *media literacy*).

Gerbners Kultivierungshypothese ist in den vergangenen Jahren kontrovers diskutiert worden. Ihre Kritiker haben immer wieder darauf hingewiesen, dass unsere Vorstellungen von der sozialen Wirklichkeit nicht ausschließlich durch die Medien, sondern – zumindest im Moment noch – vor allem durch direkte Erfahrungen sowie durch Gespräche mit Freunden und Verwandten geprägt werden. Daher sei der Nachweis einer *kausalen* Beziehung, wie sie die Kultivierungshypothese nahe legt, von vornherein zum Scheitern verurteilt. Die Vertreter der Kultivierungshypothese halten dem entgegen, dass bereits die Möglichkeit einer solchen kausalen Beziehung alarmierend genug sei, um sie genauestens zu erforschen.

Medien und die wachsende Kluft zwischen «Wissensriesen» und «Wissenszwergen» – die «Knowledge-Gap-Hypothese»

Mehr noch als im Rahmen von George Gerbners Arbeiten zur «Kultivierungshypothese» steht in der so genannten Knowledge-Gap-Forschung das Konzept «Medienkompetenz» an zentraler

Stelle. Philipp J. Tichenor, George A. Donohue und Clarice N. Olien veröffentlichten 1970 die Ergebnisse verschiedener empirischer Untersuchungen, welche alle darauf hindeuteten, dass medial vermitteltes Wissen von unterschiedlichen Teilen der Bevölkerung in unterschiedlicher Weise genutzt wird. Bevölkerungsteile mit einem höheren sozio-ökonomischen Status oder einer höheren formalen Bildung, so ließen die empirischen Studien erkennen, verarbeiten Informationsangebote der Massenmedien besser und schneller als Bevölkerungsteile mit einem geringeren Grad an formaler Bildung und einem niedrigeren sozio-ökonomischen Status. Die Folge ist, dass die «Wissenskluft» zwischen den beiden Bevölkerungsteilen mit der Zunahme von Medienangeboten tendenziell eher wächst als abnimmt. Tichenor, Donohue und Olien benennen im Wesentlichen vier Faktoren, die möglicherweise diesen Effekt verursachen:

1. Personen mit einem höheren Maß an formaler Bildung verfügen über mehr *Kompetenz* im Umgang mit Medienangeboten und der Medientechnologie *(communication skills)*. Das bedeutet, dass sie zum Beispiel schneller komplexe Zusammenhänge in den gedruckten Medien erfassen und verarbeiten können als Personen mit einem geringeren Maß an formaler Bildung.

2. Personen mit einer höheren formalen Bildung verfügen über mehr Vorwissen *(stored information)*, das es ihnen erleichtert, Verbindungen zwischen verschiedenen Wissensbereichen herzustellen. In der Lerntheorie gilt diese Fähigkeit als eine wesentliche Voraussetzung für kreative Lernprozesse.

3. Mehr Bildung und ein höherer sozio-ökonomischer Status hängen darüber hinaus eng mit der sozialen Einbindung in Referenz-Gruppen *(relevant social contact)* zusammen. Bereits im Zusammenhang mit Paul F. Lazarsfelds Untersuchungen zum «Zweistufenfluss der Kommunikation» ist die große Bedeutung von interpersonaler Kommunikation für die Verarbeitung von Medienangeboten deutlich geworden. Das Interesse an Medienangeboten ist immer dann besonders hoch, so argumentieren Vertreter der «Knowledge-Gap-Forschung», wenn eine Person davon ausgehen kann, dass am Arbeitsplatz, im Freundeskreis, in der Familie oder in anderen relevanten Bezugsgruppen aller Voraussicht nach über diese Medienangebote geredet werden wird. Je mehr Themen

potenziell zum Gegenstand einer Diskussion werden können oder je stärker eine Person in *unterschiedliche* Bezugsgruppen mit *unterschiedlichen* Themenspektren eingebunden ist, desto besser wird diese Person informiert sein.

4. Die individuell unterschiedlich stark ausgeprägte Selektivität der Mediennutzung *(selective exposure, acceptance)* ist ein weiterer Faktor, auf den die Vergrößerung von Wissensklüften zurückzuführen ist. Während sich Personen mit einem vergleichsweise hohen Bildungsniveau eher selektiv den Medien zuwenden und dabei oftmals aktiv bestimmte Informationen suchen, wenden sich Personen mit einem niedrigeren Bildungsniveau Medienangeboten eher passiv konsumierend zu. Wie einer der führenden deutschsprachigen Vertreter der «Wissenskluft-Hypothese», der Schweizer Kommunikationswissenschaftler Heinz Bonfadelli, beobachtet hat, fördern jedoch nicht nur unterschiedliche *Strategien der Informationssuche*, sondern auch unterschiedliche *informationsbezogene Anspruchsniveaus* die Wissenskluft. Während sich Personen mit einem geringeren Maß an formaler Bildung bereits nach der Rezeption weniger Medienangebote gut informiert fühlen und danach die weitere Informationssuche mit hoher Wahrscheinlichkeit abbrechen, stellt sich dieses Gefühl bei Personen mit einem höheren Bildungsniveau erst später ein. Diese Personen werden daher mehr und intensiver Medienangebote nutzen, um sich *gut* zu informieren (vgl. Bonfadelli 1980 : 186).

Von gesellschaftspolitischer Tragweite waren und sind diese Überlegungen nicht zuletzt deswegen, weil vor dem Hintergrund dieses Ansatzes die gängigen Vorstellungen von der Funktion der Medien in demokratischen Gesellschaften zumindest problematisch erscheinen. Die einfache Rechnung «mehr Informationsangebote für alle = mehr Demokratie» geht augenscheinlich nicht auf.

Medienpolitische Maßnahmen zur Verringerung bestehender Wissensklüfte müssen also nicht nur auf der Seite des Angebots, sondern vor allem auf der Seite der Mediennutzung ansetzen. Das heißt, es lassen sich ausgehend von der «Knowledge-Gap-Forschung» konkrete Forderungen nach mehr Medienkompetenz und mehr Teilhabe stellen. Mit Blick auf die Zukunft ergeben sich hier insbesondere für die Medienpädagogik große Herausforderungen. Zunächst einmal gilt es freilich zu klären, was wir unter (adäquatem) Wissen überhaupt verstehen wollen. Eine befriedigende Antwort auf diese Frage steht im Rahmen der Wissenskluftforschung bislang noch aus.

Zu neuer Aktualität ist die «Knowledge-Gap-Hypothese» im Zusammenhang mit der Diskussion um neue Kommunikations- und Informationstechnologien wie etwa das Internet gekommen: Während Schlagworte wie «Internet», «Multimedia», «Online» oder «Homepage» zwar mittlerweile in der öffentlichen Diskussion als bekannt vorausgesetzt werden können, sehen sich die meisten Menschen bei der Handhabung eines WWW-Browsers, bei der Suche in FTP-Archiven oder bei der Erstellung eines Hypertext-Dokuments auch heute noch mit schier unlösbar anmutenden Problemen konfrontiert. Wie immer wieder festgestellt wird, erhöhen sich mit den neuen elektronischen Medien die Anforderungen an die kommunikative Kompetenz der Nutzer. Das Internet erscheint vor dem Hintergrund dieser Überlegungen als ein Medium par excellence, das zur Vergrößerung von Wissensklüften zwischen «Usern» und «Losern» (Opaschowski 1999) beiträgt. Vielleicht stehen wir unmittelbar vor einer neuen Klassengesellschaft aus «Wissenszwergen» und «Wissensriesen», wie der Philosoph Jürgen Mittelstraß einmal formuliert hat, in der die obere im Gegensatz zur unteren Klasse von Menschen gebildet wird, die über eine besonders hoch entwickelte Selektions- und Bewertungskompetenz verfügen.

Bereits die Agenda-Setting-Forschung sowie die Arbeiten zur Kultivierungshypothese haben gezeigt, dass Medien die Funktion übernehmen, zwischen Individuum und Gesellschaft zu vermitteln. Medien, so lassen diese beiden Ansätze erkennen, sichern die gesellschaftliche Integration, sie stellen Themen bereit, über die geredet wird, sie sind eine gesellschaftliche Sozialisationsinstanz und kultivieren kollektive Einstellungen und Werte. Während sich Vertreter der Agenda-Setting-Forschung weitestgehend eines normativen Urteils enthalten, nehmen Vertreter der Kultivierungshypothese solche normativen Wertungen explizit vor und formulieren konkrete Handlungsanweisungen für die Medienpolitik. (Beispiel: Für eine demokratische Gesellschaftsverfassung brauchen wir mehr Partizipation, mehr Medienkompetenz, mehr Ausgewogenheit in der Berichterstattung usw.) Offenbar lassen sich vergleichbare Forderungen und Handlungsanweisungen auch auf der Basis der Knowledge-Gap-Hypothese formulieren. Allerdings warnen Vertreter dieser Forschungsrichtung nicht so sehr vor der medialen Einebnung gesellschaftlicher Unterschiede, sondern vor der medialen Produktion gesellschaftlicher Gegensätze, die sich als neue Klassenunterschiede manifestieren.

Das Medium ist die Botschaft – der technologische Idealismus der Toronto School of Communication

Jedes neue Medium bedeutet eine Ausweitung *und* zugleich eine Amputation unseres natürlichen Körpers. Das Maß, in dem ein Medium unser sensorisches Gleichgewicht verändert, ist die eigentliche Botschaft dieses Mediums. Hinter diesen Thesen des kanadischen Medienphilosophen Marshall McLuhan verbirgt sich eine der Kernaussagen der so genannten Toronto School of Communication: Nicht die Medienangebote selbst, sondern die Medientechnologien sind die entscheidende Ursache starker gesellschaftlicher Medienwirkungen.[5] Jedes Medium entfaltet Wirkungen, die wesentlich stärker sind als die Wirkungen einzelner Medienangebote. Jedes Medium, so McLuhan, legt von vornherein fest, was in ihm gesagt werden kann und was nicht: Jeder «Inhalt» unterliegt dem Zwang des Mediums.

«Kein Gedanke Platons war so bedeutend wie die Tatsache, daß in einem bestimmten Klassenzimmer alle Ausgaben der *Politeia* das gleiche Wort an der gleichen Stelle auf der gleichen numerierten Seite hatten. Die anthropologische und historische Forschung belege, wie Gesellschaften durch Kommunikationsmedien verwandelt würden. Deshalb müsse man das Studium von Individuum und Gesellschaft auf der Untersuchung der Kommunikation aufbauen.» (Marchand 1999 : 179)

---

5 Wie bereits im Kapitel 3.2 kurz angesprochen wurde, bezeichnete McLuhan seine Arbeiten respektvoll als Fußnoten zu den Arbeiten des kanadischen Wirtschaftshistorikers Harold Adams Innis. In der aktuellen Diskussion werden allerdings *de facto* die Arbeiten von Innis – wie auch an dieser Stelle – eher als Fußnoten zu den Arbeiten McLuhans zitiert.

Eine Theorie der gesellschaftlichen Entwicklung erscheint im Licht dieser Perspektive als Mediengeschichte – wir haben bereits in Kapitel 1 eine kleine Kostprobe davon gegeben, eine weitere folgt in Kapitel 9.

Historisch unterschied McLuhan im Wesentlichen zwischen drei verschiedenen, jeweils durch spezifische Medientechnologien geprägten Gesellschaftsformen. Dies sind Gesellschaften mit einer vornehmlich durch die gesprochene *Sprache* geprägten Kultur, Gesellschaften mit einer durch die *Schrift* und den *Druck* geprägten Kultur sowie Gesellschaften, in denen die *elektronischen Medien* die dominante Medientechnik darstellen. Die elektronischen Medien, so McLuhan, ermöglichten es uns, so miteinander zu kommunizieren, dass wir die dörfliche Gemeinschaft auf globaler Ebene zurückerlangen, so als ob die ganze Welt ein Dorf wäre *(global village)*.

Während in der mittelalterlichen Manuskriptkultur die handschriftlich verfassten Bücher von einigen wenigen Lese- und Schreibkundigen in der Regel laut vorgelesen wurden, um sich den Inhalt der Buchmanuskripte besser einzuprägen, veränderte der Buchdruck mit beweglichen Lettern diese Form der Textrezeption nachhaltig. Die intensive Lektüre *eines* (klassischen) Textes, so McLuhan, wurde durch die extensive und vergleichende Lektüre vieler verschiedener Texte ersetzt – ein Prozess, der sich bis ins 18. Jahrhundert hinzog. Der Buchdruck und die durch ihn mobilisierte Abstraktion des Beobachtens auf der Grundlage vieler verschiedener aufeinander verweisender Texte bildeten damit eine entscheidende Grundlage der modernen Wissenschaften und der formalen Logik. Bereits mit der Erfindung der Schrift und endgültig mit der Erfindung des Buchdrucks wurde das Wort zu einem bloßen Zeichen, mit dem sich die Menschen körperlich und geistig von den Gegenständen ihrer Wahrnehmung distanzierten.

Das für McLuhan neueste Kommunikationsmedium, das Fernsehen, erzeuge ein schwach definiertes mosaikartiges Bild aus hellen und dunklen Punkten, das die Zuschauer selbst vervollständigen müssen. Mit diesen physiologisch kaum untermauerten Beobachtungen versuchte McLuhan, seine intuitive Überzeugung zu begründen, dass durch elektronische Medien geprägte Gesellschaften, ähnlich wie dörfliche Gemeinschaften, einen organischen Charakter besäßen und sich dadurch grundlegend von den vorherigen mechanischen, durch den Buchdruck geprägten Gesellschaften unterschieden (vgl. Marchand 1999:180).

Nicht nur an dieser Stelle erscheinen McLuhans Thesen spekulativ. Auch die in seinen Arbeiten an zentraler Stelle stehende Annahme vom «sensorischen Gleichgewicht» des Menschen bleibt unbegründet – und dies vermutlich deshalb, weil sie in der Tat auch nur schwer zu begründen ist. Indem McLuhan Argument und Argumentation in der mosaikartigen Darstellungsweise seiner Essays miteinander verbindet, bleiben zentrale Begriffe bei ihm unklar und nur vage definiert. Einer empirischen Überprüfung halten die meisten seiner Thesen daher nicht stand, was dazu beigetragen hat, dass McLuhans Arbeiten in der wissenschaftlichen Diskussion lange Zeit keine besondere Bedeutung beigemessen wurde. Dennoch sind seine Thesen bis heute eine wichtige Quelle der Inspiration für viele technik- und medienphilosophische Diskurse geblieben. Dass McLuhan einer der bedeutendsten Denker seit Newton, Darwin, Freud und Einstein gewesen sei, wie dies die renommierte *New York Times* anlässlich des Erscheinens einer neuen McLuhan-Biographie festgestellt hat, erscheint jedoch eher wie eine jener für McLuhan typischen Übertreibungen. Es ist eine erinnerungswürdige Episode der Mediengeschichte, dass das Internet gerade mit jenem WWW-Browser[6] allgemeine Bekanntheit erlangte, dessen Name, *Mosaic*, bei McLuhan Programm war (vgl. Coy 1995). McLuhan versuchte in seinen Arbeiten, durch die mosaikartige Komposition seiner Essays als Collagen aus Slogans, Berichten und Zitaten Argument und Argumentation seines Ansatzes miteinander zu verbinden. Auf diese Weise wollte er – einer seiner zentralen Thesen folgend – dem «Diktat der Logik», der linearen Verfasstheit des gedruckten Worts entkommen. Der 1980 verstorbene McLuhan hätte wahrscheinlich in modernen Informations- und Kommunikationstechnologien wie dem Internet das ultimative Text- und Bildmosaik, die ultimative Ausweitung unseres zentralen Nervensystems erkannt.

---

6 Engl. von to browse (schmökern). Ein Browser ist eine Software zum Verwalten, Finden und Ansehen von Dateien im World Wide Web (WWW).

4.4 Mediennutzung – Rezeptionsforschung

Die Agenda-Setting-Forschung der 70er Jahre hatte mit der Frage nach den Effekten medialer Wissensvermittlung einen wichtigen Perspektivenwechsel in der Medienwirkungsforschung eingeleitet, mit dem man erneut zu der These von den starken Wirkungen der Medien zurückgekehrt war. Elisabeth Noelle-Neumanns Theorie der Schweigespirale ebenso wie George Gerbners Kultivierungshypothese oder die These von der wachsenden Wissenskluft postulierten vergleichbar starke Wirkungen der Medien. Neben diesen Ansätzen etablierte sich mit dem Uses-and-Gratifications-Approach ein weiterer wichtiger Forschungsansatz, dessen geistige Urheber, Jay G. Blumler und Elihu Katz, wie schon Maxwell McCombs und Donald Shaw die These vertraten, dass die bis zu jenem Zeitpunkt unternommenen Versuche zur Erklärung von Medienwirkungsprozessen lediglich von den falschen Fragen ausgegangen seien. Während jedoch McCombs und Shaw gefordert hatten, dass die Medienwirkungsforschung eher nach kognitiven Veränderungen als nach Verhaltensveränderungen fragen sollte, um zu befriedigenden Ergebnissen zu gelangen, forderten Blumler und Katz eine andere Umorientierung: Man solle von der Frage «Was machen die Medien mit den Menschen?» auf die Frage umstellen: «Was machen die Menschen mit den Medien?» Blumler und Katz stellten mit dieser neuen Frageformulierung die starken Wirkungen der Medien prinzipiell infrage und legten damit einen wesentlichen Grundstein der heutigen Rezeptionsforschung.

Allgemein gesagt lässt sich die Rezeptionsforschung zu jenen Medienforschung(en) zählen, die sich mit dem «Publikum» beschäftigen. Wie wir bereits im Kapitel 4.1 gesehen haben, verfolgt ein großer Teil dieses Forschungszweigs, die Publikumsforschung, im Wesentlichen anwendungsorientierte Fragen: Wie viele Rezipienten/Nutzer werden durch ein Medienangebot erreicht? Wie setzt sich dieser Personenkreis hinsichtlich demographischer Merkmale (durchschnittlich) zusammen? Wie oft und wie lange werden welche Medien rezipiert? usw. Praktische Relevanz besitzen Untersuchungen, die sich mit diesen und ähnlichen Fragen beschäftigen, immer dann, wenn es etwa um die Bewertung eines Mediums als Werbeträger geht oder wenn Planungsgrundlagen für die zielgruppengerechte Konzeption redaktioneller Angebote benötigt werden.

Die Messung von Medienreichweiten und Programmeinschaltquoten sowie die Untersuchung soziodemographischer Charakteristika des Publikums in der zumeist kommerziellen Forschung sagt jedoch noch gar nichts aus über die Wirkung von bzw. über den konkreten Umgang mit Medienangeboten, auch wenn diesen Untersuchungen oftmals die stillschweigende Annahme zugrunde liegt, dass eine Medienbotschaft – wenn sie ihre Rezipienten erreicht – eine ganz bestimmte, nämlich die vom Kommunikator beabsichtigte Wirkung erzielt.

Die Kritik der Quote – der Cultural-Studies-Approach

Ein in England und in den USA stark verbreiteter, in der deutschsprachigen Rezeptionsforschung jedoch erst in jüngster Zeit (seit den späten 90er Jahren) vermehrt zur Kenntnis genommener Theoriekomplex[7], der «Cultural-Studies-Approach», hat seinen Ansatz in der Rezeptionsforschung gerade aus der «Kritik der Quote» abgeleitet, und zwar mit den folgenden Argumenten: Die Messung von Einschaltquoten und Reichweiten ist an sich noch keine den Rezeptionsprozess erklärende Forschung. Denn jede Mediennutzung findet in einem Geflecht von Variablen statt, die sich nur mit Hilfe von Methoden analysieren lassen, die konsequent die Perspektive auch auf die Ränder kommunikativer Prozesse richten und soziale ebenso wie situative und persönliche Voraussetzungen berücksichtigen (vgl. Morley 1999). Arbeiten im Umfeld des «Cultural-Studies-Approach» haben gezeigt, dass Rezipienten nicht nur die Opfer medialer Manipulationsversuche werden, sondern sehr wohl in der Lage sind, Medienangebote ihrerseits auf höchst individuelle Weise zu *miss-brauchen*.

Als die bekanntesten Vertreter dieses ursprünglich aus der Literaturwissenschaft stammenden Ansatzes gelten John Fiske (USA), der das Augenmerk auf die aktive Rezeption popkultureller Medienangebote (insbesondere des Fernsehens) gelegt hat, und Stuart

7 Zur Einführung und Übersicht vgl. Hepp & Winter (1999).

Hall (GB), der mit Studien zum Medienverhalten oppositioneller Jugendkulturen wissenschaftliches Neuland betreten hat. Hall leitete in der Nachfolge des Literaturwissenschaftlers Richard Hoggart für lange Zeit das inzwischen bekannte Birminghamer *Centre for Contemporary Cultural Studies* (CCCS), dessen Mitarbeiter sich in den 70er Jahren schwerpunktmäßig mit oppositionellen Jugendkulturen beschäftigten. Erst nach und nach wurde diese vorwiegend politische Perspektive u. a. von Fiske und Hall-Schülern wie David Morley erweitert.

James Carey (1989) hat das für den Cultural-Studies-Approach typische Kommunikationsverständnis als den «ritual view of communication» bezeichnet. Diese Perspektive ist so zu verstehen, «daß Teilhabe an Kommunikation primär als Herstellung einer Verständigungsbereitschaft gesehen wird und sich die Teilnehmer gegenseitig darin bestätigen, daß sie fundamentale und kulturell basierte Übereinstimmungen teilen» (Krotz 1992 : 413). Kommunikatives Handeln ist instrumentelles, verständigungsorientiertes Handeln, mit dem bestimmte Ziele und Zwecke verfolgt werden. Dabei hat insbesondere die familienbezogene Rezeptionsforschung in der Tradition des Cultural-Studies-Approach gezeigt, dass Massenmedien Ressourcen in interpersonalen Kommunikationsbeziehungen darstellen. *Strukturell*, so zeigen etwa die Untersuchungen des amerikanischen Kommunikationswissenschaftlers James Lull, bilden Medien, und hier vor allem das Fernsehen, das gewohnte Umfeld und die alltägliche Begleitung im Leben der Menschen. Medien können je nach Bedarf in den Mittelpunkt oder an die Peripherie einer Situation rücken, sie haben regulative Funktionen für die Zeiteinteilung und dienen allgemein der Strukturierung des Alltags (vgl. Krotz 1992 : 426). *Relational*, bezogen auf die Gestaltung alltäglicher Kommunikationen etwa mit Familienangehörigen und Freunden, dienen Medien zur Vereinfachung und Vermeidung interpersonaler Kommunikation, zur Sicherung und Inszenierung von Kompetenz und Dominanz in der Familie usw.

Auf der Ebene der thematischen Ausrichtung und der Forschungsmethoden sind die Cultural Studies durch themenbezogene Breite und die *Offenheit* für unterschiedlich gewonnene Forschungsergebnisse gekennzeichnet. Das Problem bei einem solchen offenen Ansatz ist dann freilich – worauf in der Literatur oftmals

Q U I T T U N G

BUCH & KUNST GmbH & Co.KG
HAUS DES BUCHES Halle

Steuer-Nr.: 2031151105774

Marktplatz 3
06108 Halle   Telefon: 0345 29370

11.10.2006 12:11 Kasse:002 Bon: 0339190

Artikel	Anz.	Preis	St	Summe	
3499556189	1	9,90	1	9,90	€
Orientierung Kommunikationswi					

Nettowarenwert		9,25	€
MwSt. 1 7,0%	0,65		
MwSt. 2 16,0%	0,00		
TOTAL		9,90	€
gegeben bar		20,00	€
Zurück		10,10	€

Wir danken Ihnen für Ihren Einkauf !
Großer Schnäppchenmarkt am Samstag, den
7.10. 10-18 Uhr auf dem Marktplatz

Umtausch innerhalb von 14 Tagen nur mit diesem Bon.

hingewiesen wird –, dass die Untersuchungen immer Gefahr laufen, relativistisch zu sein und oft nur den Charakter von Fallstudien besitzen.

Sehr viel stärker als die Arbeiten der Cultural Studies sind in Deutschland zunächst die thematisch ähnlichen Studien des amerikanischen Medienforschers Joshua Meyrowitz (1990a und 1990b) beachtet worden. Meyrowitz untersucht den Einfluss des Fernsehens auf den gesellschaftlichen Wandel (vorwiegend in den USA) und kommt u. a. zu folgenden Annahmen, die teilweise Ideen von Marshall McLuhan weiterführen:

• Medien bilden spezifische Umwelten und erweitern die menschlichen Sinnesorgane. Da alle Veränderungen von Kommunikationsmustern wesentliche Bestandteile sozialen Wandels bilden, führen Medientechnologien, die neuartige Verbindungen zwischen Menschen und Orten schaffen, notwendig zu sozialem Wandel.

• Da das Fernsehen breite Bevölkerungsschichten mit denselben Themen versorgt, mischen sich die öffentlichen Bereiche. Einerseits entsteht ein neues Zusammengehörigkeitsgefühl, andererseits werden durch die leichte Zugänglichkeit zu vielen Wissensbereichen vorher bestehende Wissensschranken aufgehoben.

• Sozialer und physischer Ort werden getrennt, es entsteht die Fiktion des Dabeiseins und neuer sozialer Verbindungen (sog. parasoziale Beziehungen) zu Fernsehakteuren; öffentliches und privates Verhalten mischen sich.

• Das Fernsehen schafft Zugang zu sozialen Bereichen, die früher deutlich voneinander getrennt und weitgehend unbeobachtbar waren. Männer-, Frauen- und Kinderwelten werden ebenso beobachtbar wie die Welten früher bewunderter Statusgruppen (Ärzte, Anwälte, Politiker usw.), deren Prestige durch diese Beobachtung allerdings erhebliche Einbußen erleiden kann. Autoritäten werden infrage gestellt, Prominente entmystifiziert usw.

• Durch das gleichzeitig enorm angestiegene Informationsangebot verändern sich die Sozialisationsprozesse. Folgten früher die Sozialisationsstadien, in denen die Aspiranten Zugang zu bestimmten Gruppeninformationen erhielten, deutlich aufeinander, sind in der Fernsehgesellschaft alle Informationen aus allen Sozialisationsstadien gleichzeitig verfügbar. Damit werden Sozialisationsprozesse beschleunigt und neue soziale Rollen eingeführt.

Den Arbeiten Meyrowitz' kommt unbestritten die Bedeutung zu, in sehr anschaulicher Weise auf gesellschaftliche Veränderungen hingewiesen zu haben, die sich zeitgleich mit der Durchsetzung des Fernsehens zum meistgenutzten Massenmedium vollzogen haben. Problematisch an seinen Arbeiten bleibt der Versuch, diese Veränderungen auf nur einen Einflussfaktor (eben das Fernsehen) zurückzuführen.

Was machen die Menschen mit den Medien? – der Uses-and-Gratifications-Approach

Wenn man sich mit dem Publikum massenmedial verbreiteter Kommunikationsangebote beschäftigt, gibt es zumindest zwei verschiedene Möglichkeiten, sich diesem Forschungsbereich zu nähern. Man kann, auf der Basis impliziter Wirkungsannahmen, nach den soziodemographischen Merkmalen verschiedener Publika, nach Reichweiten und Einschaltquoten fragen. Oder man kann explizit nach den Mechanismen fragen, die die (aktive) Auseinandersetzung von Lesern, Zuschauern oder Hörern mit Medienangeboten beeinflussen. Mit dieser Frage begibt man sich auf das Terrain *handlungstheoretisch* fundierter Erklärungsansätze. Die handlungstheoretische Perspektive besagt, dass Medienhandeln eine Form sozialen Handelns ist und sich an subjektiven wie an gesellschaftlichen Sinngebungen orientiert.

Am Anfang dieses Ansatzes steht zunächst einmal die Frage nach der individuellen Zuwendung zu einem bestimmten Medienangebot. Was erweckt bei wem unter welchen Bedingungen Aufmerksamkeit (siehe dazu den Exkurs zur Aufmerksamkeitsökonomie)?

Die Debatte über Aufmerksamkeit hat erneut auf die besondere Rolle der Rezipienten im Prozess der Auswahl und Nutzung von Medienangeboten aufmerksam gemacht. Zweifelsohne beeinflussen bestimmte *Nutzungsmotive* aufseiten der Rezipienten in entscheidender Weise, was bereits im Vorfeld der Rezeption unsere Aufmerksamkeit auf sich zieht und was nicht. Wenn man sein eigenes Mediennutzungsverhalten beobachtet, kann man feststellen, dass man über eine Vielzahl gut funktionierender «Routinen» verfügt, nach denen man sein persönliches «Medienmenü» zusammenstellt. Vielleicht blättert man in einer Programmzeitschrift, bevor man sich zu einem Fernsehabend entschließt; vielleicht stimmt einen die Programmankündigung vor den Hauptnachrichten auf den anschließenden Tatort-Krimi ein; vielleicht stößt man aber auch einfach nur beim sonntagabendlichen Zappen durch die Programme auf einen Film, der sich durch die schwarzen Balken am oberen und unteren Bildrand als sehenswert ausweist. In manchen Fällen reicht schon die Tageszeit, um ungefähr einschätzen zu können, was einen erwartet: Am frühen Nachmittag kann man sich mit Fliege & Co. unterhalten, der Vorabend bietet bekanntlich so manche Daily Soap usw. Wir werden noch an anderer Stelle näher darauf eingehen, wenn wir uns mit den Funktionen von Medienschemata für die individuelle Rezeption von Medienangeboten beschäftigen (siehe Kapitel 6.4). Hier möchten wir es mit dem Hinweis darauf belassen, dass wir uns zur Orientierung über Medienangebote bereits im starkem Maß auf Medienangebote stützen, wie nicht zuletzt die immensen finanziellen Aufwendungen des Mediensektors für die Eigenwerbung eindrucksvoll belegen.[8]

Es mutet zwar fast wie eine triviale Einsicht an, dass sich Zuschauer, Leser oder Hörer selektiv *bestimmten* Medienangeboten zuwenden und anderen eben nicht, aber diese Erkenntnis ist für die Rezeptionsforschung von entscheidender Bedeutung gewesen. Versucht(e) die traditionelle Medienwirkungsforschung getreu der Frage «Was machen die Medien mit den Menschen?» nachzuweisen, dass zwischen der Rezeption bestimmter Medienangebote und dem anschließenden Verhalten oder den veränderten «Wissensbeständen» der Rezipienten eine kausale Beziehung herrscht, dreht sich mit der Betonung von Nutzungsmotiven die Perspektive gewissermaßen um. Dieser Perspektivenwechsel wurde grundlegend durch den bereits erwähnten «Uses-and-Gratifications-Approach» der beiden Forscher Jay G. Blumler und Elihu Katz (1974) eingeleitet – auch wenn die Soziologin Herta Herzog bereits in den 40er Jahren Hausfrauen befragt hat, warum sie regelmäßig die *daytime serials* im amerikanischen Radio hörten, und dabei herausfand, dass die Rezipientinnen eine Vielzahl verschiedener Gratifikatio-

---

8   An zweiter Stelle der werbestärksten Branchen in Deutschland rangieren
     seit Jahren die Massenmedien.

nen aus der Mediennutzung zogen, etwa die fiktive Erfüllung ihrer Wünsche oder die Kompensation persönlicher Sorgen.

Der Uses-and-Gratifications-Approach befasst sich mit den sozialen und psychologischen Ursprüngen der Bedürfnisse, die (affektiv bewertete) Erwartungen in Bezug auf Massenmedien und andere Quellen hervorrufen und die zu verschiedenen Mustern der Mediennutzung führen, was in der Befriedigung spezifischer Bedürfnisse resultiert. Die wesentlichen Grundannahmen sind dabei:

• die Handlungen der Rezipienten erfolgen zielgerichtet und intentional;

• die Mediennutzung erfolgt auf der Basis konkreter Nutzenkalküle, dient der Bedürfnisbefriedigung und kann nur im Kontext alternativer Formen der Bedürfnisbefriedigung beurteilt werden;

• die Rezipienten sind sich der für die Mediennutzung maßgeblichen Motive bewusst (vgl. Merten 1984:66).

Der amerikanische Kommunikationswissenschaftler Philip Palmgreen untersuchte als einer der Ersten, inwieweit die Rezipienten die aus ihrer bedürfnisgeleiteten Mediennutzung erhofften Gratifikationen auch tatsächlich erhalten (vgl. Palmgreen 1984).

Auch wenn es sich bei dem Wechsel von einer kommunikatorzentrierten zu einer rezipientenorientierten Perspektive, wie er mit dem Uses-and-Gratifications-Approach eingeleitet wurde, um einen in der Kommunikationswissenschaft inzwischen klassischen Paradigmenwechsel handelt, ist der Uses-and-Gratifications-Approach vielfach kritisiert worden. Zumindest die wichtigsten Kritikpunkte sollen hier kurz erwähnt werden:

1. Natürlich stellt sich die Frage, ob die Kategorie des *Nutzens* derart rational eingeschätzt werden kann, wie dies die Arbeiten zum Uses-and-Gratifications-Approach nahe legen. Rezipienten wählen Medienangebote zwar nach persönlichen Erwartungen, Interessen und Vorlieben aus, allerdings erfolgt dieser Selektionsprozess nicht immer *intentional* und zielgerichtet.

2. Die regelmäßige Befriedigung bestimmter Bedürfnisse müsste auf lange Sicht typischerweise zu einer Habitualisierung der Mediennutzung führen. Der «aktive Rezipient» des Uses-and-Gratifications-Approach wäre auf lange Sicht dann kein aktiver Rezipient, sondern er würde sich, wie Merten (1984:68) kritisch ange-

merkt hat, eher in ein «Gewohnheitstier» verwandeln, das den Weg des geringstmöglichen Widerstands geht.

3. Nur allzu leicht lässt sich der Uses-and-Gratifications-Approach zu medienpolitischen Zwecken instrumentalisieren, und zwar immer dann, wenn gemäß der Devise «hohe Quote = hoher Bedarf = hoher Nutzen» weniger stark rezipierte Medienangebote hinsichtlich ihres gesellschaftlichen Nutzens beurteilt werden. Man denke in diesem Zusammenhang an die in der Bundesrepublik regelmäßig geführte Diskussion um die Rechtmäßigkeit der Gebührenfinanzierung öffentlich-rechtlicher Programme.

4. Die ausschließliche Beschränkung auf den aktiven Rezipienten, so stellt Klaus Schönbach (1984) fest, verkürzt die Betrachtung des Kommunikationsprozesses zumindest ebenso wie die ausschließliche Betrachtung des Kommunikators. Medienangebote stellen aber insofern einen zentralen Bestandteil des Rezeptionsprozesses dar, als nur «aus dem, was Medien in einer Gesellschaft tatsächlich anbieten, und dem, was dann auch dem Rezipienten zugänglich ist, ausgewählt [...] werden» kann (Schönbach 1984:64). Eine Rezeptionsforschung, die sich für den Umgang der Rezipienten mit Medienangeboten interessiert, müsste also beides angemessen berücksichtigen: die Medienangebote *und* den Umgang der Rezipienten mit diesen Medienangeboten.

Die Integration von Wirkung und Nutzung – der dynamisch-transaktionale Ansatz

Die Kritik am Uses-and-Gratifications-Approach und die Unzufriedenheit mit der traditionellen Wirkungsforschung gaben den Impuls für weiterführende Erklärungsversuche. Einen wesentlichen Beitrag auf der Suche nach neuen, tragfähigen Konzepten zur Beschreibung und Erklärung von Kommunikationsprozessen haben die beiden Kommunikationswissenschaftler Werner Früh und Klaus Schönbach Anfang der 80er geleistet. Ihr «dynamisch-transaktionaler Ansatz» stellt den Versuch dar, zwischen der klassischen, am Kommunikator und der Aussage orientierten *Wirkungsforschung* und der rezipientenorientierten *Nutzenperspektive* zu vermitteln (vgl. Früh & Schönbuch 1991).

Wie schon Klaus Schönbachs Kritik am Uses-and-Gratifications-

Approach erkennen lässt, versteht sich der dynamisch-transaktionale Ansatz weder allein als kommunikator- noch als rezipientenorientiert. Alle Elemente des Kommunikationsprozesses werden vielmehr als Bausteine verstanden, die sich wechselseitig in ihren Wirkungsmöglichkeiten bestimmen. Redaktionelle Abläufe, Routinen und Erwartungen hinsichtlich der Bedürfnisse der Rezipienten legen das Ergebnis von Kommunikationsprozessen ebenso fest wie die Tatsache, dass der Rezipient nur aus einem vorliegenden Angebot auswählen kann. Auch auf der Seite der Rezipienten fließen dabei Erwartungen, Vorannahmen und Vorurteile hinsichtlich des Kommunikators in den Rezeptionsprozess ein. Auch wenn Früh und Schönbach keinen eigenständigen Ansatz der Rezeptionsforschung entwickelt haben, liegt hier doch eine der wesentlichen Stärken des dynamisch-transaktionalen Ansatzes. Dabei bilden im Rahmen dieser Perspektive zwei Beziehungsebenen die Grundlage von Rezeptionsprozessen:

1. die Beziehungen zwischen unterschiedlichen Elementen im Kommunikationsprozess, also etwa zwischen den Kommunikatoren und den Rezipienten massenmedial verbreiteter Botschaften – Früh und Schönbach bezeichnen diese Beziehungen als *Inter*-Transaktionen;

2. die Beziehungen auf der Ebene gleicher Elemente, den so genannten *Intra*-Transaktionen, also etwa Beziehungen auf der Ebene der Kommunikatoren oder Beziehungen auf der Ebene der Rezipienten.

Kommunikatoren und Rezipienten, so stellen Früh und Schönbach fest, können im Kommunikationsprozess als aktive *und* als passive Teilnehmer zugleich agieren. Kommunikatoren sind aktiv, weil sie auf der Basis professioneller Routinen und Entscheidungsprogramme ihre Zielgruppen möglichst genau anzusprechen versuchen. Sie wählen bestimmte Themen und Darstellungsformen aus, von denen sie glauben, dass sie diesen Zweck besonders gut erfüllen. Kommunikatoren sind indessen vielfachen Zwängen unterworfen und agieren insofern auch passiv. So können in einem spezifischen Medium nur ganz bestimmte Dinge gesagt werden und andere eben nicht. Im Fernsehen kann nur das zum Thema werden, wofür auch Bildmaterial vorliegt. Boulevardzeitungen eignen sich nicht, um komplexe politische Zusammenhänge darzustellen. Wöchentlich erscheinende Publikumszeitschriften können nur schwerfällig auf das aktuelle Tagesgeschehen reagieren usw. Rezipienten sind passive Teilnehmer am Kommunikationsprozess, weil sie in der Regel keinen direkten Einfluss auf die Selektionsentscheidungen der Kommunikatoren nehmen können. Darüber hinaus, so Früh und Schönbach, bewirkt die Habitualisierung der Medienrezeption ein passives Mediennutzungsverhalten. Aktiv sind Rezipienten, weil erst sie es sind, die auf der Basis eigener Relevanzstrukturen Medienangebote mit einem subjektabhängigen Sinn versehen.

Weil Kommunikatoren und Rezipienten zugleich aktiv *und* passiv an Kommunikationsprozessen teilnehmen können, so folgern die Autoren, lassen sich manche Kommunikationsprozesse durchaus mit den Mitteln der klassischen Wirkungsforschung beschreiben (ein Medienangebot verursacht eine – in der Regel die vom Kommunikator intendierte – Veränderung der Einstellungen, des Wissens oder des Verhaltens eines Rezipienten), während andere wiederum angemessener mit dem Instrumentarium der Nutzenperspektive zu erklären sind (die Rezeption erfolgt entlang subjektiver Sinngebungen der Rezipienten). Die Konsequenz besteht nun nicht darin, dass beide Ansätze etwa in abwechselnder Reihenfolge berücksichtigt werden müssen, sondern in der Einsicht, dass Wirkungen und Prozesse der subjektiven Sinngebung immer *simultan* ablaufen.

Eine so verstandene Rezeptionsforschung ist notwendigerweise prozessorientiert *(dynamisch)*, weil sich anders die gegenseitigen Veränderungen der einzelnen Elemente im Kommunikationsprozess gar nicht beschreiben ließen. Mit anderen Worten: Die Variable Zeit wird zu einem erklärenden Faktor für Rezeptionsprozesse. Für die empirische Überprüfung des dynamisch-transaktionalen Ansatzes bedeutet Prozessorientierung, dass die strikte Trennung von abhängigen (bewirkten) und unabhängigen (einwirkenden) Faktoren, von Ursache und Wirkung aufgehoben wird. Der dynamisch-transaktionale Ansatz verabschiedet sich damit vom klassischen Denken in Kausalbeziehungen (hier die Ursache und dort die Wirkung) und vertritt ein *multikausales Paradigma*. Eine immer wieder vorgebrachte Kritik zielt auf die schwierige methodische Umsetzbarkeit dieses Paradigmas ab. Dass Ursachen Wirkungen sein können und Wirkungen Ursachen, ist zwar eine zutreffende Beschreibung der Paradoxien kommunikativer Prozesse; allerdings resultieren daraus für den empirisch arbeitenden Forscher erhebliche Probleme bei der Operationalisierung seiner Fragestellungen.

4.5 Abbild oder Konstruktion? – Theorien der Nachrichtenselektion

«Was wir über unsere Gesellschaft, ja über die Welt, in der wir leben, wissen», so stellte der schon mehrfach zitierte Soziologe Niklas Luhmann in einem seiner letzten Bücher fest, «wissen wir durch die Massenmedien» (1996:9). Immer mehr von dem, was wir für relevantes Weltwissen halten, entzieht sich unserer direkten Erfahrung, immer mehr müssen wir uns auf die Realität der Massenmedien verlassen, wenn wir im Kreis der Familie oder im Gespräch mit Freunden und Kollegen mitreden wollen. Die scheinbar arglose Formulierung «die Realität der Massenmedien» verweist dabei auf zwei verschiedene Beobachtungszugänge. Wir können «die Realität der Massenmedien» als die Gesamtheit aller beobachtbaren (und in diesem Sinn *realen*) Prozesse im System der Massenmedien verstehen.

Wir können «die Realität der Massenmedien» aber auch als das verstehen, was *für* die Massenmedien oder *durch* sie für Rezipienten als Realität erscheint (vgl. Luhmann 1996:14). Wir haben bereits im Zusammenhang der Medienwirkungsforschung und der Rezeptionsforschung gesehen, wie viele weiterführende Forschungsprobleme sich aus der Frage nach der Realitätsvermittlung *durch* Massenmedien ergeben können. Nicht zuletzt Werner Frühs und Klaus Schönbachs Überlegungen zum dynamisch-transaktionalen Ansatz haben gezeigt, dass ein genaueres Verständnis von Medienwirkungs- und -rezeptionsprozessen Kenntnisse über Medienangebote voraussetzt, also über das, was *für* die Massenmedien als Realität erscheint: ohne Medien(angebote) keine Medienwirkung und keine Medienrezeption.

Ein großer Teil der kommunikationswissenschaftlichen Forschung befasst sich daher mit der Frage danach, was in den Massenmedien zum Thema werden kann bzw. was nicht. Dabei haben sich bislang die meisten Forscher auf journalistische Medienangebote konzentriert: «Was wird warum zur Nachricht?» Der Kommunikationswissenschaftler Winfried Schulz (1989) hat im Rahmen eines Forschungsüberblicks zwei Standpunkte herausgearbeitet, die entgegengesetzte Antworten auf diese Frage geben. Die eine Position bezeichnet er als die «ptolemäische», die andere als die «kopernikanische» Auffassung. Mit dieser Unterscheidung wollte Schulz den grundsätzlichen Widerspruch zwischen diesen beiden Positionen kennzeichnen. Wie im Mittelalter durch das kopernikanische (heliozentrische) Weltbild das bis dahin geltende ptolemäische (geozentrische) Weltbild radikal infrage gestellt wurde, hat in der neueren kommunikationswissenschaftlichen Forschung die Auffassung, dass die Medien nicht über Ereignisse *berichten*, sondern diese eigentlich erst *schaffen*, einen radikalen Perspektivenwechsel eingeleitet. Freilich ist dieser Perspektivenwechsel mit weit reichenden Konsequenzen verbunden; denn aus beiden Positionen resultiert jeweils eine vollkommen andere Beurteilung der Tatsache, dass die Realität der Massenmedien das Ergebnis einer Vielzahl selektiver Entscheidungen, Bewertungen und Interpretationen ist. Vertritt man die Auffassung, die Medien fungierten als neutrale Mittler, deren Aufgabe es ist, die Realität möglichst genau widerzuspiegeln, dann müssen sich Medienangebote an Kriterien der Wahrheit und der Objektivität messen lassen. Medienangebote lassen sich dann als gut (weil wahr) bzw. als schlecht (weil nicht wahr) beurteilen. Abweichungen zwischen dem, was wirklich geschehen ist, und dem, worüber berichtet wird, erscheinen dann als Verzerrungen, Einseitigkeiten und in der Summe als Mangel an Objektivität. Im Rahmen der kopernikanischen Auffassung sind dies jedoch unvermeidliche Begleiterscheinungen jeder Medienberichterstattung. Die offensichtlichen Übereinstimmungen der *Topnachrichten* in Zeitungen, Zeitschriften, Fernsehen und Hörfunk sagen im Lichte dieser Auffassung daher mehr über die Arbeitsweise der Medien aus als über «die Wirklichkeit».

Seit ungefähr 50 Jahren beschäftigen sich Forscher unterschiedlicher theoretischer und methodischer Ausrichtung mit Prozessen der Nachrichtenselektion. Dabei lassen sich die bisherigen Ergebnisse im Wesentlichen drei verschiedenen Forschungstraditionen zuordnen, die wir im Folgenden kurz darstellen wollen. Da sich die drei Ansätze jeweils mit unterschiedlichen Einflussfaktoren im Prozess der Nachrichtenselektion beschäftigen, stehen sie in keinem gegensätzlichen, sondern in einem ergänzenden Verhältnis zueinander. Während die beiden ersten hier vorgestellten Ansätze, die *Gatekeeper-Forschung* und die *News-Bias-Forschung*, eher an journalistischen Akteuren und deren Entscheidungen orientiert sind, konzentriert sich der dritte Ansatz, die *Nachrichtenwert-Forschung*, auf die Frage, welche Eigenschaften Ereignisse auszeichnen, die mit hoher Wahrscheinlichkeit zu Nachrichten gemacht bzw. als Nachrichten publiziert werden.

Wer wählt aus? – Gatekeeper-Forschung

Gegen Anfang der 40er Jahre beobachtete der amerikanische Sozialpsychologe Kurt Lewin, dass es in nahzu allen gesellschaftlichen Institutionen bestimmte, strategisch wichtige Pforten, Schleusen oder Schaltstellen gibt, an denen einzelne Entscheidungsträger *(gatekeeper, Schleusenwärter)* Schlüsselpositionen besetzen. Lewin untersuchte diesen Zusammenhang anhand des Einflusses, den Hausfrauen im Prozess der Nahrungsbeschaffung besitzen.

Der amerikanische Journalistikwissenschaftler David Manning White (1950) übertrug als Erster Lewins Ansatz der Gatekeeper-Forschung auf den Prozess der Nachrichtenselektion. Dazu untersuchte er das Selektionsverhalten eines Tageszeitungsredakteurs in einer amerikanischen Kleinstadt, den er «Mr. Gates» nannte – freilich ohne zu wissen, dass ein anderer Mr. (Bill) Gates einige Jahre später in einem viel umfassenderen Sinn zum gesellschaftlichen Schleusenwärter aufsteigen sollte.

Die Aufgabe von «Mr. Gates» bestand darin, die über Fernschreiber in die Redaktion hereinkommenden Agenturmeldungen (Associated Press, United Press und International News Service) auszuwählen, zu bearbeiten und weiterzuleiten. White verglich eine Woche lang die Meldungen, die «Mr. Gates» ausgewählt und weitergeleitet hatte, mit denjenigen Meldungen, die er aussortiert und nicht weitergeleitet hatte (Input-Output-Analyse). Darüber hinaus bat er ihn, nach Redaktionsschluss die nicht weitergeleiteten Agenturmeldungen durchzusehen und dabei die Gründe für seine Entscheidung anzugeben (sog. Copy-Test). Mit einer abschließenden Befragung zum Selbstverständnis des Redakteurs ergänzte White die Ergebnisse seiner Untersuchung. Auf diese Weise identifizierte White eine Reihe subjektiver Einstellungen und Prädispositionen, auf die er die Selektionsentscheidungen des «Mr. Gates» zurückführte: «Through studying his overt reasons for rejecting news stories from the press associations we see how highly subjective, how based on the gate keepers's own set of experiences, attitudes and expectations the communication of ‹news› really is» (White 1950:390).

Whites Input-Output-Analyse ergab, dass «Mr. Gates» gemessen an den hereinkommenden Agenturmeldungen vor allem nationale und internationale politische Berichte ebenso wie nationale Meldungen zu Landwirtschaft, Ökonomie, Erziehung und Wissenschaft verhältnismäßig stark berücksichtigte. Human-Interest-Themen und Kriminalitätsmeldungen hingegen vernachlässigte er deutlich.

Aufgrund der Ergebnisse des Copy-Tests unterschied White zwischen zwei Gründen für diese Veröffentlichungsentscheidungen. Zum einen zeigte sich, dass bestimmte Meldungen nicht veröffentlicht wurden, weil sie «Mr. Gates» auf der Basis *individueller* Entscheidungskriterien als nicht interessant, als zu schlecht geschrieben oder gar als propagandistisch eingestuft hatte. Zum anderen hatte «Mr. Gates» seine Veröffentlichungsentscheidung auf der Basis *formaler* Kriterien getroffen, etwa mit Blick auf die Länge der Agenturmeldungen oder den Zeitpunkt ihrer Übermittlung in die Redaktion.

Kritik erfuhr Whites Ansatz der Gatekeeper-Forschung immer wieder, weil er in besonders starker Weise die individuellen Selektionskriterien von Journalisten betonte und institutionelle und technische Determinanten der Nachrichtenselektion vernachlässigte. Nachfolgende Untersuchungen befassten sich daher stärker mit den strukturellen Einflüssen auf den Prozess der Nachrichtenselektion und wandten sich dabei Themen wie Macht und Herrschaft, Bürokratie und beruflicher Sozialisation im Journalismus zu (vgl. Scholl & Weischenberg 1998:40f). Einzelne Gatekeeper entscheiden also nicht völlig frei darüber, welche Nachrichten veröffentlicht werden und welche nicht, sondern sie sind in ein enges Netz routinemäßiger Auswahl- und Bearbeitungsprozesse eingebunden, die redaktionelle Entscheidungen maßgeblich beeinflussen. Eine solche Sichtweise legt es dann nahe, redaktionelle Abläufe *systemtheoretisch* zu beschreiben, so wie dies in der deutschsprachigen Kommunikationswissenschaft erstmals der Bamberger Kommunikationswissenschaftler Manfred Rühl (1969) getan hat.

Politische Tendenzen in der Medienberichterstattung – die News-Bias-Forschung

Die gesellschaftliche Funktion des Journalismus wird in der öffentlichen Diskussion immer wieder an zwei Idealvorstellungen gemessen. (1) Nachrichten spiegeln die Realität wider. Die Unfälle, Naturkatastrophen, Parteitage und Politikerrücktritte, über die die Medien berichten, haben sich tatsächlich ereignet und sind keine Erfindungen findiger Journalisten. (2) Weil Journalisten «objektiv» über das aktuelle Zeitgeschehen berichten, fungieren sie gewissermaßen als vierte Gewalt im Staat. Sie kontrollieren die Mächtigen, indem sie ihr Handeln transparent machen, sie erinnern in regelmäßigen Abständen an gemachte (und gegebenenfalls nicht eingelöste) Versprechen und schaffen so eine wichtige Grundlage für die politische Meinungsbildung in unserer Gesellschaft. Zweifelsfrei befindet man sich mit diesen beiden Annahmen im Zentrum der ptolemäischen Auffassung. Weil wir journalistische Qualität an diesen Leitwerten messen, gerät der Journalismus immer wieder, wie Niklas Luhmann gesagt hat, unter Motivverdacht, weil wir implizit davon ausgehen, dass es im Journalismus eben keine anderen Motive gibt (weil geben darf) als das eine: objektiv zu berichten.

Auch wenn wir bei der Beurteilung unseres eigenen Handelns kaum einen Fall ausmachen können, in dem wir einen Sachverhalt völlig objektiv eingeschätzt haben, legen wir doch bei der Beurteilung journalistischer Medienangebote diesen Maßstab an und übernehmen damit, ohne es zu merken, ein normatives Konzept, das lange Zeit eine entscheidende Entwicklungsbedingung des modernen Journalismus dargestellt hat. Denn die formale und inhaltliche Neutralität der Nachrichten hat es den ersten Nachrichtenagenturen erlaubt, mit demselben Material viele verschiedene Abnehmer zu bedienen (vgl. Schmidt & Weischenberg 1994:227–229 oder Weischenberg 1995:162 ff). Wie die amerikanische Soziologin Gaye Tuchman Anfang der 70er Jahre betont hat, stellt «Objektivität» dabei jedoch lediglich eine Routine dar, ein «strategisches Ritual», das den Journalisten eine sichere Grundlage sowie eine moralische Rechtfertigung für ihre tägliche Arbeit verschafft. Objektivität bedeute in der journalistischen Praxis nichts anderes als die kontinuierliche Wiederholung von fünf Arbeitsroutinen:

1. die Präsentation widerstreitender Ansichten zu einem Thema,

2. die Präsentation von Fakten zur Stützung von Aussagen,

3. der gezielte Einsatz von Anführungszeichen als Authentizitätsbeweis für Aussagen,

4. die Strukturierung des Informationsangebotes in einer bestimmten Anordnung (etwa: das Wichtigste zuerst),

5. die Trennung von Nachricht und Meinung.

Jede Nachrichtengeschichte, so lautet eine Kernaussage der News-Bias-Forschung, wird durch die Einstellungen und durch den persönlichen sowie professionellen Hintergrund ihres Verfassers beeinflusst. In den meisten Fällen handelt es sich dabei nicht um einen bewussten oder sogar absichtlichen Einfluss, sondern dies geschieht sowohl für den Verfasser als auch für den Rezipienten einer Nachricht oft gewissermaßen unterhalb der Wahrnehmungsschwelle. Empirisch festgemacht wird dieser politische *bias* dann etwa an den folgenden Indikatoren:

• *Auslassungen und Verkürzungen:* Die politische Neigung eines Nachrichtenmediums kann sich in der Auswahl der Ereignisaspekte niederschlagen, über die berichtet wird. Bestimmte Aspekte des Ereignisflusses etwa einer Pressekonferenz können ausgeblendet, andere betont werden. Aufschluss über die politische Neigung eines Journalisten oder eines Nachrichtenmediums erhofft man sich dann von dem Vergleich vieler verschiedener Berichte über das gleiche Ereignis.

• *Placierung und Umfang:* Klassische Indikatoren für die Bedeutung, die einem Ereignis zugeschrieben wird, sind die Länge eines Berichts sowie dessen Placierung innerhalb eines Nachrichtenmediums. Reaktorunfälle rangieren verständlicherweise in allen Medien an erster Stelle, also auf der ersten Seite einer Zeitung, als erste Meldung einer Nachrichtensendung usw. Einen ausführlichen Bericht über Kinderarbeit in der Dritten Welt wird man allerdings in der *Tageszeitung* (TAZ) eher als in der *Frankfurter Allgemeinen Zeitung* (FAZ) auf der ersten Seite finden. Auch innerhalb einer Nachrichtenmeldung lassen sich Gewichtungsindikatoren beobachten. In Zeitungen werden insbesondere die Schlagzeilen gelesen. Sie fallen nicht nur sofort ins Auge, sondern lassen oftmals schon Zustimmung oder Ablehnung in Bezug auf den berichteten Zusammenhang erkennen. Auch hier erhofft man sich durch den *Vergleich* verschiedener Schlagzeilen, die sich auf das gleiche Ereignis beziehen, einen Aufschluss über die politische Neigung der Berichterstattung.

• *Bild- und Wortwahl:* Fotografische Abbildungen können einer Person schmeicheln, sie können sie aber auch der Lächerlichkeit preisgeben. Ob eine Person auf einem Foto eher schwach oder eher dominant wirkt, lässt sich etwa durch den Aufnahmewinkel (Vogelperspektive, Froschperspektive) beeinflussen. Ob eine Person amüsiert oder besorgt, konzentriert oder unkonzentriert erscheint, ist für den Fotografen oftmals nur eine Frage von Sekundenbruchteilen. Den Redaktionen liegt vom offiziellen Pressefoto bis hin zum kompromittierenden Schnappschuss oftmals eine Fülle von Bildmaterial vor – welche Auswahl dann im konkreten Fall getroffen wird, so lautet die Annahme, spiegelt die Einstellungen der verantwortlichen Redakteure und Redaktionen ebenso deutlich wider wie bestimmte negativ oder positiv besetzte Formulierungen.

Es ist das Ziel der News-Bias-Forschung, solche und ähnliche Unausgewogenheiten, politische Tendenzen, das heißt: Abweichungen vom Ideal der objektiven Berichterstattung, zu messen sowie Aufschluss über die Ursachen dieser Abweichungen zu erlangen. In den meisten Fällen werden daher Inhaltsanalysen der Berichterstattung durchgeführt, die dann – dies jedoch seltener – in Beziehung zu den Ergebnissen von Journalistenbefragungen gesetzt werden. Unausgewogenheit wird in diesen Studien definiert als die im Zeitverlauf beobachtbare systematische Andersbehandlung eines Kandidaten, einer Partei oder einer politischen Position in der Berichterstattung der Medien. Im Wesentlichen befasst sich die News-Bias-Forschung mit der Berichterstattung über Wahlen und politische Auseinandersetzungen. Häufig wird dabei den Medien der Vorwurf gemacht, sie benachteiligten konservative gegenüber sozialdemokratischen Politikern. Dahinter steht nicht selten die in der Kommunikationswissenschaft umstrittene Annahme, die Berufsgruppe der Journalisten rekrutiere sich vor allem aus der politisch linksorientierten Mittelschicht und bilde eine intellektuelle Elite mit einem negativen Publikumsbild. Diese Annahme ist für die Tradition der News-Bias-Forschung insofern wichtig, weil sie in einem nächsten Schritt die Schlussfolgerung nahe legt, Journalisten befänden sich auf einer Art «politischer Mission» mit dem Ziel, das «falsche» politische Bewusstsein der Rezipienten durch bestimmte journalistische Selektionsentscheidungen zu korrigieren. Problematisch ist dieser Erklärungsversuch nicht nur wegen des fragwürdigen Journalistenbildes, das ihm zugrunde liegt, sondern auch deswegen, weil in der Regel ungeklärt bleibt, in welchem Verhältnis die individuellen Charakteristika von Journalisten und die Eigenrationalität des Systems Journalismus zueinander stehen (vgl. Weischenberg 1989).

Was wird zur Nachricht? – die Nachrichtenwertforschung

Eine weitere wichtige Tradition zur Nachrichtenselektion der Massenmedien ist die so genannte Nachrichtenwertforschung. Im Rahmen dieser Forschungstradition geht es um die Frage, warum über bestimmte Ereignisse berichtet wird und über andere nicht: *«how do ‹events› become ‹news›?»* (Galtung & Ruge 1965:65).

Als Begründer dieser Forschungstradition wird immer wieder Walter Lippmann genannt, der in seinem bis heute viel diskutierten Buch *Public Opinion* (1990 [zuerst 1922]) die erkenntnistheoretisch interessante These aufgestellt hatte, dass wir unsere Umwelt viel häufiger mit Hilfe von Fiktionen (Stereotypen) beschreiben als in der Form sicheren Wissens. Stereotype, so Lippmann, seien notwendige Hilfskonstruktionen, mit deren Hilfe sowohl Individuen als auch die Nachrichtenmedien die hochkomplexe Umwelt vorstrukturieren. Damit steht bereits in diesen frühen Arbeiten Lippmanns nicht die Frage nach den «Eigenschaften» von Ereignissen im Zentrum der Nachrichtenwertforschung, sondern die Frage nach den individuellen bzw. institutionellen «Wirklichkeitsfiktionen», mit deren Hilfe Ereignisse überhaupt erst *wahrnehmbar* werden.

Als Begründer der europäischen Tradition der Nachrichtenwertforschung gilt der norwegische Friedensforscher Einar Östgaard (1965), der die Nachrichtenfaktoren als Determinanten des internationalen Nachrichtenflusses begriff. Ohne auf die Überlegungen Lippmanns explizit einzugehen, unterschied Östgaard auf der Grundlage einer Reihe empirischer Studien im Wesentlichen zwischen drei Faktorkomplexen, die über den Nachrichtenwert eines Ereignisses entscheiden: *Vereinfachung, Identifikation* und *Sensationalismus*. Östgaards These lautete: Je ausgeprägter diese Nachrichtenfaktoren auf ein Ereignis zutreffen, desto publikationswürdiger sind Berichte über dieses Ereignis, desto größer ist sein Nachrichtenwert.

• Mit dem Begriff der *Vereinfachung* bezeichnete Östgaard die Beobachtung, dass die Medien einfache Nachrichten gegenüber komplexer strukturierten Nachrichten bevorzugen. Werden komplexe Themen dennoch Gegenstand der Berichterstattung, müssen sie in möglichst verständlicher und damit vereinfachter Weise dargestellt werden.

• Mit dem Faktorkomplex der *Identifikation* brachte Östgaard zum Ausdruck, dass Nachrichten, sollen sie ihr Publikum erreichen, nicht nur verständlich, sondern darüber hinaus auch *relevant* für das Publikum sein müssen. Kulturell *nahe liegende Themen*, so Östgaard, erhalten daher gegenüber kulturell *entfernteren* Themen den Vorzug und dominieren in der Nachrichtenberichterstattung.

• Mit dem Faktorkomplex *Sensationalismus* beschrieb Östgaard seine Beobachtung, dass die Nachrichtenmedien die Aufmerksamkeit ihres Publikums vor allem durch Berichte über dramatische und emotional aufgeladene Ereignisse zu gewinnen versuchen. Aus diesem Grund dominieren Nachrichten über Krisen, Konflikte und Auseinandersetzungen in der Berichterstattung der Medien.

Ausgehend von diesen Überlegungen formulierte Östgaard drei Hypothesen, in denen er herausarbeitete, welche Folgen die journalistische Orientierung an den beschriebenen Nachrichtenfaktoren auf unsere Wahrnehmung der Welt hat: Die Bedeutung der Handlungen politischer Führer von Elite-Nationen wird in den Massenmedien vergleichsweise stark betont. Die Berichterstattung der Medien untermauert dadurch, so Östgaard, den politischen Status quo. Die Welt würde konflikthaltiger dargestellt, als sie es in Wirklichkeit ist. Die Medien erwecken darüber den Eindruck, dass Gewalt ein effektives Mittel der Konfliktlösung ist. Schließlich tendieren die Massenmedien zur Teilung der Welt in Staaten mit hohem und niedrigem Status. Auch hierdurch erhalten sie, so folgerte Östgaard, den (welt)politischen Status quo.

An Östgaards Ansatz der Nachrichtenwertforschung ist immer wieder kritisiert worden, dass sich seine Nachrichtenfaktoren auf logisch unterschiedliche Dimensionen beziehen, die nicht genauer voneinander abgegrenzt werden. Einige seiner Faktoren, so lautet die Kritik, beziehen sich auf Eigenschaften der Ereignisse, andere auf Eigenschaften der Berichterstattung (wie etwa der Faktorkomplex der Vereinfachung). Eine dritte Gruppe beziehe sich schließlich weder auf journalistische Darstellungsstrategien noch auf Ereigniseigenschaften, sondern auf räumliche, zeitliche und kulturelle Relationen (vgl. Staab 1990 : 58 f). Damit bleibt bei Östgaard die Frage unbeantwortet, die bereits Lippmann deutlich formuliert hatte : Werden Nachrichtenfaktoren von Journalisten aktiv zugeschrieben; oder beschreiben sie Eigenschaften von Ereignissen, auf die Journalisten lediglich passiv durch entsprechende Publikationsentscheidungen reagieren?

Zur gleichen Zeit wie Einar Östgaard entwickelten Johan Galtung und Mari Holmboe Ruge (1965) – ebenfalls zwei norwegische Friedensforscher – ihr Konzept der Nachrichtenwertforschung. Wie Östgaard konzentrierten sich diese beiden Forscher auf die Auslandsberichterstattung der Nachrichtemedien. Dabei unterschieden sie insgesamt zwischen acht kulturabhängigen und vier kulturunabhängigen Nachrichtenfaktoren.

Tabelle 5 : Nachrichtenfaktoren nach Galtung und Ruge

1. **Frequenz**	«By the ‹frequency› of an event we refer to the time-span needed for the event to unfold itself and to acquire meaning. [...] *the more similar the frequency of the event is to the frequency of the news medium, the more probable that it will be recorded as news by that news medium.*» (S. 66)
2. **Aufmerksamkeitsschwelle**	«there is a threshold the event will have to pass before it will be recorded at all.» (Ebd.)
3. **Eindeutigkeit**	«the less ambiguity the more the event will be noticed.» (Ebd.)
4. **Bedeutsamkeit**	«the event-scanner will pay particular attention to the familiar, to the culturally similar, and the culturally distant will be passed by more easily and not be noticed.» (S. 67)
5. **Konsonanz**	«In the sense mentioned here ‹news› are actually ‹olds›, because they correspond to what one expects to happen – and if they are too far away from the expectation they will not be registered, according to this hypothesis of consonance.» (Ebd.)
6. **Überraschung**	«It is the unexpected *within the meaningful and the consonant* that is brought to one's attention.» (Ebd.)
7. **Kontinuität**	«once something has hit the headlines and been defined as ‹news›, then it will *continue* to be defined as news for some time even if the amplitude is drastically reduced.» (Ebd.)
8. **Variation**	«if there are [for example; d. V.] already many foreign news items the threshold value for a new item will be increased.» (Ebd.)

kultur-unab-hängig

9. **Bezug auf Elite-Nationen**	«The more the event concerns elite nations, the more probable that it will become a news item.» (S. 68)	
10. **Bezug auf Elite-Personen**	«The more the event concerns elite people, the more probable that it will become a news item.» (S. 68)	
11. **Personalisierung**	«The more the event can be seen in personal terms, as due to the action of specific individuals, the more probable that it will become a news item.» (S. 68)	*kulturabhängig*
12. **Negativität**	«The more negative the event in its consequences, the more probable that it will become a news item.» (Ebd.)	

Auch Galtung und Ruge sahen in der journalistischen Orientierung an Nachrichtenfaktoren eine der wesentlichen Determinanten des internationalen Nachrichtenflusses. Wenn auch der Ansatz von Galtung und Ruge mit der gleichen Kritik wie Östgaards Ansatz zur Nachrichtenwertforschung konfrontiert wurde, so weist er doch über diesen insofern hinaus, als hier versucht wurde, das Zusammenwirken der einzelnen Nachrichtenfaktoren im gesamten Prozess der Nachrichtenselektion näher zu bestimmen. In fünf Hypothesen konkretisierten Galtung und Ruge die Ergebnisse ihrer theoretischen Überlegungen:

1. *Selektionshypothese:* Je stärker die Nachrichtenfaktoren auf ein Ereignis zutreffen, desto wahrscheinlicher ist es, dass darüber berichtet wird.

2. *Verzerrungshypothese:* Die Merkmale, die den Nachrichtenwert eines Ereignisses bestimmen, werden in der Berichterstattung akzentuiert. Dies hat zur Folge, dass das Bild, das die Nachrichtenmedien von den berichteten Ereignissen vermitteln, in Richtung auf Nachrichtenfaktoren verzerrt ist.

3. *Wiederholungshypothese:* Weil Prozesse der Selektivität und der Verzerrung auf allen Stufen der Nachrichtenproduktion ablaufen, verstärken sich die Verzerrungseffekte, je mehr Selektionsstufen im Prozess der Nachrichtenproduktion überwunden werden

müssen. Gerade im Rahmen der Auslandsberichterstattung müssen lange Selektionsketten überwunden werden, was zur Folge hat, dass Auslandsmeldungen stärker in Richtung auf die Nachrichtenfaktoren verzerrt sind als Inlandsmeldungen.

4. *Additivitätshypothese:* Je mehr Nachrichtenfaktoren auf ein Ereignis zutreffen, desto wahrscheinlicher ist es, dass über dieses Ereignis berichtet wird.

5. *Komplementaritätshypothese:* Die Nachrichtenfakoren verhalten sich komplementär zueinander, das Fehlen eines Faktors kann also durch einen anderen Faktor ausgeglichen werden.

Eine wesentliche methodische Kritik der Nachrichtenwertforschung wurde von dem schwedischen Soziologen Karl Eric Rosengren (1970) formuliert. Aussagen über journalistische Selektionskriterien, so Rosengren, können nur dann getroffen werden, wenn man der Realität der Berichterstattung die gesellschaftliche Realität gegenüberstellt. Rosengren forderte daher einen Vergleich der Medienberichterstattung (Intra-Media-Daten) mit amtlichen Quellen und Statistiken bzw. Archiven, die zuverlässige Auskunft über das «tatsächliche» Geschehen geben könnten (Extra-Media-Daten).

Ein Vergleich zwischen der Realität dessen, was wirklich geschehen ist, und der Medienrealität, zwischen Fakten und Fiktionen, so stellte jedoch der Kommunikationswissenschaftler Winfried Schulz (1976) kritisch fest, muss prinzipiell scheitern. Was wirklich geschehen ist, kann mit den Mitteln der Wissenschaft ebenso wenig geklärt werden wie mit Mitteln des Journalismus und bleibt daher eine metaphysische Frage. Jede Beobachtung verfügt nun einmal über ihren spezifischen «blinden Fleck», das heißt: Die Voraussetzungen einer jeden Umweltbeobachtung bleiben im Moment der Beobachtung unsichtbar. Schulz verzichtet daher auch auf einen Vergleich von Intra-Media-Daten und Extra-Media-Daten, weil dies nur auf einen Scheinbeweis hinauslaufen würde. Nachrichtenfaktoren, so folgerte Schulz ähnlich wie bereits Lippmann, beschreiben keine objektiven Eigenschaften der Realität, sondern sind nur journalistische Hypothesen über die Realität – sie sind «operative Fiktionen» (vgl. Schmidt 2000).

5. Probleme der Kommunikationswissenschaft

Der bisher gegebene Überblick über Schwerpunkte der Kommunikationswissenschaft in Forschung und Lehre hat hoffentlich zweierlei deutlich gemacht: (1) Die ständige Abfolge von neuen Themen und neuen Theorien unterliegt einer ständig neuen Kritik, die wiederum neue Themen und Theorien hervorbringt. Dieser ständige Veränderungsprozess mag enttäuschend sein für alle, die ewige Wahrheiten suchen; unseres Erachtens zeugt er von der Lebendigkeit der Kommunikationswissenschaft, die immer wieder auf Veränderungen im Mediensystem sowie auf veränderte Auffassungen von Medien und Kommunikation reagiert. (2) Trotz aller Veränderungen stößt aber die Kommunikationswissenschaft immer wieder auf *vergleichbare Probleme*, die in immer neuen Anläufen wissenschaftlich untersucht und theoretisch modelliert werden:

• Was ist Kommunikation, und wie funktioniert sie?
• Wie haben sich Kommunikation und Medien historisch entwickelt?
• Wie gehen Menschen mit Medien um, und was machen Medien mit Menschen?
• Wie wird der Mensch theoretisch konzipiert und was folgt daraus für seine Funktionen als Kommunikator oder Rezipient?
• Welche Arten von Wirkungen haben Medien(angebote) unterschiedlicher Art?
• Wie ist Kommunikation gesellschaftlich (ökonomisch, politisch, rechtlich) organisiert?
• Was ist unter «Massenkommunikation» zu verstehen?
• Wie sieht Kommunikation mit Hilfe neuer Medien aus? usw.

Mit diesen Fragen sind Grundlagenprobleme der Kommunikationswissenschaft angesprochen, die unseres Erachtens *explizit* behandelt und dargestellt werden müssen, sollen kommunikationswissenschaftliche Theorien nachvollziehbar und beurteilbar sein;

denn jede kommunikationswissenschaftliche Theorie geht von bestimmten – nur oft implizit bleibenden – Antworten auf diese Fragen aus, wie der bisherige Überblick über die Schwerpunkte der Kommunikationswissenschaft in Forschung und Lehre gezeigt hat.

Im Folgenden stellen wir diese Grundprobleme, wie sie aus dem Überblick über die Theorien und Methoden der Kommunikationswissenschaft deutlich geworden sind, noch einmal kurz zusammen, um leichter nachvollziehbar zu machen, welche Position wir im 6. Kapitel hinsichtlich der Behandlung dieser Grundprobleme erarbeiten werden.

• Wie andere Sozialwissenschaften kämpft auch die Kommunikationswissenschaft mit dem Problem *Einfachheit versus Komplexität*. So zeigt etwa die Wirkungsforschung (siehe Kapitel 4.2 bis 4.3) deutlich, dass man mit einfachen, komponentenarmen Modellen und Theorien zwar eindeutige empirische Ergebnisse erzielen kann, dass solche Modelle und Theorien aber der beobachtbaren Komplexität sozialer Verhältnisse kaum angemessen sind. Strebt man theoretisch und methodologisch eine solche Angemessenheit an, dann wird es sehr schwer, eindeutige Ergebnisse zu erzielen. Offenkundige Unergiebigkeit widerstreitet also offenkundiger Unabschließbarkeit.

• Ähnlich wie andere Sozialwissenschaften steht auch die Kommunikationswissenschaft vor dem Problem, eindeutige *Kausalitäten* nachweisen zu können. Auch hier zeigt wieder die Medienwirkungsforschung, dass es kaum gelingt, einen eindeutigen kausalen Bezug zwischen Medienangeboten, ihrer Rezeption und beobachtbaren Folgehandlungen herzustellen, weil einfach zu viele psychische und soziale Einflussfaktoren am Werk sind, die nur schwer isoliert und in ihrer Wirksamkeit bestimmt werden können. Hinzu kommt, dass erfolgte Wirkungen offensichtlich künftige Wirkungen beeinflussen, was dazu führt, dass Wirkungsforscher über keinen stabilen Untersuchungsbereich verfügen und dass ihre Ergebnisse immer schon veraltet sind, wenn sie formuliert werden.

• Kognitive Prozesse sind nicht direkt beobachtbar, und auch Kommunikationswissenschaftler können den Menschen nicht in den Kopf schauen. Daher ist man bei der Erforschung von Kommunikationswirkungen auf die *Beobachtung von Beobachtbarem* (also auf die Beobachtung von Begleit- oder Folgehandlungen) angewiesen, was wiederum schlüssige und fundierte Theorien voraussetzt, die eine Interpretation der beobachteten Wirkungs-*Indikatoren* ermöglichen. Aussagen über Medienwirkungen sind insofern gleichsam immer «über Bande» gespielt, was dann – je nachdem, wie fundiert die zugrunde gelegten Theorien sind – die Zuverlässigkeit der Aussagen erheblich infrage stellen kann.

• Kommunikation kann immer doppelt perspektiviert werden: einmal auf Kognition, zum anderen auf soziale Prozesse und Voraussetzungen (etwa auf «Sinn»). Entsprechend stellt sich einer Kommunikationswissenschaft die (bislang erst in Ansätzen bearbeitete) Aufgabe, das schwierige Zusammenwirken von Kognition, Medien, sozio-kulturellen Voraussetzungen und Kommunikation aufzuklären.

• Kommunikationsprozesse brauchen offensichtlich sozial verbindliche *symbolische Ordnungen*, die sie stabilisieren und damit erwartbar und verständlich machen. Diese Aufgabe übernehmen etwa Gattungen und Darstellungsformen, Erzählmuster, stilistische Schemata, Metaphern usw. Daneben sind im Laufe der Geschichte besondere institutionalisierte Großformen von Kommunikation entstanden, die sich bis heute erhalten haben: Literatur, Journalismus, Werbung und Public Relations. Wie lassen sich solche stabilisierenden sozialen Institutionen in ihrer Entstehung und Wirkung beschreiben oder gar erklären?

• *Medien-* und *Kommunikationsentwicklung* lassen sich nicht voneinander trennen. Jedes neue Medium schafft neue Möglichkeiten der Kommunikation und beeinflusst die bereits vorhandenen. Wie lässt sich dieses Beziehungsgefüge beschreiben? Welche Wirkungen haben die Medien aufgrund ihrer technischen und sozialen Verfasstheit, also ganz unabhängig von der Nutzung ihrer einzelnen Medienangebote?

• Wie verhalten sich Medien und Kommunikation zu der Frage nach der Wahrheit ihrer Darstellungen der Wirklichkeit? Bilden die Medien «die Wirklichkeit» ab, oder erzeugen sie eigenständige Medienwirklichkeiten? Und wie ist in dieser Problematik die Rolle der Journalisten einzuschätzen? Liefert der Journalismus ein objektives Bild der Wirklichkeit, oder sind Journalisten mit dieser Aufgabe völlig überfordert?

Diese grundlegenden Fragen durchziehen die Geschichte der

Kommunikationswissenschaft wie der berühmte rote Faden. Ob in der Journalismus-(Kommunikator-) oder Rezipientenforschung, ob in der Nachrichtenwertforschung oder der Medienwirkungsforschung, ob in der Medientheorie und Mediengeschichtsschreibung, in Theorien der Massenmedien der Neuen Medien: Immer ist danach gefragt, wie man sich die handelnden Akteure vorstellt, welche Vorstellungen von Medien und Kommunikation man vertritt und wie die Beziehung zwischen Denken, Handeln und Kommunizieren in sozialen Kontexten modelliert wird.

In einer Kommunikations*wissenschaft* müssen solche Vorstellungen unseres Erachtens *explizit* dargestellt und diskutiert werden, sollen kommunikationswissenschaftliche Theorien nachvollziehbar und beurteilbar sein. Aus diesen Gründen legen wir im folgenden Kapitel ausführlich dar, welchen Standpunkt wir hinsichtlich der genannten Grundfragen der Kommunikationswissenschaft vertreten. Unser Standpunkt wird vermutlich nicht von allen Fachvertretern geteilt werden. Aber darum geht es nicht; denn wir wollen ja keine Vorschriften machen, *wie* diese Grundfragen beantwortet werden sollen, sondern nur verdeutlichen, *dass* sie in plausibler Weise explizit beantwortet werden müssen, will man Kommunikationswissenschaft betreiben. Bei unserem Antwortversuch stützen wir uns selbstverständlich auf das im Fach bisher erarbeitete und anerkannte Wissen. Wir versuchen darüber hinaus aber auch eine Orientierung am Wissensstand anderer Disziplinen, so etwa an der Kognitionstheorie, der Neurobiologie, der Anthropologie und der Soziologie, um über interdisziplinäre Anstöße «von außen» zu neuen Einsichten bei der Bearbeitung der alten Probleme zu kommen.

Während wir in den ersten vier Kapiteln dieses Buchs versucht haben, die Entwicklung der Kommunikationswissenschaft nachzuvollziehen und ihre Fragestellungen zu systematisieren, konzentrieren wir uns im 6. Kapitel darauf, einige der Grundfragen neu zu bearbeiten, die offenbar zur Erbschaft der Kommunikationswissenschaft gehören. Daneben widmen wir uns der Bearbeitung solcher Probleme, die gelöst werden müssen, wenn sich Kommunikationswissenschaft mit der vollen Breite von Kommunikationsformen (von face-to-face bis interface-to-interface) auseinander setzen will und nicht nur mit massenmedial vermittelten Formen.

Deshalb werden wir in Kapitel 6 auch Themen behandeln, die nicht gerade zum Kernbestand der bisherigen Kommunikationswissenschaft zählen, wie Kognition, Beobachtung oder Kultur.

6. Vorschläge zur Neubearbeitung zentraler Probleme der Kommunikationswissenschaft

6.1 Warum eine Kommunikationstheorie handlungstheoretisch angelegt sein kann

Wie so oft im Leben liegt die größte Schwierigkeit im Anfang: Womit und wie soll man beginnen? Diese Schwierigkeit ist deshalb so groß, weil man mit jedem Beginn oft Fakten setzt, die später schwer zu korrigieren sind. Das gilt auch für eine jede Theoriebildung. Man muss sich für einen Anfang *entscheiden* und wird dann immer feststellen, dass diese Entscheidung in der Folge etwas nützt und etwas kostet. Es gibt keinen voraussetzungslosen Beginn, was bedeutet, dass man sich einerseits auf schon vorhandenes Wissen stützen muss, andererseits viele undurchschaute Vorannahmen machen muss, die später zu Schwierigkeiten führen können. Ebendiese Frage nach dem Nutzen-Kosten-Aspekt begleitet aber nicht nur den Anfang, sondern jeden Schritt im Verlauf einer Theoriekonstruktion. Deshalb müssen wir angemessen darauf achten; denn auch Wissenschaft vollzieht sich bekanntermaßen nicht im luftleeren Raum, sondern unter den stets schwierigen Bedingungen gesellschaftlichen Handelns in konkreten Situationen.

Wir beginnen mit einer Alltagsbeobachtung. Zwei Personen unterhalten sich in einer Hotelhalle über ein bevorstehendes Geschäftsgespräch. Diese von außen beobachtbare Operation nennen wir an dieser Stelle «Kommunikation». Sowohl die Operation, genannt «Kommunikation», als auch die Beobachtung dieser Operation ist gebunden an handelnde Personen, also Aktanten. Aus dieser Startentscheidung folgt: ‹Kommunikation› wird eingeführt als eine Form von Handeln, die von außen beobachtet werden kann.

Man kann bekanntermaßen auch anders anfangen. So konzentriert sich – wie in Kapitel 4.1 bereits erwähnt – etwa Niklas Luhmann als Soziologe in seiner Kommunikationstheorie allein auf

Sinnprozesse, die durch Kommunikation aufgebaut werden, und lässt die Aktanten aus seiner Betrachtung heraus, weil er nur die übergreifenden, sich selbst erzeugenden und ordnenden Sinnzusammenhänge und ihre gesellschaftliche Wichtigkeit untersuchen möchte und nicht, was in den Köpfen der Leute passiert.

Unsere davon unterschiedene Startentscheidung für eine handlungsorientierte Kommunikationstheorie beruht auf drei Argumenten:

• Die Kommunikationswissenschaft versteht sich bis heute als eine erfahrungswissenschaftlich arbeitende (empirische) Sozialwissenschaft, die auch mit Aktanten in konkreten Situationen experimentiert.

• Aus erkenntnistheoretischen Gründen (die noch erläutert werden) vertreten wir die Auffassung, dass Kommunikation als soziales Geschehen sich nicht selbst erzeugt und organisiert, sondern dass dafür Aktanten erforderlich sind.

• Handeln erfolgt in Sinnzusammenhängen und ist auf Sinn ausgerichtet. Anders gesagt: Man handelt, weil ein Handlungsbedarf vorliegt, und um etwas Sinnvolles zu erreichen. Unter beiden Gesichtspunkten ist Handeln notwendig an Sinn und damit an Gesellschaft orientiert, das heißt, beide Aspekte (Handeln *und* Sinn) müssen gleichermaßen berücksichtigt werden.

Wenn man Kommunikation allgemein als Handeln betrachtet, dann manövriert man sich damit in eine für Theoriekonstruktionen typische Situation: Man muss nun als Wissenschaftler genau angeben, was man unter ‹Handlung› versteht, und man muss spezifizieren, welche besondere Form von Handeln Kommunikation ist, da man nicht einfach den einen Begriff durch den anderen ersetzen kann.

Versuchen wir also eine plausible Begriffsbestimmung von ‹*Handeln*›, wobei wir uns an den Vorschlägen von Peter Janick (1997) orientieren:

• Handeln kann man tun oder lassen. Das unterscheidet Handeln von Verhalten, das ganz automatisch passiert (etwa das Zurückzucken der Hand von einem heißen Gegenstand).

• Wenn man Handeln tun oder lassen kann, dann geschieht dies, um etwas Bestimmtes zu erreichen. Handeln folgt also einem (mehr oder weniger bewusst befolgten) Plan. Handeln kann daher gelingen oder misslingen. Und das bedeutet, mit Handlungen kann man Zwecke erreichen oder verfehlen.

Damit gewinnen wir einen ersten definitorischen Zusammenhang zwischen den eingeführten Merkmalen: Handeln ist im Unterschied zu Verhalten oder Reagieren etwas, was man tun oder lassen kann, mit dem man Ziele verfolgt und was deshalb gelingen oder misslingen kann. Aber damit ist ‹Handeln› noch nicht hinreichend bestimmt, weshalb wir vier weitere Merkmale hinzufügen.

• Im Unterschied zum Verhalten kann man zum Handeln auffordern, und man kann dies auch unterlassen.

• Handeln erfolgt nicht voraussetzungslos und formlos, sondern durch Befolgen eines *Handlungsschemas*. Das heißt, wir handeln nicht ständig und unentwegt originär und kreativ, sondern wir handeln, indem wir bestimmte bekannte Schemata (siehe dazu Kapitel 6.4) befolgen, also schematisch geregelte Handlungsmuster (oder Routinen) wie Einkaufen, Kochen, einen Vortrag halten, eine Feier organisieren, mit dem Zug fahren usw. Diese Handlungsschemata sind in Gesellschaften unterschiedlich stark geregelt. Es gibt solche, die sozusagen bis auf Punkt und Komma vorgeschrieben sind, etwa bei bestimmten kirchlichen Riten oder bei gesetzlich geregelten Handlungen wie Eheschließungen oder Gerichtsverhandlungen. Daneben gibt es andere, die leicht variiert werden können (wie etwa Geburtstagsfeiern), oder solche, die nur für bestimmte Amtspersonen gelten (etwa die Amtseinführung eines Bundeskanzlers).

• Handeln ist stets abhängig von *Sinnzusammenhängen*. Man handelt in Bezug auf einen bestimmten Handlungssinn, und dieser Handlungssinn kann erwartet und gewusst, kann erfüllt und auch verfehlt werden. Der handelnde Aktant muss sich im Moment des Handelns nicht etwa dessen bewusst sein, dass er einem Schema folgt oder in Bezug auf einen bestimmten Sinn handelt. Allerdings muss er auf Nachfrage in der Lage sein, sich diese Zusammenhänge bewusst zu machen oder zu artikulieren. Denn sonst müsste man davon ausgehen, dass man bewusstlos handeln oder für seine Handlungen nicht verantwortlich gemacht werden kann. Das aber würde wiederum die Eingangsbedingung verletzen, dass man Handeln tun oder unterlassen kann und dass man im Hinblick auf Zwecke handelt. Damit aber ist Handeln auf Wissensstrukturen und auf kulturelle Zusammenhänge ausgerichtet. Den vollen und genauen Sinn einer Handlung erfasst man nur im Zusammenhang des kulturellen Wissens einer bestimmten Gesellschaft (deutlich bei religiösen Handlungen). Darum ist es schwierig, in einer anderen Kultur angemessen zu handeln, weil man nicht nur die andere Sprache lernen muss, sondern auch die kulturelle Prägung der Erwartungen an bestimmte Handlungen (wie Begrüßungsformen, Tischsitten oder Kontaktanbahnung zwischen Männern und Frauen).

• Damit kommen wir zur letzten definitorischen Bestimmung: Handeln erfolgt immer in *Situationen* (oder Kontexten). Niemand kann situationsfrei handeln. Diese Bindung an Situationen bindet das Handeln an konkrete Umgebungen, an Orte, an Zeiten, an Handlungspartner oder an solche, die in der Handlungssituation anwesend sind. Und alle diese Faktoren üben – wie noch zu zeigen sein wird – Einfluss auf das Handeln aus.

Wir fassen noch einmal zusammen: Handeln kann man tun oder lassen, Handeln kann gelingen oder misslingen, Handeln erreicht oder verfehlt Zwecke. Zum Handeln kann man auffordern oder dies unterlassen. Handeln erfolgt im Rahmen eines sozial geregelten Handlungsschemas. Handeln ist abhängig von Sinnzusammenhängen oder von Kultur (siehe dazu Kapitel 6.5) im weitesten Sinn. Handlungen erfolgen in sinnstiftenden Situationen und sind von außen beobachtbare und Aktanten zugeschriebene Operationen.

Wie schon oben erwähnt, macht es wenig Sinn, Kommunikation einfach mit Handeln gleichzusetzen. Man muss also entsprechende Spezifikationen einführen. Und die wichtigste Spezifikation lautet: Kommunikation ist Handeln mit Hilfe von *Kommunikationsinstrumenten* und mit *Medienangeboten* im weitesten Sinne (s. o.). Unter ‹Kommunikationsinstrumenten› verstehen wir Zeichensysteme wie etwa natürliche Sprachen, aber auch Blindenschrift (Braille) oder Flaggensprachen, die Aktanten zur Kommunikation verwenden. Die dabei jeweils erstellten Äußerungen heißen ‹Medienangebote›, worunter hier also Texte, Hörfunk- oder Fernsehsendungen, Beiträge zu Chats im Internet o. Ä. gefasst werden.

Schon an dieser Stelle sieht man wieder deutlich, dass Kommunikation und Medien, dass entsprechend *Kommunikations*- und

Medientheorie unlösbar miteinander verbunden sind – eine Einsicht, zu der sich das Fach und viele Fachvertreter im Laufe der letzten Jahrzehnte erst mühsam durchringen mussten und noch müssen.

Im Hinblick auf Kommunikationsinstrumente und Medienangebote eröffnet sich nun eine doppelte Beobachtungsperspektive, und zwar einmal auf die materielle Erscheinungsform oder Materialität von Medienangeboten, zum anderen auf das, was man als die Funktion von Medienangeboten bezeichnen kann. Früher wurde diese Differenz mit Bezeichnungen wie ‹Form› und ‹Inhalt› oder ‹Ausdruck› und ‹Bedeutung› bedacht. Wir wählen hier die Begriffe ‹Materialität› und ‹Funktion›, weil sie im wissenschaftlichen Diskurs (noch) nicht so belastet sind wie die anderen Ausdrücke, die wahrscheinlich jeder aus der Schule kennt.

Für die Materialität von Medienangeboten gilt, dass es sich dabei um gesellschaftlich genormte bzw. um konventionell geregelte Einheiten handelt, ob es nun um Signalflaggen, um Morsezeichen oder um Buchstaben und Wörter einer natürlichen Sprache geht. Immer müssen es beobachtbare, gesellschaftlich festgelegte (konventionalisierte) Einheiten mit Zeichenqualität sein (so genannte *semiotische* Materialien).

Auch auf der Funktionsebene können wir zwei unterschiedliche Beobachtungsperspektiven anlegen. (1) Medienangebote werden eingesetzt, um unterschiedliche Systeme (in erster Linie Aktanten und soziale Systeme) miteinander zu *koppeln*. Das ist sozusagen ihre allgemeinste Leistungsbestimmung (s. o.). Aber es geht dabei (2) nicht um jede beliebige Art von Kopplung (sonst wäre jedes Abschleppseil ein Medienangebot), sondern ausschließlich um Kopplung zum Zweck *systemspezifischer Sinnbildung*. Mit anderen Worten: Aktanten oder andere Systeme nutzen Medienangebote, um daraus für sich selber Sinn zu erzeugen, wobei diese Sinnerzeugung wohlgemerkt nicht willkürlich geschieht, sondern sich an sozialen Regeln orientiert.

Fassen wir zusammen: Wir haben auf der Materialitätsebene gesellschaftlich konventionalisierte semiotische Materialien, und wir haben auf der Funktionsebene die Aufgabe der Kopplung von Systemen durch semiotische Materialien zum Zweck systemspezifischer, sozial geregelter Sinnbildung. Es geht also wohlgemerkt nicht um Sinnbildung überhaupt in einem generellen Sinn, sondern um Sinnbildung bezogen auf die spezifischen Möglichkeiten der Systemkopplung durch Medienangebote. Je nachdem, welche Systeme sich miteinander koppeln, und in Hinblick auf welche Funktion die Kopplung erfolgt, ergeben sich auch andere Varianten von Sinn.

Damit kommen wir zu einer ersten *Arbeitsdefinition* bezüglich der theoretischen Modellierung von ‹Kommunikation›: *Es macht Sinn, Kommunikation zu modellieren als einen Prozess spezifischer Systemkopplung, und zwar als Prozess situationsgebundener Rezeptionen und Nutzungen von Medienangeboten zu je systemspezifischen Sinnproduktionen.*[1]

Auf einen besonderen Aspekt möchten wir schon an dieser Stelle nachdrücklich hinweisen. Die Redeweise von *Nutzern* und der systemspezifischen *Nutzung* von Medienangeboten soll von vornherein zweierlei deutlich machen:

• Im Anschluss an die Ergebnisse der Rezeptions- und Wirkungsforschung (siehe Kapitel 4) einerseits, der Neurobiologie und Kognitionsforschung andererseits sehen wir kommunizierende Aktanten nicht als passive Empfänger von Botschaften, die ihnen nach dem Willen des Autors (der Autor-ität!) zugestellt werden und von ihnen gemäß den Autorabsichten zu entschlüsseln und zu befolgen sind. Vielmehr sehen wir sie als selbständig handelnde Menschen, die ein Medienangebot unter ihren eigenen Bedingungen und zu ihren Zwecken nutzen oder dies eben auch unterlassen können.

• Medienangebote transportieren nicht eine ganz bestimmte Botschaft, eine exakt festlegbare Bedeutung oder eine präzise Menge von Informationen, die aus ihnen (s. o.) wie aus einem Behälter herausgenommen werden kann. Vielmehr müssen Medienangebote von Aktanten genutzt, also in deren Lebenszusammenhänge integriert werden, wobei damit zu rechnen ist, dass ganz unterschiedliche Bedeutungszuschreibungen erfolgen und ganz verschiedene Nutzungen eintreten.

Wenn wir diese Annahmen wirklich ernst nehmen, dann räumen

1 Dabei kann es sich um soziale oder kognitive Systeme handeln.

wir den Nutzern viele Freiheiten und selbstverantwortliches Handeln ein. Das macht unsere Menschenbildannahmen vielleicht sehr akzeptabel, verursacht auf der anderen Seite aber erhebliche theoretische Kosten. Wenn wir annehmen, dass Kommunikation kein quasi-automatischer Austausch von Informationen zwischen Sendern und Empfängern ist, wie es lange Zeit und zum Teil noch heute in der Publizistik- und Kommunikationswissenschaft vorausgesetzt worden ist und wird, wie kann dann überhaupt erklärt werden, dass Kommunikation funktioniert? Aber die Situation wird noch schwieriger, wenn wir uns nun – wie oben angekündigt – den unvermeidbaren erkenntnistheoretischen Aspekten von Kommunikationstheorien zuwenden.

6.2 Ein kurzer Ausflug in die Erkenntnistheorie

Schon die griechischen Philosophen Demokritos von Abdera (460–371 v. Chr.) und Pyrron von Elis (360–270 v. Chr.) hatten erkannt, dass wir in der Wahrnehmung nicht hinter die Wahrnehmung (und entsprechend in der Erkenntnis nicht hinter die Erkenntnis) zurückgehen können. Wir können in der Wahrnehmung nicht das Wahrgenommene mit dem noch nicht Wahrgenommenen vergleichen, um zu sehen, ob wir den Tisch «als solchen», das heißt unabhängig von unserer Wahrnehmung, objektiv richtig wahrgenommen haben. Wahrnehmung ist – wie Erkennen, Fühlen oder Denken – gebunden an einen in einer konkreten Situation Handelnden, der seine Umwelt so sieht, wie er sie sieht, der sie sich genau so vorstellt, denkt und verändert, wie er es eben kann und tut. Selbst die Frage, wie «die Welt» an sich, also unabhängig von uns sein mag, können sich nur Aktanten in Diskursen stellen und beantworten.

Leider sind diese wichtigen Einsichten während der Blüte der griechischen Philosophie bei Platon und Aristoteles in Vergessenheit geraten. Statt der Einsicht, dass Wahrnehmender und Wahrgenommenes, Erkenntnis und Erkanntes, Aktant und Umwelt, Sprache und Wirklichkeit nicht einmal theoretisch voneinander getrennt werden sollten, da jede Seite die andere konstituiert, setzte sich nun eine Vorstellung durch, die Subjekt und Objekt, Mensch und Welt, Sprache und Wirklichkeit, Denken und Wahrheit als eigenständige Seinsbereiche voneinander trennte – und sich damit das Problem einhandelte, erklären zu müssen, wie die getrennten Bereiche dann doch wieder miteinander verbunden werden könnten; an diesem Problem mühen sich viele Philosophen noch heute ergebnislos ab.

Wenn wir aber nicht hinter unsere Wahrnehmungen zurückkommen, dann stellt sich die spannende Frage, wie denn diese Wahrnehmung funktioniert. Und darauf haben sowohl Psychologen und Biologen als auch Beobachtungstheoretiker Antworten zu geben versucht.

So haben Gestaltpsychologen wie Wolfgang Metzger oder Wolfgang Köhler schon in den 30er Jahren zeigen können, dass wir ständig mit Hilfe von Unterscheidungen operieren, deren wichtigste die Unterscheidung zwischen Figur und Grund ist. Anders gesagt: Wir können nur etwas *als etwas* wahrnehmen, wenn wir es von etwas anderem unterscheiden können. Dieses Argument ist dann von Beobachtungstheoretikern wie George Spencer-Brown oder Niklas Luhmann erheblich ausgebaut worden zu dem grundsätzlichen Argument, dass wir überhaupt nur mit Unterscheidungen (Differenzen) und deren Benennungen operieren können, nicht mit Identitäten: männlich/weiblich, Mensch/Natur, warm/kalt, drinnen/draußen usw. Im Akt des Unterscheidens können wir nur das Unterschiedene beobachten, nicht aber die Unterscheidung und die bei der Unterscheidung verwendeten Unterscheidungskategorien. Dies ist der so genannte blinde Fleck jeder Unterscheidung, die wir erst in einer anderen Unterscheidung beobachten können, natürlich auf Kosten des blinden Flecks dieser neu(erlich)en Unterscheidung.

Unterscheiden heißt mithin, sich an das Unterschiedene halten und die Unterscheidung übersehen und vergessen. Es scheint uns nur so, dass wir die Dinge selbst wahrnehmen, während wir doch nur den Umgang mit ihnen (gleichsam unsere Verwicklungen mit ihnen) wahrnehmen können, also das, was sie für uns aufgrund unserer Erfahrungen mit ihnen «sind» – was sie «als solche» sind, ist eine unbeantwortbare Frage.

Zu solchen Ergebnissen kommen auch Neurobiologen wie Humberto R. Maturana (1982) oder Gerhard Roth (1994), die un-

Der blinde Fleck

●

Halten Sie das Buch mit der rechten Hand, schließen Sie das linke Auge, und fixieren Sie den Stern mit dem rechten Auge. Bewegen Sie sodann das Buch langsam entlang der Sehachse vor und zurück, bis der Abstand erreicht ist (ca. 30 bis 35 cm), bei dem der große schwarze Punkt verschwindet. Wenn der Stern gut fixiert wird, bleibt der Punkt unsichtbar, auch wenn das Buch langsam parallel zu sich selbst in beliebiger Richtung bewegt wird. Diese lokalisierte Blindheit ist eine direkte Folge des Fehlens von Photorezeptoren (Stäbchen und Zapfen) an dem Punkt der Retina, dem «blinden Fleck», wo alle Fasern von der lichtempfindlichen Schicht des Auges zusammenkommen und den Sehnerv bilden. Es liegt auf der Hand, dass der Punkt, wenn er auf den blinden Fleck projiziert wird, nicht gesehen werden kann. Es ist zu betonen, dass diese lokalisierte Blindheit nicht als dunkle Wolke in unserem visuellen Feld wahrgenommen wird (eine dunkle Wolke sehen würde bedeuten, dass man sie «sieht»), sondern dass diese Blindheit *überhaupt* nicht wahrgenommen wird, d. h. weder als etwas, das gegeben ist, noch als etwas, das fehlt: Wir sehen nicht, dass wir nicht sehen.

Foerster, Heinz von (1993): Wissen und Gewissen. Versuch einer Brücke. (Hrsg. von Siegfried J. Schmidt). Frankfurt am Main: Suhrkamp, 26 f.

ser Gehirn als ein höchst komplexes System miteinander vernetzter Funktionseinheiten beschreiben, das zwar offen ist für die Zufuhr von Materie und Energie, hingegen geschlossen ist, was seine Operationsweise betrifft (sog. operationale Geschlossenheit). Das Gehirn, so belehren uns die Neurobiologen, kann nur mit seinen eigenen Zuständen umgehen. Die Umwelt strömt nicht etwa über die Sinnesorgane wie in Kanälen in das Gehirn ein. Vielmehr ist es ausschließlich das Gehirn (als neuronales System), das die rein quantitativen Inputs der Sinnesorgane aus der Umwelt in *für uns sinnvolle* Bewusstseinszustände umwandelt. *Wir sehen nicht mit den Augen, sondern mit dem Gehirn.*[2]

Was folgt aus diesen hier nur kurz skizzierten Annahmen beim gegenwärtigen Wissensstand? Die weitestgehende Konsequenz lautet, dass jeder von uns in seiner eigenen Wirklichkeit lebt, die durch die Gesamtheit aller seiner Handlungen und Erfahrungen mit anderen und mit der Umwelt im gesellschaftlichen Zusammenhang entsteht. Diese Wirklichkeit entsteht zwar notwendigerweise im Kopf und Körper der einzelnen Aktanten, aber dies geschieht unter Verwendung vieler gesellschaftlicher Instrumente (Sprache, gemeinsames Wissen, Schemata, Kultur), die dafür sorgen, dass die Wirklichkeiten der Aktanten sich so weit ähneln, dass die Aktanten in einem hinreichenden Maß miteinander handeln und kommunizieren können. Und hierfür ist in erster Linie die Sozialisation der Aktanten verantwortlich.

6.3 Die Bedeutsamkeit sprachlicher Sozialisation

In den Kopf eines anderen kann keiner hineinsehen, seine Gedanken kann keiner lesen. In den Kopf eines anderen kann auch niemand direkt eingreifen, um ihn nach seinen Wünschen zu steuern – Diktatoren und Gehirnwäscher versuchen es leider immer wieder. Bedeutungen oder Informationen kann es nur im Kopf und im Bewusstsein jedes Einzelnen geben. Darum können sie auch nicht aus dem Kopf hinaustransportiert und in Kommunikationen übertragen werden. Was unseren Körper beobachtbar verlässt, sind allein Medienangebote unterschiedlicher Art (z. B. sprachliche Äußerungen oder körpersprachliche Signale). In der Kommunikation, also in den beobachtbaren kommunikativen Handlungen, die wir mit Hilfe von Medienangeboten miteinander vollziehen, kommen also streng genommen keine Bedeutungen, Gedanken oder Informationen vor, sondern allein *semiotische Materialien*. Wir alle

2 Zu Einzelheiten siehe Schmidt (1989).

153

haben von Kindesbeinen an gelernt, durch unsere Nutzung dieser Materialien Bedeutungen, Gedanken oder Informationen in unserem Kopf zu erzeugen. Zwar unterstellen wir, dass beim Kommunizieren von allen auch mitgedacht wird oder dass sich Mitteilungen auf Gedanken oder Meinungen beziehen – aber dies ist nicht mehr als eine schonende Fiktion, die unseren Narzissmus befriedigt. Denn wir können diese Unterstellung nie überprüfen; fragen wir, woran der Kommunikationspartner beim Reden denkt, dann kann er uns nur Rede anbieten und keine Gedanken.

Schon aus diesen wenigen Hinweisen wird deutlich, wie bedeutsam historische Prozesse sind, und zwar geschichtliche Prozesse für ganze Gesellschaften und biographische Prozesse für einzelne Aktanten. Von der Geburt an werden wir als Kinder in eine bestimmte gesellschaftliche Praxis eingebunden, ja man könnte fast sagen: ein-gelebt. Dabei lernen wir als Kind, uns angemessen sozial zu verhalten. Zu diesem Sozialverhalten gehören aus der Sicht eines Beobachters zwei Komponenten, eine sprachliche und eine nicht-sprachliche. Im Erleben eines Kindes bilden diese eine Einheit, die erst im Laufe der Jahre in eine sprachliche und eine nicht-sprachliche Komponente zerteilt wird. Insofern lernt ein Kind nicht seine Muttersprache (so wie es später weitere Sprachen erlernen kann), sondern es erlernt erfolgreiches Sozialverhalten, an dem es erst spät symbolische (sprachliche) und nicht-symbolische Handlungsweisen unterscheiden lernt. In dem Moment, in dem es diese Unterscheidung treffen kann, ist es aber schon «in Sprache und in Geschichten verstrickt», wie der Philosoph Wilhelm Schapp plastisch formuliert hat. Ab diesem Zeitpunkt kann es (nur noch) in der Sprache über die Sprache sprechen, in der Kommunikation über Kommunikation kommunizieren, wobei alle gesellschaftlich gültigen symbolischen Ordnungen (siehe dazu Kapitel 6.5) zum Tragen kommen. Dann hat das Kind aber schon gelernt, wie man mit sprachlichen Materialitäten sozial erfolgreich umgeht; denn im Laufe der Sozialisation erlernt es in prototypischen Situationen nicht etwa den Gebrauch von Bedeutungen, sondern den Umgang mit dem, was es an seinen Vertrauenspersonen beobachten kann: den gesellschaftlich geregelten Gebrauch von Sprachmaterial. Es gewöhnt sich alle möglichen Routinen und Strategien an, um den Gebrauch von semiotischen Materialien auf Erfolg oder Misserfolg hin zu beurteilen. Wenn wir als Kind sprechen gelernt haben, also sprechen können, dann haben wir in einer nie mehr hintergehbaren Weise die Fähigkeiten erworben, die uns für erfolgreiches Handeln in unserer Gesellschaft qualifizieren. Wer einmal sprechen kann, der spricht in einer bestimmten Weise in einer bestimmten Gesellschaft aufgrund bestimmter kultureller Voraussetzungen in bestimmten Situationen. Alle diese Voraussetzungen gehen aber sozial erfolgreichem Sprechen voraus und sind von uns nur in sehr begrenztem Maß einzuholen oder gar zu korrigieren. Anders gesagt: Die einzelnen Aktanten kommen in Bezug auf ihre Muttersprache immer schon zu spät. Sie können nicht entscheiden, ob sie diese Sprache und die mit ihr unlösbar verbundenen sozialen und kulturellen Ordnungen und Ausdrucksmöglichkeiten erwerben und nutzen wollen oder nicht. Aber es bleiben noch genügend Freiheiten, im Rahmen der Muttersprache kreativ mit ihr umzugehen, wie uns vor allem die Dichter immer wieder zeigen.

Die von Philosophen lange bearbeitete Frage, ob wir ohne Sprache denken können, lässt sich jetzt leicht beantworten. Eine Sprache erlernt und beherrscht man nur, wenn man kognitiv dafür «ausgerüstet» ist. Und wenn in einem Kind, das eine Sprache beherrscht, kognitive Operationen ablaufen, dann können diese nicht von Sprache getrennt werden. Wie in der Wahrnehmung arbeiten wir auch in der Sprache mit Unterscheidungen. Sprache kann ganz allgemein als ein System von Zeichen zur Benennung von Unterschieden beschrieben werden, die einen Unterschied machen, wie der amerikanische Psychologe und Ethnologe Gregory Bateson schon in den 40er Jahren formuliert hat. Das gilt von der Ebene der kleinsten Bestandteile, der Laute, bis hin zu Wörtern, Sätzen und Texten.

Gegenüber diesem Zeichenaspekt der Sprache muss nun wieder der *Handlungsaspekt* deutlich betont werden, um nicht den Eindruck zu erwecken, die Sprache spräche sich selbst. Sprachwissenschaftler und Sprachphilosophen wie Kenneth L. Pike, Ludwig Wittgenstein, John L. Austin oder John Searle haben daher eine Handlungstheorie der Sprache entworfen, die als *Sprechakttheorie* bezeichnet wird. Ihnen geht es um die Frage, was wir mit den Mitteln der Sprache *tun*. So lautet ein berühmter Buchtitel von Austin *How to do things with words*. Wittgenstein hat von «Sprachspielen» gesprochen, Siegfried J. Schmidt von «Kommunikativen Handlungsspielen», um darauf hinzuweisen, dass es soziale Regeln für die Teilnahme an Kommunikation gibt, die darüber entscheiden, wer mit wem wie lange und wie oft über bestimmte Themen reden kann, darf oder soll – und wer wann zu schweigen hat. So gibt es soziale Regeln, nach denen erwartet wird, dass man meint, was man sagt (also aufrichtig ist); dass das Gesagte wahr sein soll; dass man Anspruch auf Verstehen und Akzeptanz des Gesagten erhebt; dass man dem anderen Kommunikationsfähigkeit einräumt und dass die Kommunikationspartner einander unterstellen, dass sie sich auf ähnliches Wissen und auf ähnliche Wirklichkeitsvorstellungen beziehen (Paul Grice).

Die Unterscheidung zwischen Zeichen und Handlung kann im Licht der oben skizzierten Sozialisationstheorie zur Präzisierung einer zweiten wichtigen Unterscheidung genutzt werden, und zwar zur Unterscheidung zwischen *Rezeption* und *Nutzung* (s. o.). ‹Rezeption› bezeichnet den kognitiven Prozess der Zuordnung einer Lesart zu einem Medienangebot im Verlauf der Wahrnehmung. Da, wie wir erläutert haben, der Umgang mit semiotischen Materialitäten gesellschaftlich konventionell geregelt ist und in Sozialisationsprozessen verbindlich eingeübt wird, ist trotz kognitiver Autonomie von Aktanten damit zu rechnen, dass sie einem Medienangebot in der Rezeption vergleichbare Bedeutungen zuordnen – anders wäre Kommunikation gar nicht zu erklären.

Vergleichbarkeit der Rezeption sagt aber noch gar nichts aus über die Nutzung von Medienangeboten durch Aktanten, die nicht nur vom Medienangebot abhängt, sondern von allen möglichen biographischen, situativen, emotionalen und normativen Einflussfaktoren. Darum ist Rezeption in normalen Fällen in bestimmten Bandbreiten voraussagbar und daher kalkulierbar, was bei Nutzungsmöglichkeiten sehr viel schwieriger und unwahrscheinlicher ist.

Mit der Unterscheidung Rezeption/Nutzung wird einer Einseitigkeit vorgebeugt, die bereits angesprochen worden ist: Wir müssen Medienangebote wie Aktanten gleichermaßen ernst nehmen. Ohne Medienangebote weder Rezeption noch Nutzung, ohne Rezeption und Nutzung brauchen wir keine Medienangebote.

6.4 Ohne Schemata kein Denken, Reden und Handeln

Mit diesen Überlegungen stoßen wir erneut auf einen Gesichtspunkt, der bereits in verschiedenen Varianten vorgekommen ist, nämlich auf die bedeutsame Rolle, die kognitive und soziale *Regeln, Schemata* und *gemeinsames Wissen* für das Zustandekommen und den Erfolg von Kommunikation spielen.

Im kognitiven Bereich unterscheidet man zwischen angeborenen und erworbenen Schemata. Die erworbenen Schemata bilden sich durch wiederholte und mit anderen erfolgreich geteilte Erfahrungen heraus. Beide Arten von Schemata dienen dem Zweck, Komplexität zu vermindern, indem beim Wahrnehmen, Vorstellen und Denken eine Fülle von Einzelheiten sofort unter ein einfaches Muster gebracht wird. Es gibt Schemata für räumliche und zeitliche Ordnungen, für Objekte, Handlungen und Gefühle. Wir wissen, was «ein Bahnhof ist», auch ohne uns jede der tausend Einzelheiten eines solchen komplexen Bereichs vor Augen führen zu müssen; wir nehmen eine Unmenge von Details auf einen Blick als «Baum» wahr; wir wissen, wie ein Einkauf im Supermarkt vom Eingang bis zur Kasse abläuft, und wir wissen, welche Gefühle wir bei Hochzeiten oder Beerdigungen zeigen dürfen.

Schemata sind uns nur zum Teil bewusst und auch nur teilweise sprachlich ausdrückbar, so zum Beispiel Gefühlsschemata. Sie verbinden stets kognitive, emotive und normative Aspekte miteinander, was man etwa an so vielschichtigen Schemata wie «Heimat», «Ausländerfeindlichkeit» oder «Selbstverwirklichung» beobachten kann.

Schemata sind offenbar in Netzwerken miteinander verbunden, die kognitive Bereiche gliedern und effizient machen, so etwa Gestaltschemata für die Wahrnehmung, Ablaufschemata für Handlungen und eben auch Schemata für die Kommunikation. Durch die allmähliche Entstehung und die ständige Bestätigung solcher Schemata im sozialen Kontakt verlässt sich jeder Einzelne darauf, dass auch alle anderen kognitiv so handeln wie er oder sie selbst und also auch erwarten können, dass man solches von ihnen erwartet. Dieses gemeinsam geteilte und gegenseitig unterstellte Wissen bzw. diese *Erwartungs-Erwartungen* ermöglichen Gemeinsamkeit bzw. Intersubjektivität des sozialen Handelns der einzelnen Aktanten.

Vor allem im Umgang mit Medienangeboten spielen Schemata eine wichtige Rolle. Sie bilden gleichsam die Operationspläne oder Prozessszenarien für alle Arten des Umgangs mit Medienangeboten von der Herstellung und Verbreitung bis zur Nutzung und Verarbeitung. Im Verlauf seiner Erziehung lernt das Kind, welches Medienangebot unter der Bezeichnung «Märchen», «Geschichte», «Gebet» oder «Comic», «Rätsel» oder «Kindersendung» zu erwarten ist und wie man damit umgeht. Das heißt im Einzelnen: Das Kind lernt, welche Erzähl- oder Darstellungsformen typisch für solche Medienangebote sind, welche Themen dort in aller Regel behandelt werden, ob es sich um wahre oder bloß fiktive Aussagen handelt, ob diese Medienangebote zur Unterhaltung, zur Information oder zur Erbauung genutzt werden usw. Solche Schemata werden als *Mediengattungen* (bzw. Medien-Gattungsschemata) bezeichnet, wobei man zwei Gesichtspunkte unterscheiden muss: zum einen die Namen für Mediengattungen (Gattungsbezeichnungen), zum anderen die kognitiven Schemata, die mit diesem Namen verbunden sind (Gattungsschemata). Obwohl anzunehmen ist, dass Gattungsschemata wie Gattungsnamen von Individuum zu Individuum verschieden sind, weil sich die Sozialisationsgeschichten und die Lebensläufe aller Aktanten voneinander unterscheiden, wird durch den ständigen Abgleich der kognitiven und kommunikativen Operationen in der sozialen Interaktion und Kommunikation, durch Erfahrungen des Gelingens oder Misslingens von Kommunikation eine vergleichbare Wissens- und Erwartungsgrundlage zwischen den Aktanten geschaffen. Produzenten von Medienangeboten glauben daher zu Recht zu wissen, was ihre Rezipienten unter ‹Leitartikel›, ‹Krimi›, ‹Western›, ‹Roman› oder ‹Brief› «verstehen» und wie die Exemplare solcher Gattungen auszusehen haben. Und da die Mediennutzer unter solchen Gattungsnamen im Großen und Ganzen vergleichbare Medienangebote vorfinden, bestätigen sich die Erwartungen auf beiden Seiten und verfestigen sich zu Selbstverständlichkeiten.

Hochgradig schematisiert sind auch die Medienangebote, die im Journalismus erzeugt werden. Insgesamt lassen sich hier lediglich sechs so genannte *Darstellungsformen* unterscheiden:

- im Bereich der Nachrichtendarstellung: Meldung und Bericht,
- im Bereich der Meinungsdarstellung: Kommentar und Glosse,

- im Bereich der Unterhaltungsdarstellung: Reportage und Feature.

Über diesen Darstellungsformen lassen sich aber so genannte Makro-Schemata beobachten, die als *Berichterstattungsmuster* bezeichnet werden. Das wichtigste und bis heute gepflegte Muster ist der so genannte Informationsjournalismus, der sich auf die Norm objektiver Berichterstattung beruft und daraus das Berufsethos der Journalisten ableitet. Zahlen, Bilder, Fakten bestimmen das Wirklichkeitsmodell, das hinter dieser längst als illusorisch erkannten Berufsideologie steht und das noch heute von den markigen Sprüchen des *Focus*-Herausgebers wiederholt wird: «Fakten! Fakten! Fakten!»

Neben diesem Berichterstattungsmuster haben sich andere Muster herausgebildet; so der Präzisionsjournalismus, der die genauen Hintergründe von Ereignissen zu ermitteln versucht; der Enthüllungsjournalismus, den in Deutschland vor allem DER SPIEGEL pflegt; oder auch der Sensationsjournalismus, der sich auf Affären, Skandale und Katastrophen konzentriert.

Tabelle 6 : Berichterstattungsmuster im Journalismus

Kriterium	Informations-journalismus	Sozialwissenschaft-licher Journalismus	Interpretativer Journalismus	Investigativer Journalismus	«Neuer» Journalismus
1. Rollenbild	Vermittler	Forscher	Erklärer	Wachhund/Anwalt	Unterhalter
2. Primärfunktion	Information	Information	Meinungsbildung	Kontrolle/Kritik	Unterhaltung/Kritik
3. Relevanz	Primärrolle	Sekundärrolle	Sekundärrolle	Sekundärrolle	Sekundärrolle
4. Medientyp	etabliert	etabliert	etabliert	alternativ/etabliert	etabliert/alternativ
5. Berufsrollen	Redakteur (Journalist)	Reporter/Wissenschaftler	Reporter	Reporter	Reporter/Autor
6. Kompetenzanforderungen (theoretisch)	niedrig	hoch	mittel	hoch	mittel
7. Autonomievorgaben	gering	groß	mittel	groß	mittel
8. Rollenwahrnehmung	neutral-passiv/unparteilich	neutral-aktiv/unparteilich	engagiert	engagiert/parteilich	engagiert
9. Faktenpräsentation	«objektiv»	«objektiv»	subjektiv	subjektiv	subjektiv
10. Darstellungsformen	standardisiert	offen/standardisiert	offen	offen	offen (fiktiv)
11. Berufsethik	technisch	wissenschaftlich	individuell	individuell	individuell
12. Fokus	ökonomische Logik	Validität	Publikum	politisches System	Darstellung (Stil)
13. Validität	gering	groß	mittel	gering	gering

Quelle: Weischenberg (1983:359)

Wie diese kurze Darstellung gezeigt hat, machen wir im Denken und Sprechen (meist unbewusst) Gebrauch von vielen Schemata mit unterschiedlichen Reichweiten und Bedeutungen. Unsere erfolgreiche Teilnahme an Kommunikationsprozessen setzt voraus, dass wir gelernt haben, wie man in bestimmten Kommunikationszusammenhängen (Diskursen) erfolgreich Beiträge zu bestimmten Themen leistet; welche Beiträge in welchen Situationen erwartet werden und welche ausgeschlossen sind; welche Spezialausdrücke und stilistischen Formen angemessen sind usw. Wir unterstellen, dass alle wissen, dass in einer Predigt keine schmutzigen Witze gerissen werden dürfen, dass man im Vorstellungsgespräch nicht pausenlos über die letzten Fußballergebnisse plaudern darf oder dass wissenschaftliche Referate hohe Anforderungen an den präzisen Gebrauch der jeweiligen Fachsprache stellen. Und weil wir dieses *unser* Wissen als gemeinsam geteiltes (sog. kollektives) Wissen allen anderen Kommunikationsteilnehmern unterstellen, kann Kommunikation auch zwischen kognitiv autonomen (weil operativ geschlossenen) Systemen wie Aktanten erfolgreich sein.

6.5 Die Ordnung symbolischer Ordnungen: Kultur

In der bisherigen Argumentation haben wir die Meinung vertreten, dass unsere Wahrnehmung und unser Denken organisiert wird über das Management von Unterscheidungen und deren Benennungen. Dabei spielt die Sprache als Instrument der dauerhaft erfolgreichen Benennung gesellschaftlich wichtiger Unterscheidungen eine zentrale Rolle. Die gesellschaftlich wichtigen Unterscheidungen betreffen die Lebens- und Handlungsbereiche, in denen Gesellschaften dauerhafte Problemlösungen erarbeiten müssen für Fragen wie:
- Wie gehen wir mit der Natur bzw. der Umwelt um?
- Wie gehen wir mit anderen Aktanten um?
- Wie werden der Ausdruck und die Bedeutsamkeit von Gefühlen gesellschaftlich geregelt?
- Welche Normen bestimmen gesellschaftliches Handeln?

Die auftretenden Probleme werden unseres Erachtens dadurch lösbar, dass sie mit Hilfe von Unterscheidungen beobachtet werden, die ein für jede Gesellschaft typisches Kategoriensystem ergeben. Typische Unterscheidungen in Bezug auf die Umwelt sind etwa außen/innen, nützlich/schädlich, freundlich/feindlich usw.; in Bezug auf Handlungspartner Unterscheidungen wie männlich/weiblich, alt/jung, mächtig/machtlos, schön/hässlich usw.; in Bezug auf Gefühle Liebe/Hass, Trauer/Freude, Wut/Mitleid usw.; und in Bezug auf Normen gut/böse, erlaubt/verboten, richtig/falsch usw.

Da solche Unterscheidungen nicht für sich allein bestehen, entsteht in der Entwicklung der jeweiligen Gemeinschaft oder Gesellschaft ein Netz von Unterscheidungen und Beziehungen zwischen diesen Unterscheidungen. So kann etwa die Unterscheidung alt/jung mit der Unterscheidung schwach/stark, krank/gesund oder klug/dumm, aber auch mit der Unterscheidung mächtig/machtlos verbunden werden. Wichtig ist nun, dass jede Unterscheidung und jede Kombination, die in ihrer Gesamtheit das *Wirklichkeitsmodell* einer Gesellschaft ausmachen, wiederum emotional und normativ besetzt ist und automatisch nach ihrer lebenspraktischen Bedeutung bewertet wird; denn von ihrer gesellschaftlich richtigen Handhabung hängt alles für die einzelnen Aktanten ab. Nur wer im Hinblick und im Vertrauen auf die Gültigkeit dieses Wirklichkeitsmodells handelt und dies auch bei (allen) anderen unterstellt, ist Mitglied dieser Gesellschaft. Aus diesem Grund brauchen Gesellschaften nicht nur ein Wirklichkeitsmodell, sondern auch ein akzeptiertes und für alle Gesellschaftsmitglieder verbindliches Programm der Verwendung solcher Unterscheidungen und ihrer Bedeutungshaftigkeit. Sie brauchen, könnte man kurz sagen, ein Programm der gesellschaftlichen Bedeutungszuschreibung (oder Semantik) für ihr Wirklichkeitsmodell.

Dieses Programm nennen wir Kultur. Bewusst verwenden wir diesen Begriff in einer weiten und neutralen Weise und nicht, wie es meistens geschieht, in einer normativen Weise, die ihn auf die Bezeichnung von so genannter Hochkultur begrenzt. Unseres Erachtens gibt es keine Gesellschaft ohne Kultur und keine Kultur ohne Gesellschaft. Es gibt keine Kultur und Gesellschaft ohne Aktanten, die sich auf das Wirklichkeitsmodell beziehen und das Kulturprogramm anwenden und umgekehrt. Durch die Anwendung des Kulturprogramms entstehen diejenigen Gegebenheiten, die als kulturelle Leistungen einer Gesellschaft angesehen werden: Riten, Mythen und Religionen; Kunstwerke und Bauwerke; Wissenschaft, Dichtung und Philosophie, aber auch Mode und Essensgewohnheiten, Formen des Sports, des Geschäftemachens und so weiter. Und da diese Ergebnisse der Kulturanwendung als kulturelle Phänomene akzeptiert werden, bestätigen sie wiederum das Programm ihrer Erzeugung. Darum bilden Wirklichkeitsmodelle und Kulturprogramme notwendigerweise einen sich selbst tragenden und begründenden Zusammenhang von Sinnprozessen, der Gesellschaften und ihre Aktanten von der Umwelt abkoppelt und autonom macht. «Die Wirklichkeit» steht uns nicht als eine fertige objektive Gegebenheit gegenüber oder bildet den räumlichen Rahmen für unsere Tätigkeiten; sondern Wirklichkeit entsteht durch unsere Aktivitäten, die sich ständig auf sich selbst beziehen, sich bestätigen oder verändern und dadurch Wirklichkeit allererst als sinnvolle Erfahrungswirklichkeit hervorbringen. *Wir leben*, wie Humberto R. Maturana einmal gesagt hat, *unsere Wirklichkeiten*.

Mit Hilfe ihres Kulturprogramms, dessen Anwendung (zumindest in Teilen) in langen *Sozialisationsprozessen* verbindlich eingeübt wird, löst eine Gesellschaft zwei ihrer wichtigsten Probleme: *Reproduktion* und *verbindliche Orientierung*. Das Kulturprogramm, dessen Verbindlichkeit nicht infrage gestellt werden kann, sichert Gesellschaften Identität und Dauer, das heißt, die Gesellschaft kann sich reproduzieren. Und über die verbindliche Anwendung des Kulturprogramms werden die Handlungsmöglichkeiten der Aktanten begrenzt und bestimmt. Kultur als unsichtbares *Programm* kontrolliert die Aktanten und sorgt so dafür, dass die kognitiv abgeschlossenen Aktanten durch Verpflichtung auf dieses Programm hinreichend ko-orientiert werden, um trotz ihrer Abgeschlossenheit erfolgreich mit anderen interagieren und kommunizieren zu können. So ist also zwar *der* Mensch Schöpfer aller Kultur, aber zugleich gilt, dass *die* Menschen Geschöpfe einer je besonderen Kultur sind.

Da Kulturen als Programme der Beobachtung weitgehend entzogen sind, entsteht für die Anwender der zwingende Eindruck, «seine Kultur» sei «natürlich» die richtige und die beste. Damit wird einerseits die Identität einer Gesellschaft gestärkt, andererseits eine kulturelle Überheblichkeit nahe gelegt, die alle anderen Kulturen als geringwertiger ansieht – zu welchen Exzessen des europäischen Imperialismus, Rassismus und Fundamentalismus das in der Geschichte geführt hat, ist uns allen leider nur zu gut bekannt.

Kulturprogramme müssen einerseits stabil sein, um ihre Verbindlichkeit zu bewahren. Andererseits ist es unvermeidbar, dass bei den individuellen Anwendungen Abweichungen auftreten, die sich längerfristig zu Wandlungsprozessen aufschaukeln können. Darum sind Kulturprogramme im Moment der Anwendung lernunwillig, auf die Dauer gesehen aber durchaus lernfähig bzw. dynamisch.

Kulturprogramme bestehen in der Regel aus miteinander verschalteten Teilprogrammen. Vor allem funktional differenzierte Gesellschaften, in denen sich zur Erfüllung gesellschaftlich wichtiger Fragen eigenständige Sozialsysteme (wie das Wirtschaftssystem, das politische System, das Erziehungssystem, das Wissenschaftssystem usw., s. o.) herausgebildet haben, entwickeln für jedes dieser Teilsysteme eigenständige Kulturprogramme. Je weiter die Ausdifferenzierung fortschreitet, desto schwieriger wird das Verhältnis zwischen den einzelnen Teilprogrammen. Schon seit langem kann man daher die Frage stellen, ob es überhaupt noch so etwas wie eine homogene Kultur einer Gesellschaft geben kann, also zum Beispiel «die» deutsche oder «die» französische Kultur.

6.6 Keine Kultur ohne Medien, keine Medien ohne Kultur

Jede Herstellung und Nutzung von Medienangeboten, sei es in natürlicher Sprache oder unter Zuhilfenahme von Medientechnologien, beruht auf dem kollektiven Wissen, was jedem Gesellschaftsmitglied im Wirklichkeitsmodell sowie in den Kulturprogrammen seiner Gesellschaft zur Verfügung steht. Durch ebendiese Inanspruchnahme bei der Kommunikation mit Hilfe von Medienangeboten werden Wirklichkeitsmodelle und Kulturprogramme zugleich vorausgesetzt, in Anspruch genommen und bestätigt. Darum besteht ein unlösbarer Zusammenhang zwischen Medien, Kultur und Wirklichkeit.

Je mehr Medien (siehe dazu Kapitel 6.8) in einer Gesellschaft genutzt werden, desto mehr Beobachtungsmöglichkeiten werden nutzbar. Indem die Medien alles und jedes beobachten und indem sich die Medien gegenseitig beobachten, werden auch die Kulturprogramme in allen sozialen Systemen zum Gegenstand der Beobachtung und des Vergleichs. Und dabei tritt für jeden offen zutage, dass die Problemlösungen, die in jedem Bereich entwickelt worden sind, sozial und historisch bedingt sind und auch anders hätten ausfallen können. Kulturprogramme werden mithin in ihrer *Kontingenz* erfahrbar und beobachtbar. Damit aber wird die intuitive Sicherheit jeder Gesellschaft und jeder Kultur erschüttert, und diese Erschütterung wirkt umso einschneidender, je näher die Gesellschaften und Kulturen aneinander rücken. Das stellt vor allem Gesellschaften der «Dritten Welt», die in ihrer Entwicklung auf postmodernes Kultur-Patchworking der «Ersten Welt» noch überhaupt nicht vorbereitet sind, vor große Probleme. Christliche und islamische Fundamentalisten verschließen vor dieser Entwicklung die Augen und beharren wahrscheinlich gerade deshalb umso trotziger auf der Überlegenheit der eigenen Kultur. Viele erfahren diese Entwicklung als Wertezerfall, als Kulturkrise und Erschütterung aller Sicherheiten und Überzeugungen.

Gerade auch in der Kommunikationswissenschaft sind Aspekte der Identität und Differenz von Kulturen aus drei Gründen zu einem wichtigen Problem geworden:

• Viele Gesellschaften, so auch Deutschland, haben in den letzten Jahren zum Teil erhebliche Zuwanderungen aus anderen Kulturen aufgenommen und stehen nun vor dem Problem: Integration oder Ausgrenzung (Stichwort: *multikulturelle* Gesellschaft).

• Die durch die neuen Medien ermöglichte Globalisierung des Handels und der Kommunikation hat dafür gesorgt, dass heute fast keine Gesellschaft mehr in einer *splendid isolation* leben kann, sondern sich auf vielfältige Weise mit anderen Gesellschaften und Kulturen beschäftigen muss. Dabei wird – von der Werbung bis zur Politik (und hier: bis zum Krieg) – immer deutlicher, dass diese Beschäftigung massiv von kulturellen Faktoren beeinflusst wird (Stichwort: *Interkulturalität*).

• In den letzten Jahren mehren sich die Anzeichen, dass jenseits der national bestimmten Kulturen kulturelle Muster und Erscheinungsformen entstehen, die nicht mehr aus der Anwendung eines festen und in sich geschlossenen Kulturprogramms resultieren, sondern – wie etwa die Popmusik – über die Medien global «flot-tieren», sich rasch wandeln, begierig Versatzstücke aus verschie-densten Kulturprogrammen in sich aufnehmen und (vorwiegend nach aufmerksamkeitsökonomischen Grundsätzen) «sampeln» (Stichwort: *Transkulturalität*).

Kultur, so kann und muss man heute feststellen, ist *Medienkul-tur*, in der Medien zu unseren alltäglichen Instrumenten der Wirk-lichkeitskonstruktion geworden sind. In hohem Maß benutzen wir alle die Wirklichkeitsdarstellungen, die wir in den Medien finden, um daraus unsere eigenen Wirklichkeiten zu erstellen und zu deu-ten. Und weil wir wissen, dass auch alle anderen so verfahren, weil sie in einer Mediengesellschaft aufgewachsen sind und auf die Nutzung der endlosen Flut von Medienangeboten angewiesen sind, wissen wir heute, dass jeder von uns seine Wirklichkeit kon-struiert, indem er kollektives Wissen aus Kommunikation und Kultur als Instrumente einsetzt. Damit aber wird die alte Vorstel-lung von einer einheitlichen Wirklichkeit ersetzt durch die Erfah-rung einer Vielzahl von Wirklichkeiten, die noch einmal ergänzt werden durch die technischen Möglichkeiten der Simulation und Virtualisierung von Wirklichkeiten in Cyberspaces (siehe dazu Ka-pitel 8).

Die Gesellschaft als Ganzes wird dadurch vollständig unbeob-achtbar, keiner kann sie noch ganz übersehen oder gar steuern. Darum wird vor allem das Geschäft der Politiker immer schwerer; denn es gibt keine Patentrezepte und keine Globalstrategien mehr. Böse Zungen behaupten deshalb, der Grundsatz der gegenwärtigen und künftigen Politik könne nur lauten: Durchwursteln *(muddling through)*. Ob dies angesichts der Aufgaben, die durch Schlagworte wie «Globalisierung» und «Weltgesellschaft» angedeutet sind, eine tragbare Lösung ist, muss wohl dahingestellt bleiben.

6.7 Verstehen verstehen

Wie ‹Sprache› ‹Kommunikation›, ‹Kultur› oder ‹Medium› gehört auch ‹Verstehen› zu den grundlegenden Konzepten der Kommuni-kationswissenschaft, die scheinbar jeder versteht und die doch je-der unterschiedlich verwendet. Auch hier ist also eine kommunikationswissenschaftliche Begriffsklärung unerlässlich, die den Zusammenhang zwischen diesen Konzepten zu klären versucht.

‹Verstehen› bezieht sich offenbar auf zwei verschiedene Prozesse: einmal auf das, was *innerhalb* kognitiver Systeme passiert, zum anderen auf etwas, was *zwischen* kommunizierenden Systemen geschieht. Im Folgenden sollen diese beiden Prozesse als kognitives Verstehen bzw. als soziales Verstehen bezeichnet und deutlich voneinander unterschieden werden.

Als *kognitives Verstehen* bezeichnen wir den Rezeptionsprozess, der im Kopf eines Aktanten abläuft, wenn er ein Medienangebot wahrnimmt und den wahrgenommenen Komponenten Lesarten oder Bedeutungen zuordnet. Dieser Prozess wird terminologisch als *Kommunikatbildungsprozess* bezeichnet (Schmidt 1980). Rezipienten halten ein Medienangebot dann für «verstanden», wenn dieser Prozess der Bedeutungskonstruktion im Verlauf der Wahrnehmung eines Medienangebots ohne Probleme abläuft und zu einem kognitiv und emotional befriedigenden Gesamtergebnis führt. In diesem Fall sind Aktanten nicht etwa mit dem Problem befasst, ob sie das Medienangebot verstehen oder nicht, weil der Prozess der Bedeutungskonstruktion weitgehend automatisch abläuft. Nur wenn Probleme auftreten, etwa weil unbekannte Ausdrücke vorkommen oder ein Text einen komplizierten Satzbau aufweist, wird dieser Prozess unterbrochen und damit plötzlich als Prozess bewusst und beobachtbar. In solchen Fällen sind wir gewohnt, die Situation mit den Worten «das verstehe ich nicht» zu beschreiben. Das bedeutet, dass ‹Verstehen› eine *Beobachterkategorie* ist, die nicht den Kommunikatbildungsprozess benennt, sondern dessen Beobachtung von außen.

Bei der Kommunikatbildung geht es nicht darum, die in einem Medienangebot liegende Bedeutung korrekt zu ermitteln; denn Bedeutungen liegen – entgegen der Containermetapher (s. o.), die unsere Alltagstheorie bestimmt – nicht in Medienangeboten «verpackt», sondern können allein von kognitiven Systemen im Prozess der Wahrnehmung von Medienangeboten erzeugt werden. Vielmehr geht es darum, dass ein kognitives System die wahrgenommenen materialen Komponenten eines Medienangebots mit denjenigen Erfahrungen in einen sinnvollen Zusammenhang bringt, die es im Verlauf seiner Sozialisation im Umgang mit diesen Komponenten gemacht hat (siehe Kapitel 6.3). Insofern diese Erfahrungen mit den Erfahrungen ähnlich sozialisierter Aktanten übereinstimmen, kann man eine hinreichend ähnliche Bedeutungserzeugung verschiedener Aktanten über demselben Medienangebot vermuten – eine identische Bedeutung kann noch nicht einmal derselbe Aktant zu verschiedenen Zeitpunkten demselben Medienangebot zuordnen; denn bei einer zweiten Lektüre können sich die Ausgangsbedingungen durch die vorangegangene erste Lektüre schon erheblich geändert haben. (Wir steigen, wie der griechische Philosoph Herakleitos aus Ephesos schon früh erkannte, nie zweimal in den gleichen Fluss.)

Blicken wir zurück auf unsere bisherigen Überlegungen, dann lässt sich eine Antwort auf die immer wieder gestellte Frage finden, ob beim Verstehen die Medienangebote oder die Aktanten der entscheidende Faktor sind.

Wer so fragt, lässt damit erkennen, dass er weder system- noch prozessorientiert denkt. Medien und Aktanten sind ja keine säuberlich voneinander getrennten und voneinander völlig unabhängigen Entitäten, sondern sie entstehen in gemeinsamen Entwicklungsprozessen. Sozialisationsgeschichten sind Mediennutzungsgeschichten, und diese wiederum lassen kollektives Wissen und Erwartungserwartungen entstehen, die von jedem Aktanten bei allen anderen als gegeben unterstellt werden. Die Bedeutung eines Worts liegt nicht «im Wort», sondern sie besteht in (sozialisations-)geschichtlich entstandenem Wissen davon, wann, wo, wie und wozu das Wort gesellschaftlich erfolgreich gebraucht werden kann. Darum kann kognitives Verstehen als der Prozess bestimmt werden, bei dem sich ein Aktant durch die Nutzung eines Medienangebots seines Wissens ver-gewissert.

Als *soziales Verstehen* bezeichnen wir folgenden Prozess: Wenn in einer Kommunikationssituation eine sprachliche oder nichtsprachliche Anschlusshandlung erwartet wird, dann kann diese Anschlusshandlung den Erwartungen der Partner entsprechen oder sie enttäuschen. Im positiven Fall spricht man von Verstehen, im negativen von Missverstehen. Fällt zum Beispiel die Antwort auf eine Frage oder der Kommentar zu einer Behauptung nicht so aus, wie sie der Sprecher erwartet hat, dann attestiert er dem anderen in der Regel Nicht-Verstehen. Allerdings muss hier eine weitere Möglichkeit berücksichtigt werden, nämlich Verweigerung. Der andere kann durchaus begriffen haben, dass er eine Frage beantworten und auf eine Bitte hin das Fenster öffnen soll – aber er hat keine Lust dazu oder will den Sprecher ärgern. Streng genommen geht es in solchen Situationen also gar nicht darum, was im Kopf des anderen passiert ist, sondern darum, ob der andere bestimmten Erwartungen von Aktanten bezüglich einer bestimmten Kommunikation entspricht oder nicht. Das Zuschreiben von Verstehen ist also eine soziale Operation, die allen Bedingungen und Faktoren sozialen Handelns unterworfen ist, zum Beispiel Machtkonstellationen (wer kann und darf Verstehen zu- oder absprechen?), Geschlechterkonstellationen oder Generationsverhältnissen. Das Zu- oder Absprechen von Verstehen erweist sich so als ein Mittel zur sozialen Kontrolle individueller Kognitionsleistungen, die ja – wie mehrfach betont – nur unterstellt, aber nicht beobachtet werden können. Deshalb können sie nur über ihre Auswirkungen kontrolliert werden – sofern man daran ein Interesse hat, dazu berechtigt ist oder die Macht besitzt.

Jeder von uns unterstellt in der Kommunikation insgeheim, alle anderen müssten doch unsere Kommunikationsbeiträge genau so verstehen, wie wir selbst sie meinen. Wird diese Unterstellung enttäuscht, dann neigen wir stets dazu, die Schuld dafür bei den anderen zu suchen: Es sind immer die anderen, die nicht verstanden haben.

Verstehen im emphatischen Sinn einer Übernahme von Bedeutungen aus dem Kopf eines anderen ist unmöglich. Auch wenn man sich noch so sehr bemüht, sich in den anderen hineinzuversetzen und seine Absichten zu erspüren, versetzt man sich immer in das eigene Bild des anderen, das man selbst aufgebaut hat – der andere ist mein anderer, es geht nicht anders. Und darum hat N. Luhmann Unrecht, wenn er behauptet, dass Kommunikation unwahrscheinlich ist. Nicht Kommunikation ist unwahrscheinlich, sondern Verstehen im Sinne einer identischen Verwirklichung der Mitteilungsabsichten eines Kommunikators.

6.8 Medien: unsere alltäglichen Instrumente der Wirklichkeitskonstruktion

Die Kommunikationswissenschaft teilt mit anderen Geistes- und Sozialwissenschaften das Los, dass viele ihrer zentralen Begriffe uneinheitlich verwendet werden und dass neben ihren wissenschaftlichen auch alltagssprachliche Verwendungsweisen stehen. Das gilt für ‹Kommunikation› und ‹Kultur› ebenso wie für ‹Medium›. In dieser Situation ist es unvermeidlich, möglichst genau anzugeben, wie ein Begriff kommunikationstheoretisch verwendet wird. Dies soll im Folgenden geschehen.

‹Medium› ist einer jener Kompaktbegriffe, die eine Reihe wichtiger Konzepte und Aspekte griffig bündeln. Daher muss zunächst diese kompakte Einheit «ausgepackt» bzw. differenziert werden.

Nach unserer Auffassung bündelt ‹Medium› folgende vier Komponentenebenen:

• *Kommunikationsinstrumente*, das heißt materielle Zeichen, die zur Kommunikation benutzt werden, allen voran natürliche Sprachen;

• *Medientechniken*, die eingesetzt werden, um Medienangebote etwa in Form von Büchern, Filmen oder E-Mails herzustellen, zu verbreiten oder zu nutzen;

• *institutionelle Einrichtungen* bzw. Organisationen (wie Verlage oder Fernsehsender), die entwickelt werden, um Medientechniken zu verwalten, zu finanzieren, politisch und juristisch zu vertreten usw.;

• schließlich die *Medienangebote* selbst, die aus dem Zusammenwirken aller genannten Faktoren hervorgehen (wie Bücher, Zeitungen, Fernsehsendungen usw.).

Das Zusammenwirken dieser Faktoren kann nur als ein systemisches, sich selbst organisierendes Zusammenwirken verstanden werden, bei dem keine der vier Komponenten übersehen werden darf. Wenn man also über Medienangebote spricht, muss man genau berücksichtigen, welche Möglichkeiten Kommunikationsinstrumente, Technologien und sozialsystemische Ordnungen eröffnen und welche Einflüsse sie auf die Mediennutzer ausüben. Schrift zum Beispiel erlaubt nur die Behandlung ganz bestimmter Themen in ganz bestimmten Formen. Wer diese Möglichkeiten nutzen will, muss sich den Kulturtechniken des Lesens und Schreibens unterwerfen. Die Fotografie erlaubt im Gegensatz zu Schrift und Buch die Erstellung und Nutzung von Bildern; aber diese sind zweidimensional, unbewegt und ausschnitthaft. Wer dieses Medium nutzen will, muss sich auf seine Bedingungen einlassen. Überdeutlich wird das bei den elektronischen Medien, etwa dem PC und dem Internet, wo spezifische Techniken erlernt werden müssen, um mit ihnen umgehen zu können, wo man sich der Herrschaft der Suchmaschinen und dem Tempo der Programme ausgeliefert sieht, andererseits noch perfekter als mit Telefon und Fax mühelos räumliche und zeitliche Begrenzungen der Nachrichtenübermittlung überwinden kann.

Ein Blick auf die Geschichte der Medienentwicklung zeigt, dass jedes Medium die Wahrnehmungsmöglichkeiten seiner Nutzer in besonderer Weise erweitert, aber auch diszipliniert. Das systemische Zusammenwirken der Medienkomponenten bestimmt außerhalb unserer Einflussmöglichkeiten, welche Themen ein Medium tatsächlich aufgreifen kann (ohne Bilder kann Fernsehen nicht auskommen, also bevorzugt es alles Bildverwertbare), wie es seine spezifische Wirklichkeit inszeniert und präsentiert (die Wirklichkeiten der Presse, des Fernsehens, des Films, des Internets). Nur wenige wissen, wie die Fernseh- oder PC-Technologie funktioniert. Wir bedienen Geräte, und diese geben uns exakt die Nutzungsmöglichkeiten vor, die Technik und ihre soziale Institutionalisierung dieser Technik erlauben, abgesehen davon, ob wir die jeweilige Technik verstehen oder nicht.

Aus diesen Gründen darf man sich als Kommunikationswissenschaftler nicht auf das einzelne Medienangebot verlassen, sondern muss den Gesamtzusammenhang berücksichtigen, aus dem es entsteht. So wird man etwa eine Nachrichtensendung nicht nur nach ihrem offensichtlichen Inhalt beurteilen können, sondern sich darüber klar werden, dass unter Fernsehbedingungen das Weltgeschehen auf zehn oder 15 Minuten komprimiert werden muss und die Auswahl der berichtenswerten Ereignisse stark davon beeinflusst wird, «wovon man Bilder hat». Darum macht es wenig Sinn zu sagen, das Fernsehen berichte objektiv, was sich an Ereignissen in der Welt zugetragen hat. Sinnvoller ist die Feststellung, dass das Fernsehen unter seinen medialen Bedingungen eine Fernsehwirklichkeit herstellt und anbietet, die mit anderen Wirklichkeitsangeboten etwa der Presse, des Hörfunks oder des Internets konkurriert (siehe oben Kapitel 4.6).

Auch bei dieser Argumentation wird deutlich, dass es nicht eine «wirkliche Wirklichkeit» gibt und dann eine in ihrer Korrektheit überprüfbare Abbildung dieser Wirklichkeit in den Medien, sondern dass jedes Medium seine medienspezifische Wirklichkeit erstellt und präsentiert, aus der sich die Nutzer dann ihre eigenen Wirklichkeiten erstellen bzw. erleben.

Entsprechend kann auch die *Wirkung* von Medien, an deren Erforschung sich die Kommunikationswissenschaft seit ihrem Entstehen abarbeitet (siehe Kapitel 4.2 bis 4.4), nicht auf die Untersuchung der Wirkung einzelner Medienangebote beschränkt werden. Neben der Wirkung, die Inhalt und formale Gestaltung eines Medienangebots anstoßen können (semantische Wirkungen), müssen die strukturellen Wirkungen der einzelnen Medien und des Gesamtmediensystems einer Gesellschaft in Betracht gezogen werden. Das ist gerade durch die Einführung des dualen Rundfunksystems mit öffentlich-rechtlichen und privaten Medienanbietern deutlich geworden. Dieser medienpolitische «Urknall» hat rasch zu einer völligen Kommerzialisierung der audiovisuellen Medien geführt. Alle Medien sind heute von der Werbung abhängig, was bedeutet, dass sich ihre Angebote «nach dem Geld» richten müssen. Die redaktionellen Bereiche der Medien sind heute in vielen Fällen zum bloßen Umfeld für die ständig wuchernden Werbeinseln geworden, und die Medienverantwortlichen überbieten sich im kurzatmigen Wettstreit um die Aufmerksamkeit der Nutzer mit immer neuen Anreizen.

Während sich die herkömmliche Medienwirkungsforschung fast ausschließlich mit der Wirkung einzelner Medienangebote beschäftigt hat, richtete – wie in Kapitel 4.2 ausgeführt – die «Cultivation Analysis» um George Gerbner sowie die Mediumtheorie der Toronto School of Communication (Innis, McLuhan, Meyrowitz) ihr Augenmerk auf die Wirkungen, die das Medium selbst schon vor aller individuellen Rezeption von Medienangeboten ausübt. Diese Untersuchungen sind folgenreich geworden und beeinflussen heute Medientheoretiker wie Friedrich Kittler, Norbert Bolz oder Peter M. Spangenberg.

Margot Berghaus hat in einem 1999 erschienenen Artikel die wichtigsten Hypothesen der Mediumtheoretiker wie folgt zusammengefasst:

• Jedes Medium entfaltet über seine charakteristischen Merkmale eine eigene Attraktivität und eigene Wirkungen, die grundsätzlich mächtiger sind als die Wirkungen einzelner inhaltlicher Elemente von Medienangeboten (McLuhans Credo lautete: «Das Medium ist die Botschaft!»).

• Jedes Medium bestimmt über seine Merkmale, welche Inhalte ausgewählt und in welcher Form sie präsentiert werden. Das bedeutet, dass Inhalte keineswegs medienneutral sind, dass sie also keineswegs identisch in verschiedene Medien «übersetzt» werden können.

• Schon die bloße Existenz eines Mediums hat sozio-kulturelle Auswirkungen und beeinflusst dadurch alle Mitglieder einer Kultur unabhängig von individuellen Rezeptionsprozessen.

• Da die Nutzer erst das Medium wählen müssen, ehe sie einzelne Inhalte wählen können, sind die Mediumwirkungen den Inhaltswirkungen übergeordnet.

Aus diesen Überlegungen, denen wir uns anschließen können, folgt bezüglich der Wirkungsproblematik, dass Massenmedien durchaus kognitive Wirkungen erzielen, indem sie bestimmte Themen und Wissensbestände sowie deren Einschätzung und Gewichtung verbreiten und damit dem Publikum zur Weiterverarbeitung zur Verfügung stellen. Auch Einstellungen und Meinungen werden von den Massenmedien verbreitet, dann aber im sozialen Umfeld systemspezifisch verarbeitet. Mit anderen Worten: Medien schaffen – im Sinn der Agenda-Setting-Hypothese – eine reichhaltige Angebotslage, können aber die Auswahl und Verarbeitung der Angebote nicht erzwingen. Andererseits kann man davon ausgehen, dass in einer von Medienangeboten durchsetzten und geprägten Umwelt Medien und Medienangebote im strengen Sinn zu unseren alltäglichen Instrumenten der Wirklichkeitskonstruktion geworden sind.

Bisher haben wir von Medien und Massenmedien gesprochen, aber nur den Medienbegriff erläutert. Was versteht man in der Kommunikationswissenschaft unter ‹Massenmedien› und ‹Massenkommunikation›?

6.9 Massen-Medien-Kommunikation

Unsere alltäglichen Vorstellungen von Kommunikation orientieren sich meistens an direkter Kommunikation zwischen Partnern, die in einer Situation anwesend sind (interaktive oder Face-to-face-Kommunikation). Historisch gesehen hat sich mit der Erfindung der Schrift diese Situation entscheidend gewandelt. Nun war es (wie in Kapitel 1.1 geschildert) zum ersten Mal möglich, mit anderen räumlich und zeitlich entfernten Aktanten kommunikativen Kontakt aufzunehmen. Nun konnte man Ereignisse schriftlich «aufbewahren», Verträge dauerhaft nachprüfen, Buchhaltung entfalten, Rechtsnormen fixieren, religiöse Meinungen zu Buchreligionen ausfalten usw. Wissen erschien nun dauerhaft konservierbar, übertragbar und nutzbar geworden zu sein. Das Gedächtnis wurde entlastet, und Erinnerungsspeicher entstanden.

Aber wie alle Entwicklungen hatte auch die Erfindung der Schrift und ihre massenhafte Durchsetzung im Buchdruck ihren Preis. In der Face-to-face-Kommunikation konnte man sprachliche und nicht-sprachliche Kommunikationsinstrumente einsetzen, wobei an den nicht-sprachlichen (wie Gestik, Mimik oder Lautstärke) Kommunikationsinstrumenten verlässlicher als an den sprachlichen abzulesen war, ob der Sprecher es ernst meinte, aufrichtig war, das Gesagte auch körperlich beglaubigte usw. Die Kommunikationspartner konnten unmittelbar erfahren, ob sie sich gegenseitig «verstanden» (siehe Kapitel 6.7), sie konnten nachfragen, erklären, kommentieren usw.

Mit dem Schriftstück oder dem Buch in der Hand entfielen alle diese kommunikationserleichternden Möglichkeiten. Die Schreiber wussten nicht mehr, wer ihre Schriften in welcher Weise nutzte und was diese Nutzung anrichtete. Mit dem Buchdruck begann endgültig, was man später als «Massenkommunikation» und «Massenmedium» bezeichnete. Wie bereits an anderer Stelle ausgeführt, hat Gerhard Maletzke folgende Definition vorgeschlagen:

> «Unter Massenkommunikation verstehen wir jene Form der Kommunikation, bei der Aussagen öffentlich, durch technische Verbreitungsmittel, indirekt und einseitig an ein disperses Publikum vermittelt werden.» (1978:32)

Ob diese Definition als erschöpfend angesehen werden kann, soll hier nicht zur Debatte stehen. Unbestreitbar weist sie auf zentrale Eigenschaften der Massenkommunikation hin, die wir kurz erläutern wollen.

• Ohne technische Verbreitungsmittel können Aussagen nicht an ein prinzipiell unbegrenztes (und in diesem Sinne massenhaftes) Publikum vermittelt werden. Allerdings darf man – im Sinn der oben angestellten Überlegungen zum Medienkonzept – Medien (bzw. Massenmedien) nicht auf den Aspekt der technischen Verbreitungsmittel verkürzen.

• Die Aussagenvermittlung geschieht öffentlich, was bedeutet, dass in demokratischen Gesellschaften im Prinzip jeder Zugang zu den Angeboten von Massenmedien hat. Aus diesem Grund sind Medien auch unersetzlich, um Öffentlichkeit (siehe Kapitel 7.1) für bestimmte Themen herzustellen.

• Während in der Face-to-face-Kommunikation die Partner anwesend sind und das Rederecht wechseln kann (= interaktive Kommunikation), ist die Kommunikationsrichtung in der Massenkommunikation einseitig. Ein Kommunikator verbreitet öffentlich seine Aussagen, es findet kein direkter Austausch mit Kommunikationspartnern statt. Gelegentliche Versuche, über Leserbriefe oder Zuschauertelefone Interaktion zu ersetzen oder zu simulieren, sind Randerscheinungen. Ob das Internet relevante Interaktion ermöglicht, muss sich erst erweisen. Sollte das der Fall werden, wäre es nicht (mehr nur) als Massenmedium zu bezeichnen.

• Das Publikum, die Rezipienten oder Nutzer sind für den Kommunikator schwer kalkulierbar, zerstreut, massenhaft, also dispers. Selbst wenn eine bestimmte Zielgruppe angesprochen wird, wird diese Unsicherheit nicht ganz aufgehoben.

Klaus Merten hat (1977) darüber hinaus auf ein weiteres wichtiges Merkmal von Massenkommunikation verwiesen. Interaktive Kommunikation ist gekennzeichnet durch Reflexivität der Wahrnehmung – die Kommunikationspartner nehmen sich gegenseitig wahr. In der Massenkommunikation wird die Reflexivität der Wahrnehmung ersetzt durch die Reflexivität des Wissens und der Meinungen. Jeder muss jetzt im Prinzip davon ausgehen und sich darauf einstellen, dass der andere dasselbe Medienangebot genutzt hat.

Ein weiteres Merkmal besteht im Zusammenspiel von Wissen und Meinung, etwa von Nachricht und Kommentar. Interessant ist, dass dieses Verhältnis variiert werden kann. Ein Kommentar kann wieder als Nachricht behandelt werden, zu dem ein Kommentar abgegeben werden kann. Nachrichten können daraufhin beurteilt werden, was sie sagen, aber auch daraufhin, was sie nicht sagen. Ein fehlender Kommentar kann zu einer wichtigen Nachricht werden. – Gerade die Kriegsberichterstattung der letzten Jahre bietet hier reichhaltiges Anschauungsmaterial.

Medien beobachten andere Medien und sich selbst. So kommentiert die Presse Fernsehereignisse, das Fernsehen beschäftigt sich mit Filmen, im Hörfunk wird über das Internet diskutiert; oder das Fernsehen bietet Sendungen über das Fernsehen und seine Produktionsweise an. All dies ist wichtig bei der Beantwortung der Frage nach der *Glaubwürdigkeit* der Medien. Eines ist klar: Man kann die Glaubwürdigkeit der Medien heute nur in den Medien selbst bestreiten oder behaupten. Mit anderen Worten: Die Medien stellen sich selbst die Frage nach ihrer Glaubwürdigkeit in ihrem eigenen Rahmen und unter ihren eigenen Handlungs- und Kommunikationsbedingungen. Und darum kann man heute die Frage nach der Glaubwürdigkeit der Medien als unbeantwortbar fallen lassen, ebenso wie die Frage danach, ob die Medien die Wirklichkeit objektiv darstellen.

7. Institutionalisierte Makroformen der Kommunikation

In Kapitel 6.4 haben wir zu zeigen versucht, dass Denken, Reden und Handeln von intersubjektiv gültigen Schemata bestimmt werden und deswegen sozial anschlussfähig sind. Kommunikation, so hatten wir ausgeführt, läuft ab in thematisch geordneten Kommunikationszusammenhängen oder *Diskursen*, die vor-auswählen, welche Beiträge in welcher Form zu bestimmten Themenkomplexen passen. Damit wirken Diskurse wie symbolische Ordner, die allen Diskursteilnehmern von vornherein bindend signalisieren, mit welcher Art von Kommunikation sie rechnen müssen, wenn sie sich auf einen bestimmten Diskurs einlassen.

Diskurse sind aber ihrerseits wieder eingebettet in übergreifende symbolische Formen, die wir als *Makroformen* der Kommunikation bezeichnen. Vier dieser Makroformen wollen wir in diesem Kapitel exemplarisch behandeln. Dabei ist unsere Auswahl vom Gesichtspunkt der Wirklichkeits- und Wahrheitsverhältnisse in diesen Makroformen bestimmt. Dazu einige Hinweise.

Seit dem späten 18. Jahrhundert hat sich die Beschäftigung mit (belletristischer) Literatur zu einem eigenen gesellschaftlichen Funktionssystem entwickelt, in dem die Produktion, Verbreitung, Rezeption und Verarbeitung literarischer Texte institutionalisiert und professionalisiert wurde (siehe dazu ausführlich Schmidt 1989). Literarische Texte gab es natürlich schon vorher, nicht aber ein soziales System von Berufsschriftstellern, die einen kapitalistisch organisierten Buchmarkt belieferten, mit Verlagen und Buchläden, mit einem Heer von Lesern, die unterschiedliche Ansprüche befriedigt sehen wollten, und mit Kritikern, die sich bemühten, die wachsende Komplexität der literarischen Verhältnisse doch noch überschaubar zu machen. Das Besondere literarischer Kommunikation liegt seither darin, dass die sonst stets akute Frage nach der Wahrheit und Falschheit von gemachten Aussagen *ausgesetzt* wird zugunsten der Frage nach der spezifischen *ästhetischen* Qualität literarischer Texte. Diese Umorientierung der Erwartungen und Bewertungen bestimmt seitdem den literarischen Diskurs, der als Diskurs *fiktional* geführt wird. Das bedeutet nicht etwa, dass in literarischen Texten nur fiktive Aussagen vorkommen, sondern dass Teilnehmer an literarischer Kommunikation gelernt haben, dass literarische Texte eigene, eben literarische Welten aufbauen. In diesen literarischen Welten beobachtet und beschreibt sich die Gesellschaft auf eine Weise, wie sonst in keinem anderen Sozialsystem in der vollen Bandbreite zwischen Realismus und Surrealismus. Zugleich aber kann kein literarisches Werk den Anspruch erheben, es stelle die Gesellschaft «realistisch» dar; denn das Literatursystem operiert nach Maßgabe literarischer Werte (wie z. B. formale Geschlossenheit, Schönheit, stilistische Vielfalt, thematische Bedeutsamkeit) und nicht mit dem Ziel objektiver Berichterstattung.

Die Institutionalisierung literarischer Wirklichkeitskonstruktion durch die Festlegung literarischer Diskurse auf Fiktionalität machte nun den Weg frei für die Institutionalisierung einer konkurrierenden Selbstbeschreibung der Gesellschaft nach den Leitwerten Authentizität und Aktualität im neu entstehenden Journalismussystem. Der Journalismus nutzte die Differenz zum Literatursystem, um die eigene Aussagenproduktion als objektiv, aktuell und öffentlich relevant zu deklarieren. Der Journalismus verstand sich (öffentlich) als Sachwalter der Gesellschaft, der ihren Anspruch auf rasche Unterrichtung über alles gesellschaftlich Wichtige von der Politik bis zur Unterhaltung befriedigte und sich vermeintlich ohne eigene Interessen ganz in den Dienst der Wahrheit und Aktualität der Berichterstattung stellte.

Nicht jeder, der sich mit Hilfe der sich rasch entwickelnden Massenmedien öffentlich äußerte, hatte aber den (scheinbar) selbstlosen Anspruch, zu berichten, was sich tatsächlich an bemerkenswerten Ereignissen zugetragen hatte. Je rasanter sich die Wirtschaft in den neuen Industrieländern entwickelte, je mehr Organisationen sich bildeten und je unübersichtlicher die Gesellschaft durch Ausdifferenzierung in immer mehr Funktionssysteme wurde, desto größer wurde der Bedarf vieler Instanzen, sich in der Öffentlichkeit darzustellen, die eigenen Aktivitäten vorzustellen oder Kritik an diesen Aktivitäten zu begegnen. So entstand eine sich rasant entwickelnde Form von Makrokommunikation, die als Öffentlichkeitsarbeit oder

Public Relations (PR) bezeichnet wurde. Ihre Aufgabe bestand nicht darin, die Gesellschaft objektiv zu informieren, sondern darin, Unternehmen, Organisationen und Parteien in der Öffentlichkeit durch geeignete Kommunikationsmaßnahmen ein erwünschtes positives Image zu verschaffen. Während der Journalismus beansprucht, unparteiisch und objektiv zu sein, ist PR offensiv parteiisch, muss aber gleichwohl den Anschein der Vertrauenswürdigkeit wahren, will sie nicht ihr eigenes Image verlieren, weshalb sie Anleihen beim Journalismus macht, um von dessen Renommee zu profitieren.

Damit war nun eine weitere Kommunikationsmöglichkeit eröffnet, die das entstehende Werbesystem nutzte. Es war und ist bedingungslos parteiisch – und jeder weiß das; es blendet alles aus, was das beworbene Produkt im weitesten Sinne in einem ungünstigen Licht erscheinen lassen könnte. Werbung teilt nicht mit, was ist, sondern was man sich wünschen soll, sie löst alle in der Praxis unlösbaren Probleme durch verklärten Konsum: Kauf mich und du wirst glücklich! –

In dieser Kurzbeschreibung wird deutlich, dass Literatur, Journalismus, Werbung und PR deshalb so eng zusammengehören, weil sie durch Differenzbildung genau diejenigen Möglichkeiten nutzen, die durch die anderen Alternativen eröffnet werden. Damit wird das komplizierte Netz von Optionen möglicher Wirklichkeits- und Wahrheitsverhältnisse aufgespannt, das unsere Gesellschaft bis heute bestimmt. Aussagenproduktion kann Authentizität oder Fiktionalität anstreben, sie kann interesselos oder interessengebunden sein, kann uns informieren oder in Wunschwelten entführen. Und die schwierige Aufgabe der Aktanten in Mediengesellschaften besteht darin herauszufinden, wann welcher Diskurs geführt wird, ob die erhobenen Ansprüche erfüllt werden oder ob mit Erwartungen an diese vier Makroformen der Kommunikation gespielt wird.

7.1. Journalismus oder das Versprechen auf authentische Berichterstattung

Kommunikationswissenschaftlich interessant ist nun, dass mit dem Literatursystem eine Form der Beobachtung gesellschaftlicher Vorgänge entstanden war, die eine deutliche Alternative erlaubte, und diese deutliche Differenzmöglichkeit wurde durch die Kommunikationsmodi besetzt, die sich im Journalismussystem organisiert haben. Der Journalismus setzte gerade nicht auf Fiktionalität, sondern arbeitete programmatisch mit der Unterscheidung wahr/falsch in Bezug auf das Verhältnis zwischen Ereignis und Bericht: Er versprach eine Bestandsaufnahme des tatsächlichen Ist-Zustandes der Gesellschaft mit den spezifischen Mitteln des Journalismus, nämlich mit Nachrichten und Kommentaren, und er versprach, dies aktuell und kontinuierlich zu tun.

Journalistische Aussagenproduktion ist schon lange keine Angelegenheit der rasenden Reporter à la Egon Erwin Kisch mehr. Sie hat sich in modernen Redaktionen längst zu einer industriellen Produktion von Medienangeboten gewandelt, die sich nach dem unterstellten Bedarf der Kunden und nach der Finanzierbarkeit dieses Bedarfs richten. Die Abschätzung dieses Bedarfs orientiert sich an dem fiktiv unterstellten kollektiven Wissen der Bevölkerung, also an der so genannten öffentlichen Meinung, wobei die paradoxe Situation eintritt, dass derselbe Journalismus, der sich an der öffentlichen Meinung orientiert, diese durch seine Aktivitäten allererst (mit-)produziert.

Journalismus bedient in der Mediengesellschaft ebendie Erwartung, kontinuierlich und aktuell für alle von allem zu berichten, für das ein öffentliches Interesse unterstellt wird bzw. geweckt werden soll. Dabei kann Aktualität sozusagen als die Leitwährung angesehen werden. Neben dem Neuigkeitswert verspricht der Journalismus aber auch, dass die berichteten Themen sozial relevant sind und auf Tatsachen beruhen. Durch seine Medienangebote erlaubt der Journalismus der Gesellschaft, sich selbst zu beobachten, wobei eine zeitliche Synchronisation dadurch eintritt, dass viele/alle zum selben Zeitpunkt dasselbe lesen, hören und sehen können. Dabei wird diese Selbstbeobachtung der Gesellschaft vor allem durch den Bericht über Neuigkeiten, Störungen des Normalen und Unerwarteten gereizt, die dadurch aber wieder «entschärft» werden. Die Gesellschaft arbeitet ihre Irritationen gewissermaßen in den Medien als stellvertretender Kontrollinstanz ab und entlastet dadurch ihre Mitglieder, die sich weiter in der Normalität einrichten können.

Um für seine Angebote Öffentlichkeit zu erreichen, werden im Journalismus solche Meldungen bevorzugt, für die man sich Interesse in möglichst vielen gesellschaftlichen Bereichen erwartet. Darum tauchen bestimmte Nachrichten aus Politik, Wirtschaft oder Sport in allen Medien auf, während andere zielgruppenspezifisch adressiert werden. Ver-Öffentlichung ist mithin das journalistische Manöver, den Anspruch auf allgemeines Interesse zu signalisieren. Daher können die Nutzer wiederum an den höchst selektiv verfahrenden Medien ablesen, was Anspruch auf allgemeines öffentliches Interesse erhebt, wodurch sich der Kreis wieder schließt: Man weiß, was man wissen soll, und möchte dann genau das wissen.

Je mehr Medien in einer Gesellschaft genutzt werden können und je unterschiedlicher das Nutzerverhalten wird, desto unwahrscheinlicher ist es, dass eine Nachricht alle Nutzer zugleich erreicht. Daher wird man wohl von unterschiedlichen (Teil-)Öffentlichkeiten ausgehen müssen, die durch Medien und Nutzer gebildet werden, die bestimmte Nachrichten für aktuell, relevant und verlässlich halten.

Öffentlichkeit ist zu unterscheiden von dem, was mit dem schillernden Begriff der *öffentlichen Meinung* bezeichnet wird. Öffentliche Meinung ist eine wirksame Fiktion. Sie dient der Absicherung der eigenen Meinung durch die Orientierung an anderen Meinungen, die von Medien verbreitet werden. Nach Klaus Merten (1987) ist öffentliche Meinung ein Kommunikationsprozess zur Auswahl von relevanten (bzw. für relevant erklärten) Sachverhalten oder Problemen, die als Themen etabliert werden und zu denen vor allem durch die Medien Meinungen erzeugt werden.[1]

Eine besondere Rolle spielen Medien inzwischen für die *Politik*,

---

1 Siehe dazu die Ausführungen zum Agenda-Setting und zur Schweigespirale in Kapitel 4.

die weitgehend zumindest auch in und für die Medien inszeniert wird. Politiker müssen auf den medialen Bühnen auftreten, um gesellschaftlich präsent zu sein. Dargestellte politische Handlungen und Reden, Versammlungsrituale und die Selbstinszenierungen politischer Repräsentanten sind dabei insofern von den Medien bestimmt, als sie genau im Hinblick auf die mediale Präsentation und Rezeption entworfen und realisiert werden (sog. symbolische Politik). Eine genaue Unterscheidung zwischen genuinen und medialisierten, originalen und inszenierten Ereignissen wird dadurch unmöglich; denn politisches Handeln findet heute in der Kommunikationsumgebung von Medien in, für und durch Medien statt, da nur sie hinreichende Öffentlichkeiten erzeugen können. Je mehr politische Entscheidungen faktisch in andere Teilbereiche der Gesellschaft (vor allem in die Wirtschaft) verlegt werden, desto häufiger erscheinen Politiker in den Medien, um den Anschein zu erwecken, sie hätten auch diese Entscheidungen selbst in der Hand. Damit wird nicht etwa geleugnet, dass auch heute noch politisches Handeln außerhalb der Medien stattfindet; wohl aber wird behauptet, dass auch die Durchsetzung dieser Handlungen in der Gesellschaft nicht auf die von Medien erzeugten Öffentlichkeiten verzichten kann.

Politiker suchen aber nicht nur die Nähe zu den Journalisten, um eine positive Berichterstattung zu befördern, sie brauchen zunehmend clevere PR-Berater, die ein positives Image in möglichst vielen Öffentlichkeiten entwerfen und erhalten bzw. nach Krisen wiederherstellen.

7.2 Public Relations oder die Konstruktion positiver Images

Während der Journalismus bis heute beansprucht, Öffentlichkeit im Sinne und stellvertretend für die Gesellschaft wie für die Aktanten herzustellen (gewissermaßen als Öffentlichkeitsarbeit für die Gesellschaft), ist die Öffentlichkeitsarbeit von Unternehmen, Parteien und Verbänden notwendig und zugegebenermaßen parteiisch im Sinne der Auftraggeber.

Öffentlichkeitsarbeit oder Public Relations entstand seit Ende des 19. Jahrhunderts sozusagen im Schatten der anderen institutionalisierten Formen der Kommunikation, und zwar als besondere Form der Kommunikation von Wirtschaftsunternehmen und anderen gesellschaftlichen Institutionen und Organisationen mit der Öffentlichkeit bzw. mit Öffentlichkeiten.

Die Geschichte der PR ist aufschlussreich. Ende des 19. Jahrhunderts sahen sich US-amerikanische Kohle-, Mineralöl- und Eisenbahnkonzerne gezwungen, auf die zunehmende Kritik an ihrem ausbeuterischen Kapitalismus zu antworten. Sie engagierten Journalisten, um die wichtigen Zeitungen gezielt mit unternehmensfreundlichen Nachrichten zu versorgen. Ivy Ledbetter Lee, der Presseberater John D. Rockefellers, erklärte dazu in einer Presseaussendung 1906, man wolle keine Werbung und keine geheime Beeinflussung der Presse betreiben, sondern die Presse rasch informieren, damit diese wiederum rasch die Öffentlichkeit informieren könne. Edward Bernays, ein anderer Pionier, wandelte dann PR in eine eigenständige betriebliche Funktion, durch die ein «engineering of consent», also die Herstellung eines Konsenses mit der Öffentlichkeit, angestrebt wurde. Bernays verstand PR als umfassende, strategisch organisierte, sowohl nach innen als auch nach außen gerichtete Kommunikation von Unternehmen mit der Öffentlichkeit, (angeblich) gegründet auf die Bereitschaft, Dialog zu suchen und Konsens zu finden.

Über die Funktion von PR für moderne pluralistische Gesellschaften gibt es unterschiedliche Ansichten.

• Ein *gesellschaftsorientierter* Ansatz sieht PR als ein Mittel für den Ausgleich von öffentlichen und privaten Interessen, von gesellschaftlichen Wertvorstellungen und unternehmerischer Praxis. PR soll partikulare Interessen von Unternehmen rechtfertigen, einen gesellschaftlichen Minimalkonsens herstellen und damit durch gezielte Information zur Integration der immer mehr auseinander driftenden Gesellschaft beitragen, Misstrauen abbauen und das soziale Vertrauen der Öffentlichkeit stärken. Zu diesem Zweck bietet PR dem Journalismus und anderen gesellschaftlichen Systemen Informationen und Sachleistungen an, um als Gegenleistungen Aufmerksamkeit, Interesse und Zeit zu bekommen (so Ronneberger & Rühl 1992).

• Bescheidener argumentiert eine *managementorientierte* Konzeption von PR als «management of communication between an organization and its publics» (Grunig & Hunt 1984). Hier wird PR verstanden als Teilbereich des Managements eines Unternehmens, das sowohl alle Kommunikationsaktivitäten mit externen Teilöffentlichkeiten regelt als auch andere betriebliche Teilsysteme bei der Bewältigung kommunikativer Aufgaben unterstützt (PR als Verbesserung der internen und externen Unternehmenskommunikation). Die Teilöffentlichkeiten werden dabei nicht an demographischen Merkmalen festgemacht wie beim Marketing, sondern an politischen Kategorien wie Themen, Kommunikationsverhalten, Problembewusstsein oder Betroffenheit. Um ihre Ziele zu erreichen, muss PR versuchen, die Kommunikationspartner als gleichberechtigte Partner zu behandeln, Kommunikation interaktiv und nicht einseitig anlegen und auf eine gegenseitige Anpassung von Organisation und relevanten Umwelten hinarbeiten.

• Eine *marketingorientierte* Konzeption fragt nach dem Beitrag von PR zum Erreichen von Marketingzielen in Ergänzung zu Absatzwerbung und Verkaufsförderung. Hier wird PR als ein kommunikationspolitisches Instrument betrachtet und dem Marketing untergeordnet, was von vielen kritisiert worden ist. Neue Ansätze nehmen daher Interessenausgleich und Konsensfindung, das Ausbalancieren von Markt und Gesellschaft in ihre Zielsetzung auf und nähern sich damit dem gesellschaftsorientierten Ansatz an. In den letzten Jahren wird zunehmend versucht, PR von einem Kommunikationsinstrument zu einer Denkhaltung weiterzuentwickeln und sie in die Corporate Identity eines Unternehmens zu integrieren (PR als leistungs-, image- und kontextbezogene Kommunikation).

Eine weithin akzeptierte Bestimmung von PR haben Klaus Merten und Joachim Westerbarkey (1994) vorgelegt. Sie bestimmen PR als den Prozess der gezielten, aber kontingenten Konstruktion wünschenswerter Wirklichkeiten durch die Erzeugung und Befestigung von Images in der Öffentlichkeit. PR macht aus Unternehmen sozusagen Unternehmenspersönlichkeiten (oder Marken). Dabei können fiktionale Elemente so lange einbezogen werden, wie sie geglaubt werden. Images sind nach dieser Bestimmung veränderbare, unter dem Einfluss von Öffentlichkeit(en) konsensfähig gewordene Schemata von Meinungen und Informationen über ein beliebiges Objekt, über Unternehmen, Leistungen oder Einzelpersonen. Öffentliche Meinung ist nach Ansicht der beiden Autoren eine wirksame Fiktion; denn sie dient der Absicherung der eigenen Meinung durch die Orientierung an anderen Meinungen, die von den Medien verbreitet werden.

PR, so lautet unser Fazit der einschlägigen Diskussionen, kann am besten bestimmt werden als System-Umwelt-*Interaktion*, wobei hier besonders die Grenzstelle zwischen System und Umwelt im Vordergrund des Interesses steht. Unter dem außengerichteten Aspekt versucht PR, Zustimmung für das Handeln des Unternehmens zu finden; unter einem innengerichteten Aspekt lautet die Aufgabe, gesellschaftliche Interessen (z. B. Umweltinteressen) in die Stragie des Unternehmens zu integrieren.

PR spielt heute in allen gesellschaftlichen Bereichen eine wichtige Rolle. Nicht nur die Wirtschaft, auch die Politik, Kirchen und Verbände, Universitäten und Krankenhäuser brauchen PR-Fachleute, vor allem, wenn Krisen gemeistert werden sollen und Vertrauen wiederhergestellt werden soll. Selbst die auswärtige Kulturpolitik von Staaten vollzieht sich heute in Gestalt von Kultur-PR.

Angesichts der Tatsache, dass sich heute ein Großteil der gesamten journalistischen Berichterstattung der Tagespresse nicht etwa journalistischen Recherchen verdankt, sondern den von PR unbezahlt gelieferten Materialien, haben viele Kommunikationswissenschaftler vor einer Kolonialisierung des Journalismus durch die PR gewarnt. Wir sind der Ansicht, dass hier sicher eine Gefahr vorliegt, dass aber beide Seiten aus Eigeninteresse darauf achten müssen, dass sowohl Journalismus als auch PR ihre Eigenständigkeit bewahren; denn nur wenn die PR-Informationen unter dem Schutz journalistischer Glaubwürdigkeitsansprüche verbreitet werden, können sie Öffentlichkeit beeinflussen. Und die Glaubwürdigkeitsansprüche sind nur aufrechtzuerhalten, wenn der Journalismus seine Unabhängigkeit von der PR wahrt, damit die Differenz zwischen beiden einen Unterschied machen kann.

7.3 Werbung oder die gewünschte Verführung

Wie uns Historiker versichern, hat es Formen von Werbung seit der Antike gegeben. Warenproduzenten und Händler haben immer schon versucht, Kunden anzulocken, ihre Produkte anzupreisen oder auf ihre Dienstleistungen aufmerksam zu machen. Aber erst im späten 18. Jahrhundert, nachdem sich der Finanzkapitalismus durchzusetzen begann und erheblich mehr Waren produziert wurden, als für das Überleben erforderlich waren, standen die Anbieter von Waren und Dienstleistungen vor dem Problem, wie sie gerade für ihre Angebote Interessenten finden konnten. Erst jetzt wurde Werbung unentbehrlich, um die Öffentlichkeit über die breite Angebotspalette zu informieren und Kauflust zu wecken. Industrielle Warenproduktion in kapitalistischen Wirtschaften machte Werbung unverzichtbar, auch wenn von Anfang an unsicher war, wie (die meist teuren) Werbemaßnahmen wirkten.

In der medien- und kommunikationswissenschaftlichen Debatte der letzten Jahre mehren sich die Vorschläge, Werbung nach systemtheoretischen Konzepten zu modellieren. Dabei lassen sich zwei Ansätze beobachten. Weil Werbung in entscheidender Weise an die Ausdifferenzierung des Wirtschaftssystems gekoppelt ist und wie die Wirtschaft «die Sprache des Geldes» spricht, wird sie zum einen als eigenständiges Subsystem des Wirtschaftssystems modelliert (so bei Schmidt & Spieß 1996). Legt man dagegen den Hauptakzent der Beobachtung auf die Funktion ausdifferenzierter Sozialsysteme, der modernen Gesellschaft Selbstbeschreibungen zu erlauben, dann bietet sich als Theorieentscheidung an, die Werbung als ein eigenständiges und autonomes gesellschaftliches Funktionssystem zu konzipieren (so bei Zurstiege 1998). Wie immer die theoretische Entscheidung ausfällt: Unbestritten ist in beiden Ansätzen, dass Werbung – ob als Produktwerbung oder als Sozialwerbung – nach ökonomischen und nicht etwa nach journalistischen Gesichtspunkten operiert. Werbung, für die nicht bezahlt wird, verfehlt die Systembedingungen des Werbesystems. Diese ökonomische Orientierung sagt aber nichts darüber aus, wofür Werbung eingesetzt wird bzw. eingesetzt werden kann.

Ungeachtet des jeweils vertretenen theoretischen Konzepts lässt sich heute Übereinstimmung hinsichtlich der wichtigsten Merkmale von Werbung feststellen: Werbetreibende verfolgen allgemein das Ziel, durch die Herstellung und Verbreitung von Medienangeboten unterschiedlichster Art bei bestimmten Zielgruppen zwangfrei *folgenreiche Aufmerksamkeit* für Produkte, Leistungen, Personen und Botschaften zu erzeugen. Die jeweiligen Medienangebote werden danach ausgesucht bzw. daraufhin angefertigt, über Aufmerksamkeitsweckung intendierte (weil vom Kunden erwartete) Folgen zu bewirken, zum Beispiel Zahlungsbereitschaft in Bezug auf Produkte und Leistungen, Zustimmungsbereitschaft in Bezug auf Personen und Unterstützungsbereitschaft bzw. Wertpräferenzbildung in Bezug auf Botschaften.

Um Aufmerksamkeit erzeugen zu können, müssen Werbetreibende versuchen, Werbebotschaften mit solchen Ideen, Überzeugungen, Werten und kulturellen Mustern (kurz: Mentalitäten) bzw. mit solchen sozio-kulturellen Entwicklungstendenzen zu koppeln, von denen sie annehmen, dass sie von Auftraggebern wie Zielpublika akzeptiert oder gar gewünscht und auf jeden Fall gefühlsmäßig positiv bewertet werden. Deshalb ist die Aktivität von Werbetreibenden – bewusst oder unbewusst – geprägt von einer *Ausblendungsregel* [2], die besagt: Was immer die Überzeugungskraft einer Information oder eines Arguments bzw. die (Oberflächen-) Attraktivität eines Produkts oder einer Person beeinträchtigen könnte, wird ausgeblendet. Werbung produziert und präsentiert ausschließlich Erfolgsgeschichten, Happy Ends und positive Botschaften, wobei von allen Teilnehmern an der Werbekommunikation die faktische Geltung der Ausblendungsregel als Erwartungs-Erwartung (im Sinne kollektiv geteilten Wissens, siehe oben Kapitel 6.3) unterstellt wird. Werbung ist prinzipiell und offensichtlich (sozusagen: offensiv) *parteilich* und kann ebendaraus Kapital schlagen, weil das Wissen um diese Parteilichkeit zum kollektiven Wissen der Mediennutzer gehört. Werbung zielt weder darauf ab, sozial verbindliche Wirklichkeitsentwürfe zu schaffen (wie der Journalis-

---

2 Die Benetton-Werbung, die oft als Ausnahme von dieser Regel gewertet wird, bestätigt sie unserer Meinung nach, indem sie durch Verstoß gegen die Regel auf die Regel aufmerksam macht. – Sie funktioniert gewissermaßen wie die Sünde.

mus) oder solche verbindlichen Entwürfe in ihrer Fragwürdigkeit zu entlarven und durch Alternativen herauszufordern (wie Literatur und Kunst). Werbung will Zustimmung, und zwar *affektiv besetzte* Zustimmung zu Versprechen, die «arglos» als schöner Schein daherkommen. Sie will Zustimmungs- und Handlungsbereitschaft, nicht Kritik und Analyse. Selbst wo sie treuherzig informiert, zielt sie nicht ab auf Bildung, sondern auf Bedürfnisweckung, die möglichst sofort befriedigt werden soll.

Werbung – und im Folgenden konzentrieren wir uns auf *Wirtschaftswerbung* und nicht auf Werbung für Parteien und Verbände – schafft nicht etwa kommunikative Sollbruchstellen (wie die Kunst), sondern im Gegenteil ausgezeichnete Anschlussstellen für Kommunikationen und Handlungen. Darum macht zum Beispiel die Behauptung Sinn, Werbefotos beziehungsweise Werbebilder seien *imperative Bilder.* Sie sagen nicht, wie die Dinge sind, sondern wie sie sein sollen – und eben auch unverzüglich sein können, wenn man nur das Angepriesene tut, kauft oder fühlt. Dabei muss Werbung aus Bestandserhaltungsgründen daran interessiert sein, dass Bedürfnisse nie endgültig befriedigt werden und daher Teilnahmebereitschaft immer wieder neu – sozusagen als erneuerbare Energie – hergestellt werden kann.

Beobachtet man die vielfältig ausdifferenzierten *Erscheinungsformen* heutiger Werbung, kommt man schnell zu einigen nicht unwichtigen Einsichten. Werbung, so lässt sich kurz sagen, ist unendlich *gefräßig*, indem sie schier alle kulturellen Darstellungsformen vereinzeln, aus Kontexten herauslösen und für ihre Zwecke funktionalisieren kann. Michelangelo und Leonardo da Vinci, Arcimboldi und Delacroix müssen ebenso herhalten wie der Eiffelturm und der Petersdom; keine Hautfarbe, kein Naturspektakel und keine Schönheit werden verschont, wenn es um prägnante Werbebilder und Werbeerzählungen geht, die das von allen so hart umkämpfte Gut Aufmerksamkeit (siehe den Exkurs in Kapitel 4) produzieren sollen. Je mehr sich die Werbung in ihren hausgemachten Widerspruch verstrickt, dass immer mehr und immer bessere Kommunikationsangebote das knappe Aufmerksamkeitsgut dramatisch immer noch weiter verknappen und daher erfolgreiche Aufmerksamkeitsproduktion immer unwahrscheinlicher werden lassen, desto mehr muss Werbung sich immer noch dichter, schneller und erfolgreicher mit sozio-kulturellem Wandel synchronisieren. Werbung muss den viel berufenen Zeitgeist punktgenau und ohne jede Zeitverzögerung treffen. Sie muss die Wünsche, Sehnsüchte, Gefühle, Erwartungen und Befürchtungen der Zeitgenossen möglichst prägnant zum Ausdruck bringen und damit Handlungs- und Zustimmungsbereitschaft gezielt und von den Rezipienten möglichst unbemerkt auf das Beworbene umlenken. Andererseits muss das Werbesystem bewusst Beobachter-Distanz zum «Zeitgeist» halten, um ihn pragmatisch für die Erstellung wirksamer Werbeerzählungen einsetzen zu können.

Insgesamt gesehen ist Werbung eine Mainstream-Kommunikation, keine subversive subkulturelle Kommunikation. Obwohl sie hektisch agiert, läuft sie der gesellschaftlichen Veränderung eher hinterher, als Trends zu «setten», kurz: Auch Werbung kommt immer zu spät.

Eine entscheidende Kategorie werblicher Kommunikation ist *Zeit*, und das in einem doppelten Sinn. Werbemaßnahmen müssen ihre Effizienz sehr rasch erweisen, sonst entfällt die Geschäftsgrundlage zwischen Auftraggeber und Agentur. Und Werbung besetzt vor allem solche Themen, die einen Tempovorteil bieten, das heißt Themen, zu denen man schnell etwas beitragen kann und die schnell verstanden werden können. Schnelligkeit und Neuheit regulieren also die Themenauswahl, wobei Werbung – wie vor allem Guido Zurstiege (1998) herausgearbeitet hat – insbesondere im Markenartikelbereich vor der widersprüchlichen Aufgabe steht, *Varietät* (Neuheit) und *Redundanz* (Markentreue) miteinander zu versöhnen. Werbung löst dieses Paradox auf durch die Strategie, Veränderung und Wandel in Neuheit und Neuheit in Fortschritt zu übersetzen. Das neue PERSIL ist das alte – nur eben unvergleichlich besser, billiger, umweltverträglicher usw.

In der wissenschaftlichen Diskussion über das Verhältnis von Werbung und Gesellschaft rivalisieren bis heute zwei Typen von Metaphern, die zwei unterschiedliche Modellvorstellungen zum Ausdruck bringen. Und zwar einmal Werbung als Spiegel, Barometer oder Resonanzkörper der Gesellschaft, zum anderen Werbung als aktiver Interaktionszusammenhang, der – Abbild und Vorbild zugleich – kollektives Lebensgefühl und Mentalitäten in/einer Gesellschaft aktiv mitgestaltet.

Hinsichtlich der Beziehung zwischen Werbung und Gesellschaft sind sich heute die meisten Beobachter darin einig, dass Werbung aufgrund ihres Zwangs zur engen Synchronisation mit sozio-kulturellen Entwicklungen notwendigerweise eine einseitige Indikatorfunktion für solche Wandlungsprozesse übernimmt und deshalb eine interessante Beobachtungsplattform abgibt für zeitgleiche Entwicklungen in anderen gesellschaftlichen Bereichen. Dabei muss allerdings beachtet werden, dass Werbung ihre gesellschaftliche Umwelt unter einer werbesystem-spezifischen Auswahlperspektive und Sinngebungsmaxime (Stichworte: Ausblendungsregel und affirmative Parteilichkeit) beobachtet, die dann in Medienangeboten nach den Zielsetzungen und Wertvorstellungen der Aktanten im Werbesystem ver-körpert werden. Um ihre systemspezifischen Ziele erreichen zu können, muss die Werbung einen von den Zielgruppen als positiv und wünschenswert empfundenen und bewerteten Zusammenhang zwischen Waren, Leistungen, Personen und Botschaften einerseits, den Erwartungen, Bedürfnissen, Lebensgefühlen und Mentalitäten der Zielgruppe(n) andererseits herstellen. Dabei dürfte der Interessenschwerpunkt der Werbung auf den Bereichen Warenkonsum, Dienstleistungen, Geschmackskultur und Lebensstilgestaltung liegen und sich auf bereits erkennbar ausgeprägte Mentalitäten von Zielgruppen konzentrieren, was dann zugleich die Grenzen des Beobachtungsbereichs wie der Beobachtungsinteressen markiert.

Akzeptiert man diese Einschätzung des allgemeinen Verhältnisses zwischen Werbung und Gesellschaft, dann lässt sich folgende Hypothese entwickeln: Kommerzielle Werbung muss sich wandelnde gesellschaftliche Zustände in Kommunikationsinhalte und -formen, in Bildwelten und Bedeutungszusammenhänge übersetzen, um für Auftraggeber erwünschte Folgen vorzubereiten bzw. herbeizuführen. Werbung ist also notwendig stets auf drei Dimensionen bezogen: auf die Wirtschaft, auf die Kognition von Rezipienten sowie auf gesellschaftliche Kommunikation. Sie manifestiert sich in gesellschaftlicher Kommunikation als eine spezifische, sogar gesetzlich geregelte Kommunikationsform, die die gesamtgesellschaftliche Kommunikation seit den 50er Jahren zunehmend beeinflusst hat, und zwar wesentlich stärker durch ihre rasch wachsende ökonomische Bedeutung als durch ihre eigene Semantik und Ästhetik, die eher nachgeahmt als stilbildend gewirkt haben.

Auch in Bezug auf Werbekommunikation als eine spezifische Kommunikationsart empfiehlt es sich, Werbewirkung (wie in Kapitel 6.8 vorgeschlagen) unter einer doppelten und sehr unterschiedlichen Perspektive zu beobachten, und zwar zum einen die Wirkung von Medienangeboten, zum anderen die strukturelle Wirkung, die Werbekommunikation durch die verwendeten Medientechnologien und deren sozial-systemische Ordnungen meist unbewusst für die einzelnen Aktanten ausübt, sei es durch Themenselektionen, sei es durch die Kommerzialisierung der Medienkommunikation insgesamt. Die seit den 50er Jahren unter ökonomischen Interessen erfolgte Ausdifferenzierung von Medien und Kommunikation zum Beispiel hat zu einer Vervielfachung von Medieninstitutionen und Kommunikationsangeboten, von Themen, Beiträgen und Kommunikationsformen für immer speziellere Zielpublika geführt. Diese Entwicklung hat sich durch die Einführung des dualen Rundfunksystems erheblich beschleunigt und dazu geführt, dass heute Formen und Inhalte medienvermittelter Kommunikation bei den privaten Sendern in erster Linie oder gar ausschließlich wirtschaftlichen Interessen folgen.

Werbung als eine wichtige Komponente von Medienkulturgesellschaften ist heute nach allen Erfahrungen ein in seiner Wirksamkeit kaum zu überschätzender Faktor der Sozialisation und Lebensstilgestaltung.

Wie die nachfolgend wiedergegebenen Statistiken des Zentralverbands der deutschen Werbewirtschaft (ZAW) zeigen, hält das Wachstum der Werbung noch immer an. Die Werbeausgaben haben 1999 erstmalig die 60-Mrd.-Mark-Schwelle übersprungen. Die Medien haben rund 43 Mrd. Mark aus dem Werbegeschäft entnommen. Deutschland ist nach den USA und Japan der drittgrößte Werbemarkt der Welt. 1999 waren 363 000 Beschäftigte in der Werbewirtschaft in Deutschland tätig, und die Akzeptanz der Werbekommunikation hat sich leicht verbessert. Besondere Anstrengungen unternimmt die Werbewirtschaft, sich im Internet zu etablieren und neue Formen zu entwickeln, die die Möglichkeiten dieses neuen Mediums zur Interaktivität nutzen.

Tabelle 7 : Die zehn werbestärksten Staaten der Welt

Staaten	1997 Werbung in Mrd. US-Dollar
USA	105,0
Japan	33,7
Deutschland	19,2
Großbritannien	15,7
Frankreich	9,3
Brasilien	6,6
Italien	5,9
Australien	4,9
Kanada	4,9
Spanien	4,4

Quelle: ZAW-Jahrbuch Werbung in Deutschland 1999

Tabelle 8 : Werbeinvestitionen 1949–1999

Jahr	Werbeinvestitionen in Mrd. Mark	Davon Netto-Medieneinnahmen in Mrd. Mark
1949	0,43	0,26
1959	3,3	2,0
1969	9,8	6,0
1979	19,9	11,7
1989	37,0	22,6
1999	62,3	43,6

Quelle: ZAW-Jahrbuch Werbung in Deutschland 1999

8. Kommunikation in Raum und Zeit

Dass Kommunikation wie alles menschliche Geschehen unter der Sonne in Raum und Zeit stattfindet, ist nichts Aufregendes. Interessant ist aber, welche Rolle Raum und Zeit in und für Kommunikation spielen. Beginnen wir mit den Raumaspekten.

Face-to-face-Kommunikationen finden in konkreten Kommunikationsumgebungen statt, die die Wahrnehmungswelt für die Kommunikationspartner bilden. Diese Kommunikationssituation ist nun aber keine neutrale räumliche Umgebung, sondern weist jeweils eine besondere Typik auf, die durch kulturelle Schematisierung geregelt ist. Das Gespräch über den Gartenzaun, der Smalltalk in der Bar, eine mündliche Magisterprüfung, ein Vorstellungsgespräch beim erwünschten Arbeitgeber oder das Geflüster von Liebespaaren im Mondschein: Jede dieser Situationen hat ihre Besonderheit, die mitbestimmt, was in welcher Weise wann gesagt bzw. eben gerade nicht gesagt wird. Wortwahl und Gattungswahl, Metaphorik und Stilistik, die Verteilung der Redeanteile und die Rolle von nicht-sprachlichen Elementen der Kommunikation sind situationstypisch, und wer über dieses kulturelle kollektive Wissen nicht verfügt, kann sich leicht lächerlich machen oder die Kommunikationspartner nachhaltig verunsichern. Dieses Situationswissen, das aus vielfältigen Erfahrungen in vorhergegangenen Situationen erwächst, verringert die Komplexität jeder Kommunikation und erhöht die Annahmebereitschaft für Kommunikationsangebote. Und das nicht zuletzt dadurch, dass jede Situation mit besonderen (positiven oder negativen) emotionalen Werten verbunden ist. Kommunikationssituationen sind Erinnerungssituationen an Partner, Themen, gemachte Erfahrungen usw., die als Deutungsmuster für Kommunikationen dienen.

Kommunikation ist ein zeitlich unumkehrbarer Prozess, der nie identisch wiederholt werden kann. Nichts Gesagtes kann ungesagt gemacht werden – so oft und so heftig wir uns dies auch zuweilen wünschen. Kommunikation verläuft aber nicht nur in der Zeit, sie schafft sich auch ihre eigene Zeit. Das lässt sich an den Massenmedien beobachten, die mit ihren Programmvorgaben den Tag der Nutzer auf ihre Art gliedern. Zwar ist heute nicht mehr wie noch in den 50er Jahren zur Zeit der allabendlichen Fernsehnachrichten die Nation um den Fernseher versammelt; aber noch heute richten viele den Vorabend und Abend sowie das Wochenende nach dem Fernsehprogramm ein. Zwar hat die Video-Technologie Fernsehen terminunabhängig verfügbar gemacht, aber diese Möglichkeit wird offenbar nicht sehr intensiv genutzt. Ganz andere Zeitvorgaben macht hingegen das Internet, das keine Nutzergrenzen oder sozial geregelte zeitliche Vorgaben außer Gebührenzeitzonen mehr kennt.

8.1 Globale Kommunikation im Global Village?

Seit der Erfindung der Schrift sind die Medien dabei, Raum und Zeit zu überbrücken, Kommunikation zu beschleunigen und von Entfernungen unabhängig zu machen. Raum und Zeit sind in der Informations- und Kommunikationstechnologie geschrumpft, Online-Kommunikation ist im Internet die Regel geworden. Damit tauchen Entwicklungsmöglichkeiten auf, die in der Diskussion der letzten Jahre unter Stichworten wie «Internationalisierung», «Weltgesellschaft» und «Globalisierung» behandelt werden.

Zunächst bezeichnen diese Begriffe Reichweiteaspekte von Kommunikation. Neben die private Kommunikation face-to-face, die lokale Kommunikation (z. B. über Lokalsender und Tageszeitungen), die nationale (mit öffentlich-rechtlichem Fernsehen und der überregionalen Presse) treten nun internationale (Eurovision, Satellitenfernsehen, CNN) und sogar globale Kommunikationsmöglichkeiten (Internet, WWW), die die Möglichkeiten von Telefon und Fax weit übertreffen. Die Vision Marshall McLuhans, eines Tages werde die Informations- und Kommunikationstechnologie (kurz: IuK-Technologie) unseren Globus zum *global village* machen, weil jeder Punkt der Erde mühelos mit jedem anderen verbunden werden könne, beginnt sich offenbar zu bewahrheiten. Auch Niklas Luhmanns Konzept der «Weltgesellschaft» deutet darauf hin, dass die kommunikative Integration über moderne Technologie – wenn sie einmal weltweit verfügbar sein sollte – zu einer erdumspannenden Gesamtheit aller möglichen Kommunikationen führen kann.

So plausibel solche Zukunftsszenarien auch klingen mögen, noch sind die Verhältnisse nicht so. Zwar vollziehen sich technische und infrastrukturelle Maßnahmen heute im globalen Maßstab; aber die überwiegende Zahl der Medienbesitzer und Mediennutzer, vor allem was die Internet-Nutzung angeht, leben noch immer in den USA, Europa und bestimmten Ländern Asiens. Afrika rangiert weit abgeschlagen.

Statt kühne Zukunftsszenarien zu entwerfen, wollen wir an dieser Stelle in einige Detailfragen gehen, die praktisch mit den unübersehbaren Tendenzen zur Internationalisierung verbunden sind.

• Technologische Entwicklungen ebenso wie die politischen Umwälzungen der letzten Jahre stellen zum Teil völlig neue Anforderungen an die Medien- und Informationspolitik der nationalen Regierungen wie internationaler Organisationen (etwa der UNO, der UNESCO, internationaler Sport- oder Kirchenverbände, von Amnesty International, Greenpeace oder der Weltbank). Im Prinzip muss jede dieser Organisationen damit rechnen, dass ihre Aktivitäten weltweit beobachtet, kommentiert und kritisiert werden (können). Eine bloße Übertragung der eigenen Medien- und Kommunikationspolitik auf andere soziale Einrichtungen wird immer unwahrscheinlicher, der Rechtfertigungsdruck immer stärker. Die bloße Forderung nach Demokratisierung von Medien und Kommunikation erweist sich angesichts der Verflechtung von Macht, Wirtschaft und Militär nur noch als treuherzig.

• Internationale Nachrichtenkommunikation vollzieht sich heute in erster Linie als ökonomischer Machtkampf der Nachrichten-Networks wie CNN und der großen drei weltweit operierenden Nachrichtenagenturen Associated Press (USA), Reuters (Großbritannien) und Agence France Press (Frankreich). Nationale Agenturen sind auf das Material dieser großen Agenturen angewiesen, was deren Gewicht noch einmal verstärkt. Die Herrschaft dieser weltweit operierenden Agenturen wird auch daran ablesbar, dass nach lokalen Nachrichten in den nationalen Medien sofort

Nachrichten aus den Heimatländern der Weltnachrichtenagenturen folgen. Aus ökonomischen Gründen (Korrespondentennetz) räumen diese Agenturen den kleinen Ländern und der «Dritten Welt» meist nur so genannte *bad-news*-Berichte (über Kriege, Katastrophen, Korruptionen) ein. Die Programm-Märkte der audiovisuellen Medien sind bis zu 50 Prozent bestimmt von den USA und Westeuropa; Brasilien, Indien und Mexiko bilden die wenigen Ausnahmen.

• Seit langem tobt ein Konflikt, wie eine Welt-Medienordnung aussehen könnte, die nicht allein von ökonomischen Gesichtspunkten bestimmt ist. 1980 wurde der UNESCO der McBride-Report «Many Voices – One World» vorgelegt, der eine gerechtere Medien-Weltordnung forderte – seither haben die USA, Großbritannien und Singapur die UNESCO verlassen.

• Ein beliebtes Thema in der Diskussion über Internationale Kommunikation sind die Auswirkungen von Medien und Kommunikation auf den Zusammenbruch des «real existierenden» Sozialismus und die «Dritte Welt». Allerdings dürfte gerade bei ernsthaften Studien in diesem Bereich die ganze Problematik der Medienwirkungsforschung erneut zutage treten und vorschnelle Kausalitätsannahmen verbieten. Medien und Gesellschaften entwickeln sich in einem *gemeinsamen* Prozess, keine Seite ist unabhängig oder besitzt das Entwicklungsmonopol.

• Dass die Medienindustrien sich international immer mehr verflechten, ist heute als bekannt vorauszusetzen. Sehr viel weniger weiß man darüber, welche sozio-kulturellen Voraussetzungen erfüllt sein müssen, damit sich ein internationales Geschäft mit Medienangeboten rechnet. Warum gibt es sowohl Tendenzen einer erfolgreichen Amerikanisierung des Film-, Video- und Fernsehmarktes als auch starke nationale Filmmärkte wie zum Beispiel Indien? Warum versuchen Länder wie Frankreich, ihre Filmindustrie zu «gallisieren»?

• Standardisierungsanforderungen an Medienprodukte lassen sich besonders deutlich in der Werbewirtschaft beobachten, die vor allem Bildkonstellationen erfinden muss, die nicht kulturspezifisch sind, sondern im Prinzip von allen Sehfähigen im Sinne des Werbers bzw. des Auftraggebers genutzt werden können. Wer in Deutschland unsynchronisiert mit «Irish Mist» für eine Spirituose wirbt oder nicht weiß, welche Konnotationen blond gefärbte Modelle in Italien auslösen, darf sich über Flops seiner Werbekampagnen nicht wundern. Darüber hinaus erhebt sich die Frage, ob die durch Internationalisierung des Markts erforderlichen Standardisierungsbemühungen zu einem Niveauverfall (Zivilisationsmüll) bzw. zu einer Nivellierung (McDonaldisierung) aller Medienprodukte führen oder ob nicht eine gegenläufige Differenzierung, Regionalisierung, ja Individualisierung einsetzen wird.

• Wie bereits mehrmals erwähnt, spielen sprachliche und kulturelle Aspekte in internationaler Kommunikation eine kaum zu überschätzende Rolle. Zwar kann man sicher eine Ausdifferenzierung der Kommunikationsfähigkeit vieler Mediennutzer beobachten. Immer mehr Aktanten kommen in die Lage, zumindest in bescheidenem Maß oder in eng umgrenzten Bereichen mit anderen in einer Fremdsprache zu kommunizieren; Englisch ist längst zur *Lingua franca* geworden. Ob allerdings in Zukunft eine Mehrheit in der Lage sein wird, sich in mehreren Sprachen differenziert und kompetent ausdrücken zu können, muss sich erst erweisen. Andererseits wird an automatischen Übersetzungsmaschinen gearbeitet, die das Sprachproblem eines Tages zu lösen versprechen.

• Einen wichtigen Beitrag zum Erwerb solcher Sprachfähigkeiten leisten schon heute international operierende Medienorganisationen. CNN und die Herald Tribune, die BBC und MTV werden von vielen zugleich auch als Sprachkurs genutzt, was wiederum dem Journalismus neue Möglichkeiten bietet, über neue Technologien zunehmend international zu operieren.

• Ein Argument, das in den Debatten über internationale Kommunikation und Globalisierung stets eine Rolle spielt, betrifft die Dialektik von Differenzierung und Entdifferenzierung, von Globalisierung und Regionalisierung, von Zentralisierung und Marginalisierung. Diese Dialektik muss heute nicht mehr als eine unausweichliche, sozusagen in der Natur der Sache liegende Gesetzmäßigkeit gewertet werden. Es reicht, sie unter dem Aspekt der Beobachtbarkeit zu beobachten. Wann immer Internationalisierung beobachtet wird (oder zu werden glaubt), geschieht dies mit Hilfe der Differenz international versus nicht-international, wobei der zweite Pol ganz unterschiedlich besetzt werden kann (national, transnational, regional usw.). Eine beobachtbare Differenz aber kann nun ihrerseits unter Differenzgesichtspunkten beobachtet, bewertet, kommentiert usw. werden. Regionalität kann als rückständig oder chic, als überholter oder vergessener Markt, als Behinderung oder Förderung von Identität eingeschätzt und damit handlungsrelevant werden.

• Solche Überlegungen können insgesamt zu der Vermutung führen, dass die Ausdehnung von Kommunikationsräumen in erster Linie eine Ausweitung von Beobachtungsmöglichkeiten bedeutet, die dann bereichsspezifisch genutzt werden können, also politisch, ökonomisch, militärisch – und eben auch, um mit anderen zu kommunizieren.

Eines sollte deutlich geworden sein: Die bloßen Reichweitenänderungen und die Entwicklung neuer Technologien der Produktion, Distribution, Rezeption und Verarbeitung von Medienangeboten in Datennetzen darf nicht einfach gleichgesetzt werden mit Globalisierung. Das grundsätzliche Problem liegt auch hier im Verhältnis von Angebot und Nutzung. Der amerikanische Computerfachmann Joseph Weizenbaum hat das Problem auf folgenden einfachen Nenner gebracht: «Was wir in der Welt herumschicken, sei es als Bits oder als Buchstaben in einem Buch oder einer Zeitung, sind Daten. Sie werden erst durch die Interpretation zu einer Information, und diese hängt vom Empfänger ab.» Globalisierung kann nicht nur als technologische Strategie behandelt werden. Wenn sie den Bedingungen von Sprachen und Kulturen nicht gerecht wird und wenn sie den Nutzern die neuen Optionen weltweiter Kommunikation nicht schmackhaft machen kann, wird sie wohl Option bleiben.

Globalisierung kann als Traum von einer gerechteren und humaneren Weltgesellschaft geträumt oder als Albtraum verteufelt werden: die Weltgesellschaft als globales Dorf mit Pidgin-Kommunikation auf dem Niveau kultureller McDonaldisierung mit CNN als Lokalsender. Aber schon schlagen die Globalisierten zurück. Der Chef von MTV-Asia/Channel V, Don Ateyo, stellte sibyllinisch fest: «Asien ist nicht nur anders. Asien ist nicht mal Asien!» Jetzt beliefert Channel V 53 Länder rund um die Uhr in acht Sprachen, darunter Kantonesisch, Hindi und Mandarin. *Think globally, act locally* lautet eine erfolgreiche Devise der Globalisierer wie ihrer Gegner!

8.2 Cybersociety oder Kommunikation frei von Raum und Zeit?

Schon in den vorangegangenen Überlegungen zur Internationalisierung der Kommunikation hatten sich die Schwierigkeiten von Bestandsaufnahmen und Prognosen gezeigt; denn die gesellschaftlichen wie die technischen Entwicklungen verlaufen weltweit ungleichzeitig und unübersichtlich.

Das gilt auch für den gesamten Bereich der Entwicklungen, die mit der von W. Gibson aus der Kybernetik entlehnten Vorsilbe «Cyber-» gekennzeichnet werden: Cyber-Space, Cyber-Kommunikation, Cyber-Society usw. Auch hier beginnen wir wieder mit einigen Begriffsklärungen.

Unter ‹Cyberspace› fasst man in der einschlägigen Diskussion sowohl den Personalcomputer als auch Telekommunikation und virtuelle Realitäten. Wichtig ist hier die Verbindung von elektronischer Telepräsenz und Medienintegration.

Computer und Computernetzwerke werden als *linking machines* verstanden, in denen Daten, Sprache, Bilder und Klänge gemeinsam digital encodierbar und decodierbar sind. Hypertexte und das multimediale Geflecht des World Wide Web (WWW) heben die strikte Trennung zwischen Sprache, Schrift und Bild auf und bestimmen die gegenseitigen Beziehungen neu.

Das WWW im Internet ist der größte mediale Raum, der uns gegenwärtig zur Verfügung steht, um weltweit durch verschiedene Text-, Bild- und Tondokumente zu navigieren. Es ist ein Teil des Internets, das noch andere Dienste anbietet: e-mail zum Versenden von Nachrichten; Usenet als Technologie zur massenhaften Verbreitung von Themen und deren Diskussion. Das Internet bestand 1998 aus ca. 150 000 Netzen, zu denen aus über 170 der insgesamt 283 Ländern der Erde von ca. 30 Millionen Rechnern aus Zugang bestand. Die Zahl der Nutzer betrug zu diesem Zeitpunkt ca. 100 Millionen.

Die volle Digitalisierung erlaubt in Zukunft (auch internationale und interkulturelle) Multi-Media-Kommunikation durch den technischen Verbund von PC, Digital Recorder, Fernseher, Telefon, Datenbanken, automatischen Sprachübersetzungsprogrammen, digitaler Fotografie, CD-ROM und Fax.

Die Cybertechnologien haben unsere Wahrnehmung, unsere Kommunikation, unsere gesellschaftlichen Formierungen und die Art unserer Utopiebildungen verändert. Beginnen wir mit einigen Bemerkungen zum Wahrnehmungswandel durch Cybertechnologie. Im Laufe der Geschichte hat jedes neue Medium zu einer unumkehrbaren Veränderung der Wahrnehmung, der Kommunikation und des Wirklichkeitsverständnisses geführt. Die Tele-Maschinen von der Telegraphie bis zur Television haben den Raum und die Zeit aufgelöst, die Digitalisierung und der computergestützte Medienverbund sind offenbar dabei, auch die letzten Bastionen traditioneller Wirklichkeitsvorstellungen zu schleifen. Der digitale Raum ist der Raum endloser Permutationen und Metamorphosen. Er bietet eine unfassbare, flüssige Umgebung, auf die sich unsere Wahrnehmung durch lernende Anpassung und aktive Interaktion einstellen muss. Schon in den 30er Jahren hatte der Physiker Werner Heisenberg betont, dass nicht die Objekte wichtig sind, sondern die Verbindungen zwischen ihnen. Umbrüche im Weltverständnis betreffen nicht die Objekte, sondern die Vorstellungen von Verbindungen, die wir als Wirklichkeit deuten. Peter Weibel, Computerwissenschaftler und Computerkünstler, hat die Entwicklung auf folgenden Nenner gebracht:

«Die dritte und aktuelle Phase der Kommunikationstechnologie, die zwischen Menschen und Menschen und zwischen Menschen und Maschinen stattfindet, ist durch den digitalen Code gekennzeichnet, der über die Dinge gleitet und sie in Zahlen transformiert. Nach Eisenbahn und Telefon, zwei Prototypen der ersten und zweiten Phase, etabliert sich nun der Computer als neue telematische Maschine [...]. Der binäre Code verwandelt den Realraum in einen virtuellen Raum ohne Riß zwischen Realität und Fiktion. Im digitalen Raum findet die ultimative Auflösung des Körpers statt, die mit Datenhandschuhen, Datenanzügen und der Eroberung der virtuellen Realität gerade beginnt. Für die telematische Reise brauchen wir unseren Platz vor dem Bildschirm nicht mehr zu verlassen. Man sitzt vor ihm, die Datenfiguration ersetzt die Welt und die Zeichen bzw. die Welt kommt zu uns. Die Welt wird transparent.» (1990:24)

Die Technologie der virtuellen Realität, die auf dem Computer basiert, ist nicht nur Datenwelt, sondern in erster Linie Bildwelt, welche die sinnlichen und kognitiven Fähigkeiten des Menschen erweitert. In diesen Bildwelten kann man sich unbegrenzt bewegen, reisen und spielen, man kann gefährliche Situationen simulieren, Experimente durchführen, Operieren lernen usw. Virtuelle Welten werden – umso stärker, je technisch perfekter sie werden – zum Testraum für reale Welten. Diese Entwicklung, da sind sich die Experten einig, wird zu einer Vervielfachung von Wirklichkeiten führen. Damit aber wird sich der Wirklichkeitsbegriff selbst grundlegend wandeln. An die Stelle der starren und eindeutigen Entgegensetzung von Wirklichkeit und Fiktion wird eine offene Skala von Virtualitäten treten, die nach Realitäts*graden* in Abhängigkeit von ihren Konstruktionsbedingungen eingeschätzt werden. Bis dahin muss noch einiges an technischen Entwicklungen geschehen.

Aber eines ist schon heute deutlich geworden: Die Cybertechnologie hat anschaulich werden lassen, dass alle unsere Medien, ebenso wie unsere Sinnesorgane und unser zentrales Nervensystem, *Wirklichkeitsgeneratoren* sind. Wenn diese Annahme zutrifft, dann muss auch die Hypothese stimmen, dass jedes neue Medium unsere Kommunikation verändert und damit unsere sozialen Verhältnisse. Viele nutzen schon heute den virtuellen Raum, in dem man sich sozialen Sanktionen entziehen kann, als Testraum oder als Vorbereitungsraum für neue soziale Beziehungen. Chat-Rooms fungieren als Kontaktbörse, und die Avatare der MUDs (Multi User Dungeons) versuchen eines Tages doch, «in echt» miteinander auszugehen.

Computervermittelte Kommunikation (computer mediated communication, kurz CMC) hebt die Unterscheidung zwischen Individual- und Massenkommunikation auf. Stattdessen lassen sich folgende Möglichkeiten von CMC beobachten:

• ein Kommunikator wendet sich an ein disperses Publikum und erwartet nur geringfügiges Feedback (vage Öffentlichkeit),

• ein Kommunikator wendet sich an eine elektronische Gemeinschaft bzw. ein Nutzerkollektiv und erwartet gegenseitige Bezugsaufnahme, etwa in Chat-Groups oder Diskussionsforen (gezielte Öffentlichkeit),

• ein Kommunikator tritt per E-Mail mit (einem) anderen in direkten Kontakt (computervermittelte, interpersonale private Kommunikation).

Damit diese und andere Möglichkeiten genutzt werden können, kommt alles darauf an, dass die freie Zugänglichkeit zu den Netzen gewahrt bleibt gegen alle Versuche der Politik und der Wirtschaft, jeden Zugang zu kontrollieren und Begrenzungen dafür einzuführen, was ins Netz gestellt werden kann (z. B. um rassistische oder pornographische Angebote zu verhindern).

CMC kann bereits heute in vielfältiger Form genutzt werden, als Dienstleistungsinstrument (E-Commerce, Tele-Banking, Tele-Shopping), als Abrufmedium für Daten aller Art (vom Fahrplan bis zur Enzyklopädie), als Austauschinstrument (Chatting), als Forum für Diskussionen und Debatten. Dabei können Öffentlichkeit und Privatheit insofern miteinander vermittelt werden, als man entweder persönlich oder in wechselnden fiktiven Identitäten an solchen Kommunikationen teilnehmen, von einer Form in die andere wechseln und Anfang und Ende der Kommunikation selbst bestimmen kann.

CMC führt zwangsläufig zu einer Neubestimmung der traditionellen Handlungsbereiche Produktion und Rezeption von Medienangeboten. Weil jede im Netz zugängliche Datei in den eigenen Produktionsprozess einbezogen werden kann, schwindet das traditionelle Bild des Autors, der alles aus sich selbst heraus erfinden muss. Der Rezipient ist nicht länger angewiesen auf die Wort-für-Wort-Lektüre eines Textes. Er komponiert den Gegenstand seiner Rezeption durch die aktive Auswahl und Nutzung vorgegebener Verweise und Verknüpfungsmöglichkeiten (Links). Damit wird – zumindest im Bereich der Hypertexte – Medienutzung zu einem Prozess kreativer Interaktion zwischen Autor, Rezipient und Medienangebot: Ein Sende-Autor und ein Nutzer-Autor interagieren mittels gemeinsamer Arbeit an einem Medienangebot.

CMC verändert unsere *Möglichkeiten sozialer Formationen*. Die beiden wichtigsten Schlagwörter in diesem Zusammenhang lauten: «virtuelle Gemeinschaften» und «virtuelle Demokratie».

Das Internet bietet vielfältige Möglichkeiten des Zusammenschlusses von Nutzergruppen mit ähnlichen Kommunikationsbedürfnissen. Dadurch entstehen *virtuelle Gemeinschaften* mit ganz unterschiedlichen Interaktionsformen. Howard Rheingold, einer der bekanntesten amerikanischen Virtualitätsforscher, schreibt dazu:

«Virtuelle Gemeinschaften sind soziale Zusammenschlüsse, die dann im Netz entstehen, wenn genug Leute diese öffentlichen Diskussionen lange genug führen und dabei ihre Gefühle einbringen, so daß im Cyberspace ein Geflecht persönlicher Beziehungen entsteht.» (1994 : 16)

Diese neuen Gemeinschaften, die auch sehr dispers sein können, werden wohlgemerkt nicht durch das Netz selbst erzeugt, sondern im Netz durch die Verbindung von interaktiver Kommunikation und Massenkommunikation. Während Gemeinschaften früher an Orte gebunden waren, sind sie im Netz nicht auf Orte konzentriert, sondern auf Netzwerke von Interaktionen, die Gemeinschaften durch einen rituellen Austausch von Mitteilungen erzeugen. Die Mitglieder solcher Gemeinschaften können ganz unterschiedlichen Status haben. So diskutieren in wissenschaftlichen Diskussionsforen in der Zunft bekannte Leute, die ihre Beiträge auch mit Namen kennzeichnen. Ganz anders die Mitglieder von MUDs (multi user dungeons) oder Chat-Corners, die entweder anonym oder unter beliebigen Identitäten agieren, das Geschlecht, den sozialen Status oder den persönlichen Charakter wechseln können usw. Hier ist der Nutzer keine Person, sondern eine Maske, eine *persona* oder ein Avatar. Körper und Kommunikation werden entkoppelt, wodurch ein schwieriges neues Ich-Du-Verhältnis entsteht, weil keine vertrauensbildende Stabilität die Beziehung verlässlich macht. Hinzu kommt, dass die Kommunikation jederzeit abgebrochen werden kann. So entstehen zwar labile und zeitabhängige virtuelle Gemeinschaften, aber es sind Gemeinschaften *à la carte* und ohne die besondere Verantwortung, die sonst aus verlässlicher Gemeinschaftszugehörigkeit und aus berechenbarer Identität der Gemeinschaftsmitglieder erwächst. Dies dürfte auch der Grund dafür sein, dass die Kommunikationsangebote in solchen *virtual communities* oft bemerkenswert belanglos, unsicher und irrelevant sind. Ebenso bemerkenswert ist aber, dass schon sehr rasch auch in solchen virtuellen Kommunikationsgemeinschaften wieder der Wunsch nach Regeln und Verbindlichkeiten aufgekommen ist. Auch im Netz ist zum Beispiel *Netikette* angesagt.

Und auch im Netz möchte man einen kleinen Ersatz für die

Kommunikationsannehmlichkeiten, die in der interaktiven Kommunikation durch Mimik und Gestik gegeben sind, Ersatz in Form von «Smileys und Emoticons».

Abbildung 3 : Smileys und Emoticons

Smiley	Bedeutung
:-)	Einfaches Lächeln (fröhliches Gesicht) = Standard-Smiley
:)	Einfaches Lächeln ohne Nase (fröhliches Gesicht) = Miniatur-Smiley
(-:	Einfaches Lächeln (fröhliches Gesicht) = Für Linkshänder
:-)))	Sehr fröhlich oder witzig (Doppelkinn)
;-)=)	Großes Grinsen (Zähne sichtbar)
;-)	Lächeln mit Augenzwinkern, Ironie
'-)	Lächeln mit Augenzwinkern
,-)	Fröhliches Gesicht mit Augenzwinkern
,-}	Süßsaures Lächeln mit Augenzwinkern
:-,	Noch ein Grinsen
:-r	Zunge rausstrecken
:-P	Zunge rausstrecken
:-J	Einen Spaß machen
:-7	Ironische Bemerkung
:-D	Mit einem Lächeln sagen oder Lachen / Auslachen (Mund offen)
:-d	Mit einem Lächeln sagen
:D	Lachen
:'-)	Zum Weinen glücklich sein
:*)	Herumalbern
%-}	Blödsinn
:-x	Kuss
:-*	Kuss oder Oh oh!
:-X	Dicker Schmatz oder Großer nasser Kuss
@›--›--	Rose
:'-(	Weinen
:-O	Schreien oder schockiert (Mund vor Schreck offen)
:-(	Traurig sein oder unglücklich oder «find ich nicht lustig»
:-((	Ganz traurig sein
:-]	Dummkopf
:-@	Brüllen oder extrem verärgert
:-c	Ganz, ganz traurig sein
:-)#	Vollbart

Quelle: http://www.plauderecke.ch/P_SMILEYS.HTML

Andererseits darf nicht übersehen werden, dass für viele, die isoliert oder unter schwierigen sozialen oder politischen Bedingungen leben, die bloße Kommunikations- und Informations*möglichkeit* bereits ein großer Gewinn ist. Virtuelle Nachbarschaften vom Cyber-Café bis zu Cybersex überwinden Grenzen und Hierarchien, tragen zur Linderung sozialer Isolation bei, geben Hoffnung auf eine bessere und fairere Behandlung von Behinderten und sozialen Randgruppen, die im Netz unerkannt agieren können. Ob sich solche Hoffnungen erfüllen werden, muss sich erst noch erweisen.

Große Hoffnungen setzen viele auch in die vom Internet ermöglichte *virtuelle Demokratie*. 1994 verklärte der US-Vizepräsident Al Gore das Internet zum neuen athenischen Zeitalter der Demokratie auf dem *Information Superhighway*. Die Visionäre des neuen Zeitalters beschwören neue Möglichkeiten einer partizipatorischen Demokratie, die alle Grenzen und Hierarchien überwindet und alle Bürger direkt und unmittelbar in die Lösung aller Probleme von der Nachbarschaft bis zur Weltgesellschaft einbezieht. Bisher verschlossene Möglichkeiten des Lernens und der Erziehung stehen nun allen offen. Alle Kulturen wachsen zu einem neuen kulturellen Multiversum zusammen und so weiter und so weiter.

Die Hoffnungen sind groß, aber auch die Probleme und Gefahren liegen auf der Hand. Das Netz erlaubt nicht nur den Abbau von Hierarchien, sondern auch das Entstehen neuer Informationseliten (der früher schon erwähnten «Wissensriesen»), die die neuen Mensch-Maschine-Interaktionen perfekter als andere beherrschen. Partizipatorische Demokratie stellt erhebliche Anforderungen an das Verantwortungsbewusstsein der Akteure, die auch ohne direkte soziale Kontrollmöglichkeiten «im Dienste der Sache» entscheiden müssen und nicht zum eigenen Vorteil oder aus reinem Spieltrieb. Schon jetzt ist die Rechtslage bezüglich Privatheit, geistigem Eigentum und ethischen Standards im Netz schwierig genug. Unklar ist, wie hier Freiheit und Verantwortung bei einer Globalisierung der Netz-Nutzung sinnvoll miteinander vermittelt werden können. – Wir werden sehen.

9. Konstanten der Medienentwicklung

Wir haben diese Einführung in die Kommunikationswissenschaft begonnen mit historischen Beispielen dafür, wie die Medienentwicklung die Kommunikation und wie beide kognitive wie soziale Entwicklungen beeinflusst haben.

Wir sind bei unserer Darstellung der Probleme, Modelle, Theorien und Methoden der Kommunikationswissenschaft im Laufe ihrer Geschichte immer wieder auf solche gemeinsamen Entwicklungen gestoßen, zuletzt auf die einschlägigen Entwicklungen im Internet.

Wissenschaft begnügt sich ungern mit der Beschreibung einzelner Ereignisse oder Phänomene. Sie sucht nach grundlegenden Gemeinsamkeiten, die Entwicklungen erklärbar und verstehbar machen, sie sucht nach Gesetzmäßigkeiten oder doch zumindest nach Konstanten von Entwicklungen.

Ebendiesen Versuch wollen wir zum Abschluss dieser Einführung in die Kommunikationswissenschaft unternehmen, also einen Versuch, die scheinbar chaotisch verlaufende Medienentwicklung überschaubar und verständlich zu machen.

Dieser Versuch ist riskant; denn bisher sind noch viele Einzelheiten der Mediengeschichte unerforscht, sodass man damit rechnen muss, dass unsere Hypothesen sich nicht oder nicht eindeutig bestätigen lassen. Andererseits braucht die wissenschaftliche Entwicklung solche riskanten Versuche, um sich selbst eine Richtung für ihre Forschung zu geben und damit Erfahrungen machen zu können.

Die These, die wir kurz vorstellen und begründen wollen, lautet wie folgt: Die Geschichte der Medienentwicklung verläuft keineswegs willkürlich, sondern folgt bestimmten Entwicklungskonstanten, die sich bei der Durchsetzung jedes neuen Mediums in der jeweils aktuellen historischen Form wiederholen.

1. Konstante: Disziplinierung der Wahrnehmung

Jedes Medium, das gesellschaftlich durchgesetzt wird, übt durch seine technischen Einrichtungen und Bedingungen ebenso wie durch die Art seiner sozialsystemischen Institutionalisierung einen erheblichen Einfluss auf seine Nutzung wie seine Nutzer aus (= Medium-Wirkung). Wie wir an verschiedenen Stellen in diesem Buch gezeigt haben, muss jeder, der ein bestimmtes Medium nutzen will, besondere Fähigkeiten erwerben und sich den Nutzungsbedingungen unterwerfen. Wer den Buchdruck nutzen will, muss lesen lernen, sich Zugang zu Büchern verschaffen, sich für die Themen interessieren, die in Büchern behandelt werden usw. Wer das Internet nutzen will, muss den Umgang mit dem PC und seinen Programmen erlernen, sich an den verfügbaren Suchmaschinen orientieren, sich auf neue Formen der Informationsverarbeitung wie Hypertexte einstellen usw.

Jedes neue Medium führt also auf der kognitiven Ebene, die hier zur Debatte steht, zu einer Disziplinierung der Wahrnehmung, wobei Disziplinierung einen doppelten Aspekt aufweist: Einerseits werden die Wahrnehmungen der Menschen auf bestimmte eng begrenzte Möglichkeiten eingeschränkt (beim Lesen auf den Gesichtssinn), andererseits eröffnet diese Disziplinierung neue kreative Möglichkeiten (man kann im Lesen Wissen gewinnen, was einem sonst völlig unzugänglich gewesen wäre, man kann mit Personen rund um die Welt kommunizieren).

2. Konstante: Demokratisierungsversprechen

Bei der Einführung jedes neuen Mediums gibt es leidenschaftliche Befürworter und Gegner, die immer die gleichen Argumente verwenden. Während die Gegner einen Verfall der bisherigen Kultur und Gefahren für die Gesellschaft wie die Individuen beschwören, werben die Befürworter mit dem Argument, das neue Medium werde allen mehr Zugang zu Wissen, Kultur und Unterhaltung eröffnen, eine bessere Kontrolle der Macht erlauben und allen durch neue Kreativität im Umgang mit dem neuen Medium kulturelles Kapital verschaffen. Vom Buchdruck bis zum Internet hat sich dieses Argument nicht verändert, das mehr Gerechtigkeit durch größere Gleichheit aller vor dem Medium verheißt – eine Verheißung, die sich nie (ganz) erfüllt hat.

3. Konstante: Kommerzialisierung

Jedes Medium, so hatten wir in Kapitel 6.8 erläutert, braucht eine spezielle Technologie, sei es den Druck mit beweglichen Lettern oder die Herstellung und Ausstrahlung eines Hörfunkprogramms. Schon Gutenberg, der Erfinder des Buchdrucks, musste im 15. Jahrhundert feststellen, wie teuer die von ihm entwickelte Technik wurde (er ging Bankrott).

Technikbestimmte Medien sind nicht nur teuer; sie brauchen auch eine Fülle sozialer Regelungen. Der Buchdruck erfordert die Einrichtung von Druckereien, Vertriebssystemen, Verkaufssystemen, die wiederum wirtschaftliche, rechtliche und soziale Probleme aufwerfen, die gesellschaftlich geregelt werden müssen – man denke nur an die Einführung des privaten Fernsehens in Deutschland seit 1984.

Damit ein neues Medium sich etablieren kann, muss es «sich rechnen». Die wirtschaftliche Logik jedes Mediensystems verlangt Massenkonsum und stetes Wachstum. Medien bieten an, wonach die größte Nachfrage besteht, gleich ob es sich um ein Produkt für alle oder um viele Produkte für viele (wie bei den Special-interest-Medien) handelt. Das aber bedeutet, dass sich die Kommunikationsmöglichkeiten, die Massenmedien eröffnen, nach kommerziellen Gesichtspunkten richten. Rezipienten können nur nutzen, was angeboten wird, und angeboten wird, was sich rechnet.

Diese Kommerzialisierung der Kommunikation, die mit dem Buchdruck begann, hat sich vervollständigt mit der Einführung des dualen Rundfunksystems, mit dem alle Medien (z. T. völlig) abhängig wurden von der Werbung und den Media-Agenturen, die den Medieneinsatz der Werbung steuern.

4. Konstante: Individualisierung

Die Konstante Individualisierung hängt aufs engste zusammen mit der Kommerzialisierung. Um sich zu rechnen, genügt es nicht, immer das Gleiche anzubieten; vielmehr lautet die Devise: Immer mehr anderes! Damit aber werden sowohl die Angebote als auch die Nutzungsmöglichkeiten (wohlgemerkt auf massenhaftem Niveau) individualisiert. Mit anderen Worten: Medien richten sich nach Zielgruppenspezifik.

Hinzu kommt, dass technische Innovationen die Individualisierung unterstützen, wie man an so unterschiedlichen Beispielen wie dem Video und dem Internet deutlich beobachten kann: Beide bieten Aktanten ein schier unerschöpfliches Nutzungspotenzial.

5. Konstante: Entkopplung

Schon mit der Schrift als dem ersten Medium[1] kam es zu einer Trennnung von Erleben und Handeln, zu einer Verringerung räumlicher und zeitlicher Bindungen der Kommunikation. Die Schrift erlaubte Kommunikation mit Abwesenden an fernen Orten und zu unterschiedlichen Zeiten. Mit jedem neuen Medium erhöhte sich der Grad der räumlichen Entkopplung sowie der zeitlichen Beschleunigung bis hin zur Online-Kommunikation mit körperlosen Adressen im Internet. Wissen und Gedächtnis sind seit der Erfindung der Schrift nicht länger an den Körper gebunden, sondern liegen in Dokumenten und Archiven, in Datenbanken und Enzyklopädien für Nutzer bereit.

6. Konstante: Latenzbeobachtung

Jedes Medium ist in der Lage und daran interessiert, sich selbst und andere Medien zu beobachten. Das bedeutet im Klartext, dass Medien (Beobachter) andere Medien (Beobachter) beim Beobachten beobachten. Was wählt das jeweils andere Medium als berichtenswert aus? Wie wird das Berichtenswürdige im Medium präsentiert und inszeniert?

Mediennutzer beobachten ihrerseits, was Medien beobachten und wie sie es präsentieren. Auf diese Weise wird der Beobachtungsmodus zweiter Ordnung (= das Beobachten des Beobachtens), in der Soziologie «Latenzbeobachtung» genannt, eingeübt und entwickelt sich zur Routine von Mediennutzern. In diesem Beobachtungsmodus aber wird deutlich, dass man immer auch anderes und anders beobachten könnte, was als Kontingenz-Erfahrung bezeichnet wird.

---

1 Wohlgemerkt: Wir betrachten gesprochene Sprache nicht als Medium, sondern als Kommunikationsinstrument, das in fast allen Medien verwendet werden kann. Ein Medium dagegen erfordert (wie in Kapitel 6.8 erläutert) eine bestimmte Technologie und eine sozialsystemische Ordnung, so auch das Medium Schrift.

Wenn aber keine der präsentierten Medienwirklichkeiten mehr als bedingungslos verbindlich angesehen werden kann, dann verändert sich unsere Auffassung von Wirklichkeit. Wir können am Buch, am Film, am Hörfunk, am Fernsehen oder am Internet beobachten, dass es viele verschiedene Wirklichkeiten gibt, je nach dem Maß ihrer Herstellung und Präsentation. Zwar geben wir aus ganz praktischen Gründen nach wie vor unserer lebensweltlichen Erfahrungswirklichkeit den Vorrang – aber wir können jetzt wissen, dass andere das eben nicht tun, was den Wirklichkeitsbegriff in die Mehrzahl versetzt.

7. Konstante: Intermedialität und Reflexivität

Medien beziehen sich auf sich selbst und auf andere Medien, sie beobachten und kommentieren, was die anderen Medien beobachten und kommentieren, sie kritisieren sich gegenseitig und machen daraus eigenes Programm. Dadurch wird das Mediensystem moderner Gesellschaften insgesamt reflexiv (selbstbezüglich) und in gewisser Hinsicht auch selbstgenügsam: Es bezieht seine Themen und Darstellungsformen weitgehend aus sich selbst.

Die Beziehungen des Mediensystems auf sich selbst nehmen eine doppelte Gestalt an: Zum einen zitieren und kommentieren Medien, was in den anderen Medien geschieht (= Intermedialität); zum anderen integrieren Medien zunehmend andere Medien in ihrem System (= Hybridisierung), was exemplarisch im Internet zum Ausdruck kommt, das Texte, Bilder, Filme, Töne usw. in sich aufnimmt und zu hybriden Gebilden verschmilzt.

8. Konstante: Autologie der Medienforschung

Die Erforschung von Medien und Kommunikation – beide sind unlösbar voneinander – weist eine Besonderheit auf: Medienforschung heißt Beobachtung und Beschreibung von Medien in Medien und mit Hilfe von Medien. Damit ist Medienforschung notwendig auf sich selbst bezogen, sie muss ihre eigenen Erklärungen erklären, sie benutzt ihre Mittel (Medien), um ihren Problembereich (Medien) zu bearbeiten. Mit anderen Worten: Sie ist immer (auch) Teil dessen, was sie beobachtet und beschreibt – eine schwierige Situation, aber zugleich eine verwirrend faszinierende Perspektive.

10. Kommunikationswissenschaft nach 2000: Aspekte eines denkbaren Szenarios

Wie wir in diesem Buch an verschiedenen Stellen ausgeführt haben, präsentiert sich das Fach Kommunikationswissenschaft heute (noch) nicht als einheitliche Disziplin mit einem festgefügten Kanon an Konzepten, Theorien und Ergebnissen. An den verschiedenen Hochschulen gibt es unterschiedliche Bezeichnungen für das Fach, die Studiengänge unterscheiden sich teilweise ganz erheblich voneinander, die Forschungsansätze sind verschieden, Ergebnisse werden unterschiedlich bewertet.

Gleichwohl beweisen die Jahrestagungen der Deutschen Gesellschaft für Publizistik- und Kommunikationswissenschaft (DGPuK), dass sich die Fachvertreterinnen und Fachvertreter in vielen thematischen und methodischen Fragen weitgehend einig sind. Daher kann man die beobachtbaren Unterschiede durchaus auch positiv deuten, nämlich als Anzeichen für die Lebendigkeit des Fachs Kommunikationswissenschaft, das wie jede menschliche Veranstaltung nicht nur Unterschiede, sondern auch Widersprüche auszuhalten und kreativ auszunutzen in der Lage ist.

Gleichwohl braucht das Fach, wie jede zielgerichtete menschliche Tätigkeit, Planungen und Prognosen, auch wenn wir alle wissen, dass Prognosen so gut wie nie eintreffen. Wir brauchen sie, um uns über den gegenwärtigen Stand der Dinge zu informieren und um zum anderen Diskussion darüber herbeizuführen, wie man mit Unterschieden im Status quo künftig umgehen will. Ebendiesen Zweck verfolgen auch die knapp gehaltenen Vorschläge für eine Fortentwicklung der Kommunikationswissenschaft, die wir zum Abschluss unserer Einführung in die Kommunikationswissenschaft machen möchten.

Für die Außendarstellung des Fachs wäre es sicher förderlich, wenn sich die Fachvertreter auf einen gemeinsamen Namen einigen könnten. Als Kandidaten schlagen wir *Kommunikationswissenschaft* vor, wobei klar sein müsste, dass damit notwendig immer auch Medienwissenschaft impliziert ist; denn historisch wie aktuell sind Medien und Kommunikation nicht voneinander zu trennen. Bei der Diskussion um eine einheitliche Benennung geht es aber nicht bloß um einen Namen. Vielmehr ist mit unserem Vorschlag auch ein Programm der künftigen Fachentwicklung angedeutet, das unter die Schlagwörter ‹Integration› und ‹Interdisziplinarität› gebracht werden kann.

• ‹Integration› benennt den Versuch, die unterschiedlichen Ansätze in der Disziplin (von Journalismus- und Publizistikwissenschaft bis Medienwissenschaft und Medientheorie; (siehe Kapitel 1.4) so weit aufeinander auszurichten, dass eine kreative Vielfältigkeit im Fach erreicht werden kann, die ein bloßes Gegen- oder Nebeneinander der Ansätze ablöst.

• ‹Interdisziplinarität› scheint uns als Entwicklungsziel deshalb so wichtig zu sein, weil heute offenkundig ist, dass jede ernst zu nehmende Erforschung von Medien und Kommunikation auf Wissen und Erfahrungen zurückgreifen muss, die in anderen Disziplinen (von der Anthropologie bis zur Zoologie) erarbeitet und erprobt worden sind. Eine Zusammenarbeit mit anderen Disziplinen aber setzt voraus, dass man die eigenen Probleme und Problemlösungen in einer Weise benennt und behandelt, die Vertreter anderer Fächer auch nachvollziehen können. Schon aus diesem Grund braucht eine Kommunikationswissenschaft akzeptierte Grundbegriffe und Problemlösungsverfahren (Methoden), um in der Diskussion mit anderen Disziplinen gesprächsfähig zu werden bzw. zu bleiben.

Ein weiterer Vorschlag betrifft das Problem des Verhältnisses zwischen Theorie und Praxis. Kommunikationswissenschaftliche Studiengänge weisen aus guten Gründen (mehr oder weniger umfangreiche) Praxisanteile auf, etwa in Form von Praktika. Und an den meisten Hochschulen werden solche Praktika begleitet von Veranstaltungen, die deren wissenschaftlicher Vorbereitung und Auswertung dienen. An vielen Hochschulen werden stark praxisorientierte Bachelor-Studiengänge geplant (so an der Universität Münster) oder bereits erprobt (wie an der Universität Bochum), die bereits nach sechs Semestern einen Hochschulabschluss ermöglichen und gleichwohl eine wissenschaftlich anspruchsvolle Ausbildung gewährleisten sollen.

Solche Ziele sind unseres Erachtens nur zu erreichen, wenn man das Verhältnis zwischen Theorie und Praxis neu überdenkt. Bis heute überwiegt die Vorstellung, dass «die Theoretiker» Wissen produzieren, was «die Praktiker» dann wie andere Instrumente auch anwenden, um ihre Probleme zu lösen. Dahinter steht die Vorstellung, dass Wissen sozusagen ohne Reibungsverlust in Handlung umgesetzt werden kann. Nach den Überlegungen, die wir in den vorangegangenen Kapiteln angestellt haben, ist diese Vorstellung problematisch. Plausibler erscheint uns die Annahme, dass theoretisch gewonnenes und kommunikativ angebotenes Wissen in einem anderen sozialen Handlungsbereich zum Anlass genommen werden kann, um *unter den dort herrschenden Bedingungen* Wissen zu *produzieren*. Mit anderen Worten: Die «Praktiker» verwandeln «Wissensangebote» (versprachlichte Erfahrungen mit Problemlösungen) der «Theoretiker» in bereichsspezifisches Wissen, das zur Problemlösung eingesetzt werden kann. In beiden Bereichen wird bereichsspezifisches Wissen gewonnen und erprobt, das im jeweils anderen Bereich beobachtet und genutzt werden kann. Es geht also nicht um einen Transfer von Wissen von der Theorie zur Praxis, sondern um eine Erweiterung der bereichsspezifischen Möglichkeiten durch bereichsspezifisches Erfahrungmachen mit Problemlösungen in anderen Bereichen.

Daher ist weder auf der Theorie- noch auf der Praxisseite irgendein Dünkel angebracht. Wenn heute noch viele «erfahrene Hasen» in der Praxis fragen, warum der Nachwuchs kommunikationswissenschaftlich ausgebildet werden soll, statt das journalistische Handwerk gründlich zu erlernen; und wenn Wissenschaftler infrage stellen, warum der Nachwuchs gründliche Praxiserfahrungen braucht, dann zeigen beide Seiten ein tiefes Unverständnis der Situation. Kommunikationsberufe der Zukunft stellen hohe Anforderungen an die Beobachtungs- und Kommunikationsfähigkeiten sowie an die Problemlösungsfähigkeit der Berufsvertreter. Da genügt es keineswegs, Fähigkeiten nur in einem Bereich erworben zu haben. Vielmehr müssen die Berufsvertreter in der Lage sein, Beobachtungsperspektiven zu wechseln und unterschiedliche Beschreibungen von Situationen anzufertigen, um Varianten von Problemlösungen erproben zu können. Sie müssen, mit anderen Worten, in der Lage sein, Wissen aus der Theorie und Wissen aus der Praxis zu erzeugen und zu erproben, wobei diese Prozesse als lebenslange Lernprozesse anzusehen sind. In Zukunft wird keiner mehr «auslernen», wird nur der erfolgreich sein, der gelernt hat und lernt, wie man aus Wissen neues Wissen macht und dies in Problemlösungen umsetzt, aus denen wiederum gelernt werden kann.

Anhang

Verwendete Literatur

Bendrath, Ralf (1999): Der Kosovo-Krieg im Cyberspace. Cracker, Infowar und Medienkrieg. URL: http://www.heise.de/tp/deutsch/special/info/6449/1.html (Stand vom 20. 08. 1999).

Bentele, Günter (1999): Die Mediengesellschaft und ihre Wissenschaft. Unveröffentlichtes Manuskript.

Berelson, Bernard (1952): Content Analysis in Communication Research. Glencoe: The Free Press.

Berghaus, Margot (1999): Wie Massenmedien wirken. Ein Modell zur Systematisierung. In: Rundfunk und Fernsehen, 47. Jg., Heft 2/1999, 181–199.

Blöbaum, Bernd (1994): Journalismus als soziales System. Geschichte, Ausdifferenzierung und Verselbständigung. Opladen: Westdeutscher Verlag.

Blumler, Jay G.; Katz, Elihu (Hrsg.) (1974): The Uses of Mass Communications. Current Perspectives in Gratification Research. Beverly Hills: Sage Publications.

Bonfadelli, Heinz (1980): Neue Fragestellungen zur Wirkungsforschung: Zur Hypothese der wachsenden Wissenskluft. In: Rundfunk und Fernsehen, 28. Jg., Heft 2/1980, 173–193.

Bortz, Jürgen (1993): Statistik für Sozialwissenschaftler. 4. Aufl. Berlin/Heidelberg [u. a.]: Springer.

Bourdieu, Pierre (1998): Über das Fernsehen. Frankfurt am Main: Suhrkamp.

Campbell, Duncan (1999): Peinlicher Fehler deckt die Unterwanderung von Windows durch die NSA auf. Die Entdeckungen von Nicko van Someren und Andrew Fernandes. http://www.heise.de/tp/deutsch/inhalt/te/5274/1.html (Stand vom 14. 09. 99).

Carey, James W. (1989): Communication as Culture. Essays on Media and Society (Media and Popular Culture 1). London [u. a.]: Routlege.

Coy, Wolfgang (1995): Von der Gutenbergschen zur Turingschen Galaxis: Jenseits von Buchdruck und Fernsehen. Einleitung zur Neuauflage Marshall McLuhans Gutenberg-Galaxis. In: McLuhan, Marshall (1995): Die Gutenberg-Galaxis. Das Ende des Buchzeitalters. Bonn/Paris [u.a.]: Addison-Wesley, VII-XVIII.

Donsbach, Wolfgang (1991): Medienwirkung trotz Selektion. Einflußfaktoren auf die Zuwendung zu Zeitungsinhalten. Köln [u.a.]: Böhlau.

Drösser, Christoph; Krempl, Stefan (2000): Krieg im Computer. Das Schlachtfeld der Zukunft ist der Cyberspace. In: DIE ZEIT, Nr. 2 vom 5. 1. 2000, 23–24.

Feilke, Helmut (1994), Common-sense-Kompetenz. Überlegungen zu einer Theorie des «sympathischen» und «natürlichen» Meinens und Verstehens. Frankfurt am Main: Suhrkamp.

Flick, Uwe (1998): Qualitative Forschung. Theorie, Methoden, Anwendung in Psychologie und Sozialwissenschaften. 3. Aufl. Reinbek bei Hamburg: Rowohlt.

Foerster, Heinz von (1993): Wissen und Gewissen. Versuch einer Brücke. (Hrsg. von Siegfried J. Schmidt). Frankfurt am Main: Suhrkamp.

Franck, Georg (1998): Ökonomie der Aufmerksamkeit. Ein Entwurf. München: Hanser.

Freud, Gisèle (1989): Photographie und Gesellschaft. Reinbek bei Hamburg: Rowohlt.

Friedrichs, Jürgen (1990): Methoden empirischer Sozialforschung. 14. Aufl. Opladen: Westdeutscher Verlag.

Früh, Werner; Schönbach, Klaus (1991): Der dynamisch-transaktionale Ansatz. Ein neues Paradigma der Medienwirkungen. In: Früh, Werner (1991): Medienwirkungen: Das dynamisch-transaktionale Modell. Theorie und empirische Forschung. Opladen: Westdeutscher Verlag, 23–39.

Galtung, Johan; Ruge, Marie Holmboe (1965): The Structure of Foreign News. The Presentation of the Congo, Cuba and Cyprus Crisis in Four Norwegian Newspapers. In: Journal of Peace Research, 2. Jg./1965, 64–91.

Gerbner, George (1992): Violence and Terror in and by the Media. In: Raboy, Marc; Dagenais, Bernard (Hrsg.) (1992): Media, Crisis and Democracy. Mass Communication and the Disruption of Social Order. London/Newbury Park/New Delhi: Sage, 94–107.

Gerbner, George (o. J.): Why the Cultural Environment Movement? URL: http://www.cemnet.org/ (Stand vom 14. 09. 99).

Grunig, James E.; Hunt, Todd (1984): Managing Public Relations. Fort Worth [u.a.]: Holt, Rinehart and Winston.

Hagemann, Walter (1947): Grundzüge der Publizistik. Münster: Regensberg.

Hepp, Andreas; Winter, Rainer (Hrsg.) (1999): Kultur – Medien – Macht. Cultural Studies und Medienanalyse. 2. Aufl. Opladen/Wiesbaden: Westdeutscher Verlag.

Hug, Detlef Matthias (1997): Konflikte und Öffentlichkeit. Zur Rolle des Journalismus in sozialen Konflikten. Opladen: Westdeutscher Verlag.

Janick, Peter (1997): Kleine Philosophie der Naturwissenschaften. München: Beck.

Kemp, Wolfgang (Hrsg.): Theorie der Photographie, Bd. 1, 1829–1912. München: Schirmer-Mosel.

Kepplinger, Hans Mathias (1980): Optische Kommentierung in der Fernsehberichterstattung über den Bundestagswahlkampf 1976. In: Ellwein, Thomas (1980) (Hrsg.): Politikfeld-Analysen. Opladen: Westdeutscher Verlag, 163–179.

Krippendorff, Klaus (1994): Der verschwundene Bote. Metaphern und Modelle der Kommunikation. In: Merten, Klaus; Schmidt, Siegfried J.; Weischenberg, Siegfried (Hrsg.) (1994): Die Wirklichkeit der Medien. Eine Einführung in die Kommunikationswissenschaft. Opladen: Westdeutscher Verlag, 79–113.

Kriz, Jürgen (1997): Chaos, Angst und Ordnung. Wie wir unsere Lebenswelt gestalten. Göttingen/Zürich: Vandenhoeck & Ruprecht.

Krotz, Friedrich (1992): Kommunikation als Teilhabe. Der ‹Cultural Studies Approach›. In: Rundfunk und Fernsehen. 40. Jg., Heft 3/1992, 412–431.

Krugman, Herbert E. (1965): The Impact of Television Advertising: Learning without Involvement. In: Public Opinion Quarterly, 29. Jg., Heft 3/1965, 349–356.

Lamnek, Siegfried (1995): Qualitative Sozialforschung. Band 2. Methoden und Techniken. 3. Aufl. Weinheim: Beltz.

Lang, Gladys E.; Lang, Kurt (1981): Watergate: An Exploration of the Agenda-Building Process. In: Wilhoit, Grover Cleveland; De Bock, Harold (Hrsg.) (1981): Mass Communication Review Yearbook, Vol. 2. Beverly Hills: Sage Publications, 447–468.

Lasswell, Harold D. (1948): The Structure and Function of Communication in Society. In: Bryson, Lyman (Hrsg.) (1948): The Communication of Ideas. A Series of Addresses. New York/London: Harper, 37–51.

Latzer, Michael (1997): Mediamatik – Die Konvergenz von Telekommunikation, Computer und Rundfunk. Opladen: Westdeutscher Verlag.

Lazarsfeld, Paul Felix; Berelson, Bernard; Gaudet, Hazel (1948): The People's Choice. How the Voter makes up His Mind in a Presidential Campaign. 2. Aufl. New York: Columbia University Press.

Lippmann, Walter (1990 [1922]): Die öffentliche Meinung. Bochum: Universitätsverlag Brockmeyer.

Luhmann, Niklas (1996): Die Realität der Massenmedien. 2. Aufl. Opladen: Westdeutscher Verlag.

Luhmann, Niklas (1998): Soziale Systeme. Grundriß einer allgemeinen Theorie. 7. Aufl. Frankfurt am Main: Suhrkamp.

Luhmann, Niklas (1999): Öffentliche Meinung und Demokratie. In: Maresch, Rudolf; Werber, Niels (Hrsg.) (1999): Kommunikation – Medien – Macht. Frankfurt am Main: Suhrkamp, 19–34.

Maletzke, Gerhard (1978 [ursprünglich 1963]): Psychologie der Massenkommunikation. Theorie und Systematik, Hamburg: Verlag Hans-Bredow-Institut.

Marchand, Philip (1999): Marshall McLuhan. Botschafter der Medien. Stuttgart: Deutsche Verlagsanstalt.

Marcinkowski, Frank (1993): Publizistik als autopoietisches System. Politik und Massenmedien. Eine systemtheoretische Analyse. Opladen: Westdeutscher Verlag.

Marti, Arno Bernhard Cesare (1994): Entwicklung und Probleme audiovisueller Medien in der EG. Münster/Hamburg: Lit.

Maturana, Humberto R. (1982): Erkennen: Die Organisation und Verkörperung von Wirklichkeit. Braunschweig/Wiesbaden: Vieweg.

Mayring, Philipp (1997): Qualitative Inhaltsanalyse. Grundlagen und Techniken. 6. Aufl. Weinheim/Basel: Beltz.

McCombs, Maxwell E. (1977): Newspaper versus Television: Mass Communication Effects Across Time. In: Shaw, Donald L.; McCombs, Maxwell E. (Hrsg.) (1977): The Agenda-Setting Function of the Press. The Emergence of American Political Issues. St. Paul: West, 89–106.

McCombs, Maxwell E.; Shaw, Donald L. (1972): The Agenda-Setting Function of Mass Media. In: Public Opinion Quarterly, 36. Jg., Heft 2/1972, 176–187.

Merten, Klaus (1974): Vom Nutzen der Lasswell-Formel – oder Ideologie in der Kommunikationswissenschaft. In: Rundfunk und Fernsehen, 22. Jg., Heft 2/1974, 143–165.

Merten, Klaus (1977): Kommunikation. Eine Begriffs- und Prozeßanalyse. Opladen: Westdeutscher Verlag.

Merten, Klaus (1984): Vom Nutzen des «Uses and Gratifications Approach». Anmerkungen zu Palmgreen. In: Rundfunk und Fernsehen, 32. Jg., Heft 1/1984, 66–72.

Merten, Klaus (1987): Öffentliche Meinung. In: Görlitz, Axel; Prätorius, Rainer (Hrsg.) (1987): Handbuch Politikwissenschaft. Reinbek bei Hamburg: Rowohlt, 327–332.

Merten, Klaus (1990): Inszenierung von Alltag. Kommunikation, Massenkommunikation, Medien. In: DIFF (Hrsg.): Medien und Kommunikation. Konstruktionen von Wirklichkeit. STE 3, STB 1. Weinheim/Basel: Beltz Verlag, 79–108.

Merten, Klaus (1995): Inhaltsanalyse: Einführung in Theorie, Methode und Praxis. 2. Aufl. Opladen: Westdeutscher Verlag.

Merten, Klaus; Westerbarkey, Joachim (1994): Public Opinion und Public Relations. In: Merten, Klaus; Schmidt, Siegfried J.; Weischenberg, Siegfried (Hrsg.) (1994): Die Wirklichkeit der Medien. Eine Einführung in die Kommunikationswissenschaft. Opladen: Westdeutscher Verlag, 188–211.

Meyrowitz, Joshua (1990a): Überall und nirgends dabei. Die Fernsehgesellschaft I. Weinheim/Basel: Beltz.

Meyrowitz, Joshua (1990b): Wie Medien unsere Welt verändern. Die Fernsehgesellschaft II. Weinheim/Basel: Beltz.

Morley, David (1999): Bemerkungen zur Ethnographie des Fernsehpublikums. In: Bromley, Roger; Göttlich, Udo; Winter, Carsten (Hrsg.) (1999): Cultural Studies. Grundlagentexte zur Einführung. Lüneburg: Zu Klampen, 281–316.

Neverla, Irene (1992): Fernseh-Zeit. Zuschauer zwischen Zeitkalkül und Zeitvertreib. Eine Untersuchung zur Fernsehnutzung. München: Ölschläger.

Noelle-Neumann, Elisabeth (1996): Öffentliche Meinung. Die Entdeckung der Schweigespirale. 4. Aufl. Berlin [u.a.]: Ullstein.

Noelle-Neumann, Elisabeth (1999): Die Wiederentdeckung der Meinungsführer und die Wirkung persönlicher Kommunikation im Wahlkampf. In: Noelle-Neumann, Elisabeth; Kepplinger, Hans Mathias; Donsbach, Wolfgang (Hrsg.) (1999): Kampa. Meinungsklima und Medienwirkungen im Bundestagswahlkampf 1998. Freiburg/München: Alber, 181–214.

Opaschowski, Horst W. (1999): User & Loser. Die gespaltene Informationsgesellschaft. In: medien praktisch, 23. Jg., Heft 3/99, 8–9.

Östgaard, Einar (1965): Factors Influencing the Flow of News. In: Journal of Peace Research, 2. Jg./1965, 39–63.

Ottler, Simon (1998): Zapping: zum selektiven Umgang mit Fernsehwerbung und dessen Bedeutung für die Vermarktung von Fernsehwerbezeit. München: Reingard Fischer.

Palmgreen, Philip (1984): Der «Uses-and-Gratifications-Approach»: Theoretische Perspektiven und praktische Relevanz. In: Rundfunk und Fernsehen, 32. Jg., Heft 1/1984:51–62.

Prakke, Henk (1965): Die Lasswell-Formel und ihre rhetorischen Ahnen. In: Publizistik, 10. Jg., Heft 3/1965, 285–291.

Reck, Hans Ulrich (Hrsg.) (1994), Fernsehen der Dritten Art. Eine Publikation der Lehrkanzel für Kommunikationstheorie anläßlich des Symposiums «Fernsehen der Dritten Art». Wien: Hochschule für angewandte Kunst.

Rheingold, Howard (1994): Virtuelle Gemeinschaft. Bonn: Addison Wesley.

Ritsert, Jürgen (1975): Inhaltsanalyse und Ideologiekritik. Ein Versuch über kritische Sozialforschung. 2. Aufl. Frankfurt am Main: Athenäum.

Ronneberger, Franz; Rühl, Manfred (1992): Theorie der Public Relations: Ein Entwurf. Opladen: Westdeutscher Verlag.

Rosengren, Karl Erik (1970): International News. Intra and Extra Media Data. In: Acta Sociologica, 13. Jg., Heft 1/1970, 96–109.

Roth, Gerhard (1994): Das Gehirn und seine Wirklichkeit. 2. Aufl. Frankfurt am Main: Suhrkamp.

Rötzer, Florian (1998a): Digitale Weltentwürfe. Streifzüge durch die Netzkultur. München [u.a.]: Hanser.

Rötzer, Florian (1998b): Infowar gegen die USA. Schlimmer als Pearl Harbor. URL: http://www.heise.de/tp/deutsch/special/info/6339/1.html (Stand vom 20.08.1999).

Rötzer, Florian (1999): Indonesiens Computersysteme sollen lahmgelegt werden. URL: http://www.heise.de/tp/deutsch/special/info/6471/1.htm (Stand vom 20.08.99).

Rühl, Manfred (1969): Die Zeitungsredaktion als organisiertes soziales System. Bielefeld: Bertelsmann Universitätsverlag. [2. Aufl. Fribourg: Universitätsverlag 1979].

Schmidt, Siegfried J. (1980), Grundriß der Empirischen Literaturwissenschaft. Teilband 1: Der gesellschaftliche Handlungsbereich Literatur. Braunschweig/Wiesbaden: Vieweg.

Schmidt, Siegfried J. (1989): Die Selbstorganisation des Sozialsystems Literatur im 18. Jahrhundert. Frankfurt am Main: Suhrkamp.

Schmidt, Siegfried J. (1994): Kognitive Autonomie und soziale Orientierung. Konstruktivistische Bemerkungen zum Zusammenhang von Kognition, Kommunikation, Medien und Kultur. Frankfurt am Main: Suhrkamp.

Schmidt, Siegfried J. (1998): Die Zähmung des Blicks: Konstruktivismus, Empirie, Wissenschaft. Frankfurt am Main: Suhrkamp.

Schmidt, Siegfried J. (2000): Kalte Faszination. Entwurf einer MedienKulturWissenschaft. Göttingen: Velbrück Verlag.

Schmidt, Siegfried J.; Spieß, Brigitte (1994): Die Geburt der schönen Bilder. Fernsehwerbung aus der Sicht der Kreativen. Opladen: Westdeutscher Verlag.

Schmidt, Siegfried J.; Spieß, Brigitte (1996): Die Kommerzialisierung der Kommunikation. Fernsehwerbung und sozialer Wandel 1956–1989. Frankfurt am Main: Suhrkamp.

Schmidt, Siegfried J.; Weischenberg, Siegfried (1994): Mediengattungen, Berichterstattungsmuster, Darstellungsformen. In: Merten, Klaus; Schmidt, Siegfried J.; Weischenberg, Siegfried (Hrsg.) (1994): Die Wirklichkeit der Medien. Eine Einführung in die Kommunikationswissenschaft. Opladen: Westdeutscher Verlag, 212–236.

Schmidt, Siegfried J.; Zurstiege, Guido (2000): Über die (Un-)Steuerbarkeit kognitiver Systeme. Kognitive und sozio-kulturelle Aspekte der Werbewirkungsforschung. In: Hejl, Peter M.; Stahl, Heinz Klaus (Hrsg.) (2000): Die Erfindung des Managements. Das Konstruieren von Unternehmen und Märkten. Heidelberg: Carl-Auer-Systeme Verlag (im Druck).

Scholl, Armin (1993): Die Befragung als Kommunikationssituation. Zur Reaktivität im Forschungsinterview. Opladen: Westdeutscher Verlag.

Scholl, Armin; Weischenberg, Siegfried (1998): Journalismus in der Gesellschaft: Theorie, Methodologie und Empirie. Opladen: Westdeutscher Verlag.

Schönbach, Klaus (1984): Ein integratives Modell? Anmerkungen zu Palmgreen. In: Rundfunk und Fernsehen, 32. Jg., Heft 1/1984, 63–65.

Schulz, Winfried (1976): Die Konstruktion von Realität in den Nachrichtenmedien. Analyse der aktuellen Berichterstattung. Freiburg/München: Alber.

Schulz, Winfried (1989): Massenmedien und Realität. Die «ptolemäische» und die «kopernikanische» Auffassung. In: Kaase, Max; Schulz, Winfried (Hrsg.) (1989): Massenkommunikation. Theorien, Methoden, Befunde. Opladen: Westdeutscher Verlag, 135–149.

Schütz, Walter J. (2000): Deutsche Tagespresse 1999. In: Media Perspektiven, Nr. 1/2000, 8–29.

Shannon, Claude E.; Weaver, Warren (1949): The Mathematical Theory of Communication. Urbana: Illinois Press.

Staab, Joachim Friedrich (1990): Nachrichtenwert-Theorie. Formale Struktur und empirischer Gehalt. Freiburg/München: Alber.

Tichenor, Philipp J.; Donohue, George A.; Olien, Clarice N. (1970): Mass Media Flow and Differential Growth in Knowledge. In: Public Opinion Quarterly, 34. Jg., Heft 2/1970, 159–170.

Treml, Alfred K. (1997): Klassiker. Die Evolution einflußreicher Semantik. Sankt Augustin: academia Verlag.

Watzlawick, Paul; Beavin, Janot H.; Jackson, Don D. (1967): Pragmatics of Human Communication. A Study of International Patterns, Pathologies and Paradoxes. New York: W.W. Norton.

Weibel, Peter (1990): Vom Verschwinden der Ferne. Telekommunikation und Kunst. In: Decker, Edith; Weibel, Peter (Hrsg.) (1990): Vom Verschwinden der Ferne. Telekommunikation und Kunst. Köln: DuMont, 19–78.

Weischenberg, Siegfried (1983): Investigativer Journalismus. Zu den Strukturbedingungen eines anderen Paradigmas der Berichterstattung. In: Rundfunk und Fernsehen, 31. Jg., Heft 3–4/1983, 349–369.

Weischenberg, Siegfried (1989): Der enttarnte Elefant. Journalisten in der Bundesrepublik – und die Forschung, die sich ihm widmet. In: Media Perspektiven, Heft 4/1989, 227–239.

Weischenberg, Siegfried (1994): Journalismus als soziales System. In: Merten, Klaus; Schmidt, Siegfried J.; Weischenberg, Siegfried (Hrsg.) (1994): Die Wirklichkeit der Medien. Eine Einführung in die Kommunikationswissenschaft. Opladen: Westdeutscher Verlag, 427–454.

Weischenberg, Siegfried (1995): Journalistik. Theorie und Praxis aktueller Medienkommunikation. Band 2: Medientechnik, Medienfunktionen, Medienakteure. Opladen: Westdeutscher Verlag.

White, David Manning (1950): The «Gate Keeper»: A Case Study in the Selection of News. In: Journalism Quarterly, 27. Jg., Heft 3/1950, 383–390.

ZAW (Hrsg.) (1999): Werbung in Deutschland 1999. Bonn: Verlag Edition ZAW.

Zurstiege, Guido (1998): Mannsbilder – Männlichkeit in der Werbung. Eine Untersuchung zur Darstellung von Männern in der Anzeigenwerbung der 50er, 70er und 90er Jahre. Opladen: Westdeutscher Verlag.

Institute für Kommunikationswissenschaft /
Medienwissenschaft / Publizistik in Deutschland

Universität Augsburg, Professur für Kommunikationswissenschaft, Philosophische Fakultät I
Universitätsstraße 10, 83135 Augsburg
Tel.: 08 21 / 5 98 – 56 65, Fax: 08 21 / 5 98 – 56 66
e-mail: ursula.mayer@phil.uni-augsburg.de
http://www.phil.uni-augsburg.de/phil1/faecher/kw.htm

Otto-Friedrich Universität Bamberg, Lehrstuhl für Kommunikationswissenschaft / Schwerpunkt Journalistik
An der Universität 9, 96045 Bamberg
Tel.: 09 51 / 8 63 – 21 58, Fax: 09 51 / 8 63 – 51 58
e-mail: helga.meinhardt@split.uni-bamberg.de
http://www.uni-bamberg.de/~ba4kw1/home.html

Freie Universität Berlin, Institut für Publizistik und Kommunikationswissenschaft
Malteserstraße 74 – 100, Haus L, 12249 Berlin-Lankwitz
Tel.: 0 30 / 77 92 – 8 18, Fax: 0 30 / 77 62 – 1 49
e-mail: institut@kommwiss.fu-berlin.de
http://kommwiss.fu-berlin.de/start.html

Hochschule der Künste Berlin, Institut für Gesellschafts- und Wirtschaftskommunikation
Hardenbergstraße 33, 10623 Berlin; Postfach 12 05 44, 10595 Berlin
Tel.: 0 30 / 31 85 – 22 04, Fax: 0 30 / 31 85 – 27 13
e-mail: beratung@hdk-berlin.de
http://www.gwk.hdk-berlin.de/

Technische Universität Berlin, Institut für Kommunikations-, Medien- und Musikwissenschaft
Ernst-Reuter-Platz 7, 10587 Berlin
Tel.: 0 30 / 3 14 – 2 29 92, Fax: 0 30 / 3 14 – 2 63 46
e-mail: gabriele.fuhrich@tu-berlin.de
http://www.medienberatung.tu-berlin.de/

Ruhr-Universität Bochum, Sektion für Publizistik und Kommunikation
Universitätsstraße 150, 44780 Bochum
Tel.: 0234/700–2742 oder 0234/700–2131, Fax: 0234/7094–241
e-mail: pukw-kontakt@ruhr-uni-bochum.de
http://www.ruhr-uni-bochum.de/publizistik/

Rheinische Friedrich-Wilhelms-Universität Bonn, Institut für Kommunikationsforschung und Phonetik
Poppelsdorfer Allee 47, 53115 Bonn
Tel.: 0228/735638, Fax: 0228/735639
e-mail: gvn@ikp.uni-bonn.de
http://www.ikp.uni-bonn.de/default.htm

Universität Dortmund, Institut für Journalistik
Emil-Figge-Straße 50, 44221 Dortmund
Tel.: 0231/755–2827, Fax: 0231/755–4131
e-mail: grotemeyer@ifj.fb15.uni-dortmund.de oder hagemeister@ifj.fb15.uni-dortmund.de
http://www.fb15.uni-dortmund.de/ifj-neu/index.html

Technische Universität Dresden, Institut für Kommunikationswissenschaft
Weberplatz 5, 01217 Dresden
Tel.: 0351/4463–3533, Fax: 0351/4463–7067
e-mail: tudkowi@rcs.urz.tu-dresden.de
http://www.tu-dresden.de/phfikw/ifk.htm

Heinrich-Heine-Universität Düsseldorf, Institut für Medienwissenschaft
Universitätsstraße 1, 40225 Düsseldorf
Tel.: 0211/8114014, Fax: 0211/8111929
e-mail: huberte@phil-fak.uni-duesseldorf.de
http://www.phil-fak.uni-duesseldorf.de/mewi/_navi4/index.htm

Katholische Universität Eichstätt, Diplomstudiengang Journalistik
Ostenstraße 25, 85072 Eichstätt
Tel.: 08421/93–1564 oder 08421/93–1698, Fax: 08421/93–1786
e-mail: stefanie.meyerhoefer@ku-eichstaett.de oder
bettina.blaimer@ku-eichstaett.de
http://www.ku-eichstaett.de/SLF/JOUR/jourtit.htm

Universität Erfurt, Lehrstuhl für Kommunikationswissenschaft
Nordhäuser Straße 63, 99089 Erfurt
Tel.: 03 61/7 37–41 70, Fax: 03 61/7 37–41 79
e-mail: angelika.pollak@uni-erfurt.de
WWW: http://www.uni-erfurt.de/kw/

Friedrich-Alexander-Universität Erlangen, Lehrstuhl für Kommunikations-
und Politikwissenschaft
Findelgasse 7–9, 90402 Nürnberg
Tel.: 09 11/53 02–6 74, Fax: 09 11/53 02–6 59
e-mail: gerda.tiedtke@wiso.uni-erlangen.de
http://www.wiso.uni-erlangen.de/WiSo/Sozw/kommpol/

Universität GH Essen, Institut für Kommunikationswissenschaft
Universitätsstraße 12, 45141 Essen
Tel.: 02 01/1 83 33 69, Fax: 02 01/1 83 41 18
e-mail: petra.janowski@-uni-essen.de oder ulrike.burdenski@-uni-essen.de
http://www.uni-essen.de/kowi/

Johann Wolfgang Goethe-Universität Frankfurt am Main, Institut für
Theater-, Film- und Medienwissenschaft
Dantestrasse 5, 60325 Frankfurt
Tel.: 069/798–2 83 21 oder 069/798–2 84 50, Fax: 069/798–2 82 85 oder
069/798–2 84 51
e-mail: gronemeyer@tfm.uni-frankfurt.de
http://www.rz.uni-frankfurt.de/fb10/tfm/

Justus-Liebig-Universität Gießen, Studienschwerpunkt Fachjournalismus –
Geschichte
Otto-Behaghel-Straße 10 E, 35394 Gießen
Tel.: 06 41/99–2 83 01, Fax: 06 41/4 81 99
e-mail: siegfried.quandt@journalistik.geschichte.uni-giessen.de
http://www.uni-giessen.de/~g81 001/

Georg-August-Universität Göttingen, Institut für Publizistik und Kommunikationswissenschaft
Humboldtallee 32, 37073 Göttingen
Tel.: 05 51/39–72 10, Fax: 05 51/39–79 77
e-mail: uskw@gwdg.de
http://www.gwdg.de/puk/

Martin-Luther-Universität Halle-Wittenberg, Germanistisches Institut, Medien- und Kommunikationswissenschaften
Rudolf-Breitscheidstraße 10, 06110 Halle (Saale)
Tel.: 0345/5523571, Fax: 0345/5527058
pabst@medienkomm.uni-halle.de
http://www.medienkomm.uni-halle.de/

Universität Hamburg, Institut für Journalistik
Allende-Platz 1, 20146 Hamburg
Tel.: 040/42838-5448, Fax: 040/42838-2418
e-mail: ifj@sozialwiss.uni-hamburg.de
http://www.rrz.uni-hamburg.de/journalistik/

Hochschule für Musik und Theater Hannover, Institut für Journalistik und Kommunikationsforschung
Hohenzollernstraße 47, 30161 Hannover
Tel.: 0511/3100-497, Fax: 0511/3100-400
e-mail: corinna.kastner@hmt-hannover.de
http://www.ijk.hmt-hannover.de

Universität Hohenheim, Fachgebiet Kommunikationswissenschaft und Journalistik
Fruwirthstraße 49, 70599 Stuttgart
Tel.: 0711/459-2639, Fax: 0711/459-3429
e-mail: sekrkowi@uni-hohenheim.de
http://medien.sowi.uni-hohenheim.de/

Technische Universität Ilmenau, Institut für Medien- und Kommunikationswissenschaft
Medienzentrum, Am Eichicht 1, 98639 Ilmenau; Postfach 100565, 98684 Ilmenau
Tel.: 03677/69-703, Fax: 03677/69-4695
e-mail: ifmk@RZ.TU-Ilmenau.DE
http://www-ifmk.tu-ilmenau.de

Friedrich-Schiller-Universität Jena, Bereich Medienwissenschaft
Ernst-Abbe-Platz 8, 07743 Jena
Tel.: 03641/9-44930, Fax: 03641/9-44932
e-mail: Sabine.A.Küchler@-uni-jena.de
http://www.uni-jena.de/medien/

Universität Koblenz-Landau, Institut für Kommunikationspsychologie/
Medienpädagogik
Xylanderstraße 1, 76829 Landau
Tel.: 0 63 41/92 17–11, Fax: 0 63 41/92 17–12
e-mail: ikm@uni-landau.de
http://www.uni-landau.de/~ikm/

Universität Köln, Institut für Theater-, Film- und Fernsehwissenschaft
Meister-Ekkehart-Straße 11, 50937 Köln
Tel.: 02 21/4 70–7 45, Fax: 02 21/4 70–50 61
e-mail: thefife@uni-koeln.de
http://www.uni-koeln.de/phil-fak/thefife/home/

Kunsthochschule für Medien
Peter-Welter-Platz 2, 50676 Köln
Tel.: 02 21/2 01 89–0, Fax: 02 21/2 01 89–17
e-mail: studoffice@khm.de
http://www.khm.uni-koeln.de/

Universität Leipzig, Institut für Kommunikations- und Medienwissenschaft
Klostergasse 5, 04109 Leipzig; Augustusplatz, 04109 Leipzig
Tel.: 03 41/97 35–7 40, Fax: 03 41/97 35–7 19
e-mail: jschle@rz.uni-leipzig.de
http://www.uni-leipzig.de/~kmw/

Universität Lüneburg, Institut für Angewandte Medienforschung
Scharnhorststraße 1, 21335 Lüneburg
Tel.: 0 41 31/78 27 21, Fax: 0 41 31/78 27 30
e-mail: faulstich@uni-lueneburg.de
http://www.uni-lueneburg.de/fb3/ifam/

Johannes Gutenberg-Universität Mainz, Institut für Publizistik
Colonel-Kleinmann-Weg 2, 55099 Mainz
Tel.: 0 61 31/3 92–26 70, Fax: 0 61 31/3 92–42 39
e-mail: ifpmail@uni-mainz.de
http://www.uni-mainz.de/~ifpwww/

Universität Mannheim, Institut für Medien- und Kommunikationswissenschaft
Schloß-EW 292, 68131 Mannheim
Tel.: 06 21/1 81 – 22 99, Fax: 06 21/1 81 – 31 14
e-mail: berghaus@rumms.uni-mannheim.de
http://www.uni-mannheim.de/fakul/split/mkw/welcome.htm

Philipps-Universität Marburg, Institut für Neuere deutsche Literatur und
Medien, Abt. Medienwissenschaft
Institut für Neuere deutsche Literatur und Medien im Fachbereich 09,
Wilhelm-Röpke-Straße 6, Block A, 35032 Marburg
Tel.: 0 64 21/28 46 34, Fax: 0 64 21/28 69 89
e-mail: fauli@mailer.uni-marburg.de
http://www.uni-marburg.de/fb09/ndl&medien/

Ludwig-Maximilians-Universität München, Institut für Kommunikationswissenschaft (Zeitungswissenschaft)
Oettingenstraße 67, 80538 München
Tel.: 0 89/21 78 – 24 28, Fax: 0 89/21 78 – 24 29
e-mail: schiebl@ifkw.uni-muenchen.de
http://www.ifkw.uni-muenchen.de/

Westfälische Wilhelms-Universität Münster, Institut für Kommunikationswissenschaft
Bispinghof 9 – 14, 48143 Münster
Tel.: 02 51/8 32 – 42 60 oder 8 32 – 42 61, Fax: 02 51/8 32 – 13 10 oder
8 32 – 83 94
e-mail: kommwis@uni-muenster.de
http://kommunix.uni-muenster.de/

Universität Paderborn, Institut für Medienwissenschaft
Warburgerstraße 100, 33098 Paderborn
Tel.: 0 52 51/60 32 84, Fax: 0 52 51/60 42 25
e-mail: medwiss@uni-paderborn.de
http://www.upb.de/mw/

Universität-GH Siegen, Fach Medienplanung, -entwicklung und -beratung
FB 3/Sprach- und Literaturwissenschaft, Medienstudiengang,
57068 Siegen
Tel.: 02 71/7 40 – 23 19, Fax: 02 71/7 40 – 27 31
e-mail: sekretariat@medien-peb.uni-siegen.de
http://www.medien-peb.uni-siegen.de/

Universität Trier, Fachbereich II, Medienwissenschaft
Universitätsring 15, 54286 Trier
Tel.: 06 51/2 01 – 36 07, Fax: 06 51/2 01 – 36 16
e-mail: medien@uni-trier.de
http://www.uni-trier.de/uni/fb2/medien/

Eberhard-Karls-Universität Tübingen, Aufbaustudiengang Medienwissenschaft/-praxis
Neuphilologische Fakultät, Wilhelmstraße 50, 72074 Tübingen
Tel.: 0 70 71/29 – 7 42 71, Fax: 0 70 71/29 – 53 21
e-mail: info@newi.germ.nphil.uni-tuebingen.de
http://www.uni-tuebingen.de/uni/nmw/

Bauhaus-Universität Weimar, Fakultät Medien
Bauhausstraße 11, 99421 Weimar
Tel.: 0 36 43/58 37 04, Fax: 0 36 43/58 37 01
e-mail: claudia.czubera@medien.uni-weimar.de
http://www.uni-weimar.de/medien/

Journalistenschulen

Berliner Journalistenschule
Karl-Liebknecht-Straße 29, 10178 Berlin
Tel.: 0 30/23 27 60 02, Fax: 0 30/23 27 60 03
e-mail: bjs@ipn.de
http://www.berliner-journalisten-schule.de/

Burda Journalistenschule
Arabellastraße 23, 81925 München
Tel.: 089/9250–3377, Fax: 089/9250–2384
e-mail: rosenb@burda.com
http://www.burda.de/jobs/

Deutsche Journalistenschule DJS
Altheimer Eck 3, 80331 München; Postfach 330224, 80062 München
Tel.: 089/2355740, Fax: 089/268733
e-mail: post@djs-online.de
http://www.djs-online.de/

Henri-Nannen-Schule Hamburger Journalistenschule
Stubbenhuk 3, 20459 Hamburg
Tel.: 040/3703–2376, Fax: 040/3703–5698
e-mail: hns@guj.de
http://www.journalistenschule.de/hns/

Holtzbrinck-Schule für Wirtschaftsjournalisten
Kasernenstraße 67, 40213 Düsseldorf
Tel.: 0211/8871546, Fax: 0211/8871543
http://www.holtzbrinck-schule.de/

IFM-Journalistenschule
Karlsruher Straße 20, 76646 Bruchsal
Tel.: 07251/91230, Fax: 07251/912350
e-mail: ifm@radio-aus-bruchsal.de
http://www.radio-aus-bruchsal.de/ifm-info.htm

Journalistenschule Axel Springer
Kochstraße 50, 10888 Berlin
Tel.: 030/25912800, Fax: 030/25912828
Axel-Springer-Platz, 20350 Hamburg
Tel.: 040/34722345, Fax: 040/34725984
jas-asv@asv.de
http://www.asv.de/inhalte/berufsse/frame.htm

Kölner Journalistenschule für Politik und Wirtschaft e.V.
Im Mediapark 6, 50670 Köln
Tel.: 02 21/5 74 32 44, Fax: 02 21/5 74 32 49
e-mail: koelnerjournalistenschule@komed.de
http://www.koelnerjournalistenschule.de/

Institutionen

Bundesverband Deutscher Zeitungsverleger e.V.
Postfach 20 50 02, 53170 Bonn
Tel.: 02 28/8 10 04 – 0, Fax: 02 28/8 10 04 – 15
e-mail: bdzv@bdzv.de
http://www.bdzv.de/index.htm

Deutsche Gesellschaft für Publizistik- und Kommunikationswissenschaft
Oettingenstraße 67, 80538 München
Tel.: 0 89/21 78 – 24 42
e-mail: brosius@ifkw.uni-muenchen.de
http://www.dgpuk.de

Deutsche Public Relations Gesellschaft e.V.
St. Augustiner Straße 21, 53225 Bonn
Tel.: 02 28/9 73 92 87, Fax: 02 28/9 73 92 89
e-mail: dprg-ev@t-online.de
http://www.dprg.de/

Deutscher Journalisten-Verband e.V.
Bennauerstraße 60, 53115 Bonn
Tel.: 02 28/20 17 20, Fax: 02 28/2 01 72 33
e-mail: djv@djv.de
http://www.djv.de

Gemeinschaftswerk der Evangelischen Publizistik e.V.
Postfach 50 05 50, 60394 Frankfurt
Tel.: 0 69/58 09 80, Fax: 0 69/58 09 81 00
e-mail: kirche.online@gep.de
http://www.gep.de

SPIO – Spitzenorganisation der Filmwirtschaft e.V.
Kreuzberger Ring 56, 65205 Wiesbaden
Tel.: 06 11/77 89 10, Fax: 06 11/7 78 91 39
e-mail: spio@spio-fsk.de
http://www.fsk.de/2FRAMES/SPIO.HTM

Verband Privater Rundfunk und Telekommunikation e.V.
Burgstraße 69, 53177 Bonn-Bad Godesberg
Tel.: 02 28/93 45 00, Fax: 02 28/9 34 50 48
e-mail: vprt@vprt.de
http://vprt.de

ZAW – Zentralverband der Deutschen Werbewirtschaft
Villichgasse 17, 53177 Bonn
Tel.: 02 28/82 09 20, Fax: 02 28/35 75 82
e-mail: zaw@zaw.de
http://www.interverband.com/zaw/

Wissenswerte Internet-Links

Comm 300 – Communication Theory
http://www.ic.arizona.edu/~comm300/mary/theorists.html
Diese Website des «Department of Communication, University of Arizona» bietet einen guten Überblick über die bekanntesten Theorieansätze der Medien- und Kommunikationswissenschaft.

Telepolis
http://www.heise.de/tp/
Eines der bekanntesten deutschen Online-Magazine zum Thema «Netzkultur».

HotWired
http://hotwired.lycos.com/
Eines der bekanntesten amerikanischen Online-Magazine mit Beiträgen zu Themen rund ums Internet.

Media Perspektiven Online
http://www.ard-werbung.de/Perspekt/PerspFr.htm
Die von der ARD herausgegebene Zeitschrift «Media Perspektiven» ist
eine der wichtigsten kommunikationswissenschaftlichen Fachzeitschriften.
Auf dieser Website finden sich kurze Abstracts zu den Artikeln der «Media
Perspektiven» der letzten Jahrgänge.

Popcultures.com
http://www.popcultures.com/
Viele Informationen zum Thema Popkultur und Cultural Studies. Hier findet sich eine Vielzahl themenbezogener Links zu Online-Publikationen,
akademischen Einrichtungen oder Newsgroups.

Kommunikationswissenschaftliche Fachzeitschriften

Ästhetik und Kommunikation (Berlin)
Communication Research (Thousand Oaks)
Communications (Nijmegen und Berlin)
Communicatio Socialis (Kassel)
European Journal of Communication (London)
Journalism & Mass Communication Quarterly (Washington)
Journal of Communication (Philadelphia)
Media Culture & Society (London)
Media Perspektiven (Frankfurt am Main)
Medien & Erziehung (München)
Medien Journal (Salzburg)
Medienpsychologie (Wiesbaden)
Medien & Kommunikationswissenschaft (Baden-Baden)
Public Opinion Quarterly (Chicago)
Publizistik (Wiesbaden)

Fachzeitschriften für Journalismus, Werbung und Public Relations

Horizont (Frankfurt am Main)
Journalist (Remagen-Rolandseck)
pr Magazin (Remagen-Rolandseck)
Sage & Schreibe (Bad Wörishofen)
werben & verkaufen (München)

Lektüreempfehlungen

Studienführer

Gavin-Kramer, Karin; Scholle, Klaus (1998): Studienführer Journalistik, Kommunikations- und Medienwissenschaften. 3. Aufl. München: Lexika-Verlag.

Hömberg, Walter; Hackel de Latour, Renate (Hrsg.) (1996): Studienführer Journalismus, Medien, Kommunikation. Konstanz: UVK Medien.

Einführende Literatur

Burkart, Roland (1998): Kommunikationswissenschaft: Grundlagen und Problemfelder. Umrisse einer interdisziplinären Sozialwissenschaft. 3. Aufl. Wien [u.a.]: Böhlau.

Burkart, Roland; Hömberg, Walter (Hrsg.) (1995): Kommunikationstheorien. Ein Textbuch zur Einführung. 2. Aufl. Wien: Wilhelm Braumüller.

Faulstich, Werner (Hrsg.) (1998): Grundwissen Medien. 3. Aufl. München: Fink.

Gottschlich, Maximilian; Langenbucher, Wolfgang R. (Hrsg.) (1997): Publizistik- und Kommunikationswissenschaft. Ein Textbuch zur Einführung. 3. Aufl. Wien: Wilhelm Braumüller.

Hunziker, Peter (1996): Medien, Kommunikation und Gesellschaft: Einführung in die Soziologie der Massenkommunikation. 2. Aufl. Darmstadt: Wissenschaftliche Buchgesellschaft.

Langenbucher, Wolfgang (Hrsg.) (1994): Publizistik- und Kommunikationswissenschaft. Ein Textbuch zur Einführung. Wien: Wilhelm Braumüller.

Ludes, Peter (1998): Einführung in die Medienwissenschaft. Entwicklungen und Theorien. Berlin: Erich Schmidt Verlag.

Maletzke, Gerhard (1998): Kommunikationswissenschaft im Überblick. Grundlagen, Probleme, Perspektiven. Opladen/Wiesbaden: Westdeutscher Verlag.

Merten, Klaus (1999): Einführung in die Kommunikationswissenschaft. Bd. 1: Grundlagen der Kommunikationswissenschaft. Münster [u.a.]: Lit.

Merten, Klaus; Schmidt, Siegfried J.; Weischenberg, Siegfried (Hrsg.) (1994): Die Wirklichkeit der Medien. Eine Einführung in die Kommunikationswissenschaft. Opladen: Westdeutscher Verlag.

Noelle-Neumann, Elisabeth; Schulz, Winfried; Wilke, Jürgen (Hrsg.) (1999): Fischer Lexikon Publizistik Massenkommunikation. 5. Aufl. Frankfurt am Main: Fischer.

Pürer, Heinz (1998): Einführung in die Publizistikwissenschaft. Systematik, Fragestellungen, Theorieansätze, Forschungstechniken. 6. Aufl. München: Ölschläger.

Renckstorf, Karsten (1995): Kommunikationswissenschaft als sozialwissenschaftliche Disziplin: Theoretische Perspektiven, Forschungsfragen und Forschungsansätze. Nijmegen: Stiftung Zentrum für Deutschland-Studien.

Schreiber, Erhard (1990): Repetitorium Kommunikationswissenschaft. 3. Aufl. München: Ölschläger.

Wagner, Hans (1997): Erfolgreich Kommunikationswissenschaft (Zeitungswissenschaft) studieren: Einführung in das Fach und das Studium. Unter Mitarbeit von Heinz Starkulla jr., Angelika Jung, Ute Nawratil. München: Reinhard Fischer.

Weiterführende Literatur

Faulstich, Werner (1991): Medientheorien: Einführung und Überblick. Göttingen: Vandenhoeck & Ruprecht.

Gumbrecht, Hans Ulrich; Pfeiffer, Karl Ludwig (Hrsg.) (1995): Materialität der Kommunikation. 2. Aufl. Frankfurt am Main: Suhrkamp.

Hepp, Andreas; Winter, Rainer (Hrsg.) (1999): Kultur – Medien – Macht. Cultural Studies und Medienanalyse. 2. Aufl. Opladen/Wiesbaden: Westdeutscher Verlag.

Hiebel, Hans H.; Hiebler, Heinz; Kogler, Karl; Walitsch, Herwig (1998): Die Medien. Logik – Leistung – Geschichte. München: Fink.

Jarren, Otfried (Hrsg.) (1994): Medien und Journalismus 1. Eine Einführung. Opladen: Westdeutscher Verlag.

Jarren, Otfried (Hrsg.) (1995): Medien und Journalismus 2. Eine Einführung. Opladen: Westdeutscher Verlag.

Kloock, Daniela; Spahr, Angela (1997): Medientheorien. Eine Einführung. München: Fink.

Pias, Claus; Vogl, Joseph; Engell, Lorenz; Fahle, Oliver; Neitzel, Britta (Hrsg.) (1999): Kursbuch Medienkultur: die maßgeblichen Theorien von Brecht bis Baudrillard. Stuttgart: Deutsche Verlagsanstalt (DVA).

Schenk, Michael (1987): Medienwirkungsforschung. Tübingen: J. C. B. Mohr.

Schmidt, Siegfried J. (1996): Die Welten der Medien. Grundlagen und Perspektiven der Medienbeobachtung. Braunschweig: Vieweg.

Schmidt, Siegfried J. (2000): Kalte Faszination. Entwurf einer MedienKulturWissenschaft. Göttingen: Velbrück Verlag.

Schöttker, Detlev (Hrsg.) (1999): Von der Stimme zum Internet. Texte aus der Geschichte der Medienanalyse. Göttingen: Vandenhoeck & Ruprecht.

Watzlawick, Paul; Beavin, Janet H.; Jackson, Don D. (1990): Menschliche Kommunikation: Formen, Störungen, Paradoxien. 8. Aufl. Bern [u. a.]: Hans Huber.

Wilke, Jürgen (Hrsg.) (1999): Mediengeschichte der Bundesrepublik Deutschland. Köln [u. a.]: Böhlau.

Methoden

Diekmann, Andreas (2000): Empirische Sozialforschung. Grundlagen, Methoden, Anwendungen. 6. Aufl. Reinbek bei Hamburg: Rowohlt.

Flick, Uwe (2000): Qualitative Forschung. Theorie, Methoden, Anwendung in Psychologie und Sozialwissenschaften. 4. Aufl. Reinbek bei Hamburg: Rowohlt.

Friedrichs, Jürgen (1990): Methoden empirischer Sozialforschung. 16. Aufl. Opladen: Westdeutscher Verlag.

Kromrey, Helmut (1998): Empirische Sozialforschung. Modelle und Methoden der Datenerhebung und Datenauswertung. 8. Aufl. Opladen: Leske + Buderich.

Lamnek, Siegfried (1995): Qualitative Sozialforschung. Band 1: Methodologie. Band 2: Methoden und Techniken. 3. Aufl. Weinheim: Beltz.

Merten, Klaus; Teipen, Petra (1991): Empirische Kommunikationsforschung. Darstellung, Kritik, Evaluation. München: Ölschläger.

Wagner, Hans (1999): Verstehende Methoden in der Kommunikationswissenschaft. München: Fischer.

Ratgeber Medienberufe

Buchholz, Goetz (1995): Ratgeber Freie Kunst und Medien: Bildende Kunst, Darstellende Kunst, Journalismus, Literatur, Übersetzung, Musik, Rundfunk, Film, Audiovisuelle Medien. 4. Aufl. Stuttgart: Industriegewerkschaft Medien.

Deters, Jürgen (Hrsg.) (1997): Karriere in der Medienbranche: Anforderungen, Schlüsselqualifikationen, Ausbildungssituation. Frankfurt am Main: Campus.

Dettmar, Rainer; Grimberg, Steffen (1996): Medienberufe erfolgreich studieren. München: Deutscher Taschenbuch Verlag (dtv).

Driesch, Stefan von den (1995): Karrierestarter Film, Funk & TV: die Macher, die Jobs, die Ausbildung; mit Ausbildungstips für Deutschland, Frankreich, Großbritannien und die USA. Saulheim: Bieser.

Kügler-Schmidt, Eberhard (Hrsg.) (1997): Handbuch Medienberufe: Job-Profile, Ausbildungswege, Karrierechancen, Adressen. Düsseldorf: Econ & List.

Massow, Martin (1998): Atlas Neue Werbe- und Kommunikationsberufe: über 180 Berufsporträts; Einstieg, Aus- und Weiterbildung; über 500 Adressen. Düsseldorf: Econ & List.dv

10 / 2000